CLASSIQUES LAROUSSE

Collection fon

LÉON LEJEALLE (1949 à

MONTESQUIEU

DE L'ESPRIT DES LOIS

extraits

II

avec des Notes explicatives, des Documents,
une Documentation thématique, des Jugements,
un Questionnaire et des Sujets de devoirs,

par

MICHEL CLÉMENT
Agrégé des lettres

LIBRAIRIE LAROUSSE
17, rue du Montparnasse, 75298 PARIS

LE PLAN DE « L'ESPRIT DES LOIS »

Barckhausen, dans un article publié en 1898 par la *Revue du droit public et de la science politique*, élimine d'abord les parties de l'œuvre que l'auteur lui-même a données pour des additions et des illustrations, c'est-à-dire les livres XXVII-XXVIII, XXX-XXXI; il pose que l'objet du livre, établi dès le livre premier, est la conservation des sociétés civiles et en tire le plan suivant :

1° *Conditions de la conservation des sociétés civiles* (II-XXV).

a) Conditions directes, ou préservation des éléments constitutifs de toute société civile (II-XIII) :

Préservation des éléments	uniques	élément personnel	gouvernement (II-VIII)
		élément réel	territoire (IX-X)
	multiples	élément personnel	citoyens (XI-XII)
		élément réel	patrimoines (XIII)

b) Conditions indirectes, ou relation de chaque société civile avec les agents extérieurs (XIV-XXV) :

Relation avec les	milieux particuliers à chaque société	physiques	cosmique : climat (XIV-XVII)
			foncier : terrain (XVIII)
		moral	esprit général (XIX)
	sociétés en général	sociétés semblables	transactions commerciales (XX-XXII)
		sociétés dissemblables	société familiale : sources de population (XXIII)
			société religieuse : principes de moralité (XXIV-XXV)

2° *Application des conditions de conservation des sociétés civiles.*

a) Choix des conditions applicables à chaque ordre de choses (XXVI);

b) Mode d'application de ces conditions (XXIX).

***

Lanson, dans un article de la *Revue de métaphysique et de morale*, en 1896, avait établi un plan qui tint compte de la totalité de l'œuvre :

Introduction : la notion de loi; existence d'une raison ordonnatrice de l'univers et de rapports naturels de justice antérieurs aux lois positives (I).

1° *Les choses en soi* (II-XIII).

a) Nature et principe des gouvernements (II-III);

b) Rapports, avec natures et principes, des différentes notions générales qui se découvrent aisément dans l'idée d'une société politique : pouvoir et sujets, éducation des enfants, condition des femmes, jugements et peines, force offensive et défensive, impôts, puissances judiciaire, législative, exécutive (IV-XIII).

2° *Variations dans l'espace* (XIV-XXV), commandées par le climat (XIV), qui agit sur l'esclavage (XV-XVII), la nature du sol (XVIII), l'esprit et les mœurs d'une nation (XIX), le commerce (XX-XXI), la monnaie (XXII), la population (XXIII), la religion (XXIV-XXV).

3° *Variations dans le temps*, pour montrer sur trois exemples, un problème de droit romain et deux de droit barbare et féodal, que la succession et la transformation des lois s'opéraient nécessairement selon les règles posées plus haut (XXVI-XXXI).

ISBN 2-03-870117-2

DE L'ESPRIT DES LOIS

LIVRE XI

DES LOIS QUI FORMENT LA LIBERTÉ POLITIQUE DANS SON RAPPORT AVEC LA CONSTITUTION

CHAP. I-IV. *Définition de la liberté politique*. Montesquieu souligne d'abord les confusions qui obscurcissent le sens du mot *liberté* et en vient à la définir.

1. IDÉE GÉNÉRALE

Je distingue les lois qui forment la liberté politique dans son rapport avec la constitution, d'avec celles qui la forment dans son rapport avec le citoyen. Les premières seront le sujet de ce livre-ci; je traiterai des secondes dans le livre suivant[1]. **(1)**

3. CE QUE C'EST QUE LA LIBERTÉ

Il est vrai que dans les démocraties le peuple paraît faire ce qu'il veut; mais la liberté politique ne consiste point à faire ce que l'on veut. Dans un État, c'est-à-dire dans une société où il y a des lois, la liberté ne peut consister qu'à pouvoir

1. Cette distinction manque de clarté. En fait les premières lois visent à empêcher la domination d'un corps politique ou d'une classe sociale sur les autres, les secondes à garantir la sécurité du citoyen. Montesquieu écrira au livre XII, chapitre premier : « Il pourra arriver que la Constitution sera libre, et que le citoyen ne le sera point. Le citoyen pourra être libre, et la Constitution ne l'être pas. Dans ces cas, la Constitution sera libre de droit, et non de fait; le citoyen sera libre de fait, et non pas de droit. »

QUESTIONS

1. En vous aidant de la note, cherchez à illustrer par des exemples la distinction établie par Montesquieu.

faire ce que l'on doit vouloir, et à n'être point contraint de faire ce que l'on ne doit pas vouloir. (2)

Il faut se mettre dans l'esprit ce que c'est que l'indépendance, et ce que c'est que la liberté. La liberté est le droit de faire tout ce que les lois permettent; et si un citoyen pouvait faire ce qu'elles défendent, il n'aurait plus de liberté, parce que les autres auraient tout de même ce pouvoir. (3) (4)

4. CONTINUATION DU MÊME SUJET

La démocratie et l'aristocratie ne sont point des États libres par leur nature. La liberté politique ne se trouve que dans les gouvernements modérés. Mais elle n'est pas toujours dans les États modérés; elle n'y est que lorsqu'on n'abuse pas du pouvoir; mais c'est une expérience éternelle que tout homme

QUESTIONS

2. Montesquieu vient d'écrire (chap. 2) : « Dans les démocraties [...] on a confondu le pouvoir du peuple avec la liberté du peuple. » Expliquez cette distinction. — Quelle restriction introduit l'adjectif *politique* (ligne 2)? Pourquoi Montesquieu éprouve-t-il dans la seconde phrase le besoin de définir l'État? *Pouvoir faire ce que l'on doit vouloir :* la formule ne repose-t-elle pas sur une dangereuse assimilation entre la loi et le devoir moral? *N'être point contraint de faire ce que l'on ne doit pas vouloir :* montrez le souci de ménager la volonté individuelle (cf. Locke : « La liberté est de suivre ma volonté propre, dans tous les cas où la loi ne donne aucune prescription »).

3. Définissez l'indépendance par rapport à la liberté. Montrez que, par cette notion, le paragraphe s'enchaîne et répond à la fois à la fin du précédent. La définition de la liberté donnée dans la deuxième phrase n'est-elle pas plus imprécise et plus dangereuse encore que celle du premier paragraphe?

4. Sur l'ensemble du chapitre 3. — Comparez les définitions de Montesquieu aux articles IV et V de la Déclaration des droits de 1789 : « IV. La liberté consiste à pouvoir faire tout ce qui ne nuit pas à autrui. Ainsi l'exercice des droits naturels de chaque homme n'a de bornes que celles qui assurent aux autres membres de la société la jouissance de ces mêmes droits; ces bornes ne peuvent être déterminées que par la loi. — V. La loi n'a le droit de défendre que les actions nuisibles à la société. Tout ce qui n'est pas défendu par la loi ne peut être empêché, et nul ne peut être contraint à faire ce qu'elle n'ordonne pas. »

— La définition de Montesquieu peut-elle impliquer la liberté de conscience? Cf. *Pensées :* « Pour moi, je comparerais les bonnes lois à ces grands filets dans lesquels les poissons sont pris, mais se croient libres, et les mauvaises à ces filets dans lesquels ils sont si serrés que d'abord ils se sentent pris. » La liberté de conscience n'est-elle qu'illusion et cette illusion mérite-t-elle d'être recherchée?

qui a du pouvoir est porté à en abuser; il va jusqu'à ce qu'il trouve des limites. Qui le dirait! la vertu même a besoin de limites. **(5)**

Pour qu'on ne puisse abuser du pouvoir, il faut que, par la disposition des choses, le pouvoir arrête le pouvoir. Une constitution peut être telle que personne ne sera contraint de faire les choses auxquelles la loi ne l'oblige pas, et à ne point faire celles que la loi lui permet. **(6) (7)**

CHAP. V-VI. *La liberté politique par la séparation des pouvoirs dans la monarchie anglaise.* « Il y a une nation dans le monde qui a pour objet direct de sa Constitution la liberté politique. Nous allons examiner les principes sur lesquels elle la fonde. S'ils sont bons, la liberté y paraîtra comme dans un miroir. » Montesquieu va alors analyser longuement la Constitution anglaise. Ce type de monarchie était ignoré des Anciens; il est, en effet, né chez les Germains, obligés, par l'étendue de leurs conquêtes, de désigner des représentants.

6. DE LA CONSTITUTION D'ANGLETERRE[1]

Il y a dans chaque État trois sortes de pouvoirs : la puissance législative, la puissance exécutrice des choses qui dépendent

1. Sur le manuscrit, ce chapitre était intitulé : *Des principes de la liberté politique, comment on les trouve dans la Constitution d'Angleterre.*

QUESTIONS

5. Montrez la méfiance de Montesquieu devant le pouvoir; sur quelles sortes de considérations repose-t-elle? Sens de *vertu* (l. 7)

6. La première phrase appelle-t-elle l'idée de séparation? Quel mot Montesquieu emploie-t-il?

7. SUR L'ENSEMBLE DU CHAPITRE 4. — La notion d'État modéré : comparez l'emploi qu'en fait Montesquieu en d'autres passages, par exemple VI, 2, § 5; à quels États y oppose-t-il l'État modéré? et ici? État modéré et État mixte se confondent-ils? Comparez aussi XI, 6, § 7.
— Appréciez cette définition de Ch. Eisenmann : « Gouvernement où l'élaboration de l'ordre social, et, plus généralement, la direction de la collectivité, le gouvernement de la société n'appartiendraient pas en dernier ressort à un organe simple, corps ou individu, mais à un organe composé, formé des différents facteurs sociaux auxquels il [Montesquieu] voulait donner le moyen de faire valoir leurs conceptions et leurs intérêts, ou de leurs représentations, et dont les décisions exprimeraient par conséquent la volonté commune et concordante, seraient le fruit de l'accord de ces différents éléments, qui pourraient ainsi se faire mutuellement opposition, se limiter, c'est-à-dire se contraindre les uns les autres sur une ligne moyenne également acceptable pour tous les citoyens, également respectueuse de leurs intérêts. »

du droit des gens, et la puissance exécutrice de celles qui dépendent du droit civil[1].

Par la première, le prince ou le magistrat fait des lois pour un temps ou pour toujours, et corrige ou abroge celles qui sont faites. Par la seconde, il fait la paix ou la guerre, envoie ou reçoit des ambassades, établit la sûreté, prévient les invasions. Par la troisième, il punit les crimes, ou juge les différends des particuliers. On appellera cette dernière la puissance de juger, et l'autre simplement la puissance exécutrice de l'État. **(8)**

La liberté politique dans un citoyen est cette tranquillité d'esprit qui provient de l'opinion que chacun a de sa sûreté[2]; et pour qu'on ait cette liberté, il faut que le gouvernement soit tel qu'un citoyen ne puisse pas craindre un autre citoyen. **(9)**

Lorsque dans la même personne ou dans le même corps de magistrature, la puissance législative est réunie à la puissance exécutrice[3], il n'y a point de liberté; parce qu'on peut craindre

---

1. Aristote énumérait déjà trois pouvoirs : délibérant, exécutif et judiciaire. Locke distingue (*Essai sur le gouvernement civil*, chap. XII) le pouvoir législatif (« qui a droit de régler comment les forces d'un État peuvent être employées pour la conservation de la communauté et de ses membres »), l'exécutif (chargé de « l'exécution des lois positives de l'État, de laquelle on prend soin au-dedans de l'État ») et le confédératif (« comprenant [...] ces soins qu'on prend et cette adresse dont on use pour ménager les intérêts de l'État au regard des gens du dehors et des autres sociétés »); il remarque que ces deux derniers pouvoirs « se séparent malaisément », car ils requièrent tous deux « les forces de la société »; **2.** Locke : « La liberté, c'est la sécurité contre les contraintes et les violences; elle ne peut exister là où il n'y a point de loi »; **3.** Cette idée semble propre à Montesquieu.

QUESTIONS

8. Les trois pouvoirs : les trois définitions couvrent-elles l'ensemble des activités de l'État? Quel domaine de l'exécutif n'est pas mentionné? Que faut-il alors entendre exactement par *puissance exécutrice?* Cherchez-en des exemples dans la suite du chapitre. Cette incertitude de vocabulaire ne peut-elle venir, comme le suggère Dedieu, de ce que Montesquieu s'inspire de Locke? — Sur la distinction des trois pouvoirs, appréciez cette objection de Destutt de Tracy : « Montesquieu oublie que ce sont des fonctions déléguées. [...] Il n'y a en droit qu'une puissance, la volonté nationale; et en fait il n'y en a pas d'autre que l'homme ou le corps chargé des fonctions exécutives, lequel, disposant nécessairement de l'argent et des troupes, a en main toute la force physique. »

9. La liberté : comparez sa définition à celle qui est donnée au chapitre 3. Le point de vue est-il le même? Montrez qu'ici encore Montesquieu lie étroitement politique et psychologie.

que le même monarque ou le même sénat ne fasse des lois tyranniques pour les exécuter tyranniquement.

Il n'y a point encore de liberté si la puissance de juger n'est pas séparée de la puissance législative et de l'exécutrice. Si elle était jointe à la puissance législative, le pouvoir sur la vie et la liberté des citoyens serait arbitraire : car le juge serait législateur. Si elle était jointe à la puissance exécutrice, le juge pourrait avoir la force d'un oppresseur.

Tout serait perdu si le même homme, ou le même corps des principaux, ou des nobles, ou du peuple, exerçaient ces trois pouvoirs : celui de faire des lois, celui d'exécuter les résolutions publiques, et celui de juger les crimes ou les différends des particuliers. **(10)**

Dans la plupart des royaumes de l'Europe, le gouvernement est modéré, parce que le prince, qui a les deux premiers pouvoirs, laisse à ses sujets l'exercice du troisième. Chez les Turcs, où ces trois pouvoirs sont réunis sur la tête du sultan, il règne un affreux despotisme.

Dans les républiques d'Italie, où ces trois pouvoirs sont réunis, la liberté se trouve moins que dans nos monarchies. Aussi le gouvernement a-t-il besoin, pour se maintenir, de moyens aussi violents que le gouvernement des Turcs; témoins les inquisiteurs d'État[1], et le tronc où tout délateur peut, à tous les moments, jeter avec un billet son accusation.

Voyez quelle peut être la situation d'un citoyen dans ces républiques. Le même corps de magistrature a, comme exécuteur des lois, toute la puissance qu'il s'est donnée comme législateur. Il peut ravager l'État par ses volontés générales, et, comme il a encore la puissance de juger, il peut détruire chaque citoyen par ses volontés particulières.

---

1. A Venise (note de Montesquieu).

QUESTIONS

10. La « séparation » des pouvoirs : montrez l'enchaînement des idées avec les paragraphes précédents. Dressez sous forme de tableau les différentes combinaisons que Montesquieu considère; expliquez le mécanisme qui, dans chaque cas, interdit la liberté. — Montrez que : 1° Montesquieu est avant tout hanté par la crainte du despotisme; 2° il s'agit moins d'établir une séparation absolue des pouvoirs que d'éviter leur cumul. Des solutions intermédiaires sont-elles possibles?

Toute la puissance y est une; et, quoiqu'il n'y ait point de pompe extérieure qui découvre un prince despotique, on le sent à chaque instant.

Aussi les princes qui ont voulu se rendre despotiques ont-ils toujours commencé par réunir en leur personne toutes les magistratures; et plusieurs rois d'Europe, toutes les grandes charges de leur État.

Je crois bien[1] que la pure aristocratie héréditaire des républiques d'Italie ne répond pas précisément au despotisme de l'Asie. La multitude des magistrats adoucit quelquefois la magistrature; tous les nobles ne concourent pas toujours aux mêmes desseins; on y forme divers tribunaux qui se tempèrent. Ainsi, à Venise, le grand conseil a la législation; le prégadi, l'exécution; les quaranties, le pouvoir de juger[2]. Mais le mal est que ces tribunaux différents sont formés par des magistrats du même corps; ce qui ne fait guère qu'une même puissance. **(11)**

La puissance de juger ne doit pas être donnée à un sénat permanent, mais exercée par des personnes tirées du corps du

---

1. *Je crois bien :* je suis bien d'avis; **2.** Le *grand conseil* réunissait tous les nobles; le *prégadi* était un conseil de 6 membres nommés par le grand conseil pour surveiller les actes du doge; mais c'était le sénat qui détenait le pouvoir exécutif. Les *quaranties* étaient des tribunaux de 40 membres; mais les crimes d'État leur échappaient et relevaient du mystérieux conseil des Dix et des inquisiteurs d'État.

QUESTIONS

11. La première phrase du paragraphe 7 n'est-elle pas surprenante? Montrez que cette « modération » prend son sens par rapport à la phrase suivante. — En ajoutant (§ 8-10) l'exemple des républiques italiennes, que veut prouver Montesquieu sur les rapports entre nature du gouvernement et liberté? Le choix d'une aristocratie ne facilite-t-il pas sa démonstration? Comparez : *Il peut ravager l'Etat par ses volontés générales* (§ 9) et la première phrase du paragraphe 7 : toutes les confusions de l'exécutif et du législatif sont-elles équivalentes pour Montesquieu? — Rapprochez le paragraphe 10 du paragraphe 3. A quel prince et à quel pays peut penser Montesquieu en écrivant le paragraphe 11? — A quel paragraphe le paragraphe 12 fait-il logiquement suite? La démarche de Montesquieu vous semble-t-elle pourtant cohérente? Le mot *puissance* à la fin du paragraphe 12 a-t-il le même sens que dans ce qui précède? Montrez que Montesquieu aurait dû distinguer pouvoir (juridique) et puissance (politique). — Tout ce passage est construit sur une série d'oppositions de régimes par couples. Combien de régimes distinguez-vous et lesquels? Se confondent-ils avec ceux qui sont énumérés au livre II? Dressez un tableau où vous les distinguerez selon le nombre de gouvernants, le nombre de pouvoirs, le nombre de puissances et le degré de liberté.

Phot. British Council.

Exécution de Charles Ier d'Angleterre en 1649.

peuple, dans certains temps de l'année, de la manière prescrite par la loi, pour former un tribunal qui ne dure qu'autant que la nécessité le requiert[1].

De cette façon, la puissance de juger, si terrible parmi les hommes, n'étant attachée ni à un certain état[2], ni à une certaine profession, devient, pour ainsi dire, invisible et nulle. On n'a point continuellement des juges devant les yeux; et l'on craint la magistrature, et non pas les magistrats.

Il faut même que, dans les grandes accusations, le criminel, concurremment avec la loi, se choisisse des juges; ou du moins qu'il en puisse récuser un si grand nombre, que ceux qui restent soient censés être de son choix[3].

Les deux autres pouvoirs pourraient plutôt être donnés à des magistrats ou à des corps permanents, parce qu'ils ne s'exercent sur aucun particulier; n'étant, l'un, que la volonté générale de l'État, et l'autre, que l'exécution de cette volonté générale.

Mais, si les tribunaux ne doivent pas être fixes, les jugements doivent l'être à un tel point, qu'ils ne soient jamais qu'un texte précis de la loi. S'ils étaient une opinion particulière du juge, on vivrait dans la société sans savoir précisément les engagements que l'on y contracte[4].

Il faut même que les juges soient de la condition de l'accusé, ou ses pairs, pour qu'il ne puisse pas se mettre dans l'esprit qu'il soit tombé entre les mains de gens portés à lui faire violence.

Si la puissance législative laisse à l'exécutrice le droit d'emprisonner des citoyens qui peuvent donner caution de leur conduite, il n'y a plus de liberté, à moins qu'ils ne soient arrêtés pour répondre, sans délai, à une accusation que la loi

---

1. Montesquieu cite Athènes en note, mais pense aussi à l'Angleterre. Ne pas oublier que les jurys y jouaient tout de même un rôle limité, surtout en matière civile, où ils se bornaient à examiner la preuve des questions de fait. En matière pénale, le jury d'accusation décidait de la comparution de l'inculpé, et le jury de jugement de sa culpabilité; 2. *Etat :* condition sociale. En fait, les jurés anglais étaient choisis parmi les propriétaires fonciers aisés; 3. La récusation des jurés existait en droit anglais au XVIIIe siècle, en matière criminelle. Elle figure maintenant dans le Code français; 4. Locke dit aussi que la liberté consiste à « n'être point assujetti à la volonté inconstante, incertaine, inconnue, arbitraire d'un homme ».

a rendue capitale; auquel cas ils sont réellement libres, puisqu'ils ne sont soumis qu'à la puissance de la loi[1].

Mais, si la puissance législative se croyait en danger par quelque conjuration secrète contre l'État, ou quelque intelligence avec les ennemis du dehors, elle pourrait, pour un temps court et limité, permettre à la puissance exécutrice de faire arrêter les citoyens suspects, qui ne perdraient leur liberté pour un temps que pour la conserver pour toujours[2].

Et c'est le seul moyen conforme à la raison de suppléer à la tyrannique magistrature des Éphores[3] et aux Inquisiteurs d'État de Venise, qui sont aussi despotiques. **(12)**

Comme, dans un État libre, tout homme qui est censé avoir une âme libre doit être gouverné par lui-même, il faudrait que le peuple en corps eût la puissance législative[4]. Mais comme

---

1. Montesquieu pense ici à l'*habeas corpus*, dont la pratique remonte en Angleterre à 1215, et a été codifiée par l'*Habeas Corpus Act* en 1679 : une personne arrêtée peut obtenir de la Haute Cour de justice un *writ of habeas corpus* (« ordre d'avoir le corps »), enjoignant au geôlier d'amener le prisonnier devant la Cour pour qu'elle connaisse le motif d'inculpation; à ce moment, selon les cas, la Cour le libérera ou le laissera en liberté sous caution, ou, pour un crime grave (félonie, trahison) décidera de le faire comparaître à la plus prochaine session; **2.** En cas de troubles politiques graves, le Parlement anglais pouvait autoriser le ministère, pour un an, à arrêter et à détenir des citoyens suspects de trahison, sans les laisser recourir à l'*habeas corpus ;* **3.** *Ephores :* collège de cinq magistrats spartiates, jouissant de pouvoirs très étendus dans tous les domaines; **4.** C'est la première fois que Montesquieu considère le régime représentatif. Il pense surtout au Parlement anglais; celui-ci fut à l'origine un conseil de grands vassaux, prélats et barons, élargi au XIIe siècle aux représentants des bourgs. Au XIVe siècle, il se constitua en deux Chambres, celle des communes (chevaliers des comtés et députés des bourgs, élus par des assemblées locales) et celle des lords. Leur rôle fut d'abord seulement de consentir l'impôt, puis s'étendit jusqu'à ce que la « Déclaration des droits » de 1689 leur reconnût définitivement le pouvoir de voter des subsides et des lois.

QUESTIONS

12. La puissance de juger : montrez (§ 13 et 14) que Montesquieu cherche à faire l'économie non d'un pouvoir, mais d'une puissance : quelle attitude à l'égard du pouvoir ce souci implique-t-il? (voir chap. 4 du livre XI). — Qu'est-ce que le paragraphe 16 nous apprend sur les rapports entre le législatif et l'exécutif? — Dégagez les conditions de la liberté impliquées par les paragraphes 17 et 18. Montrez que le paragraphe 18 demande une « séparation » des classes; ce principe vous paraît-il justifié? — Quelle pratique est condamnée par le paragraphe 19? La justification que donne Montesquieu de la juridiction d'exception exposée au paragraphe 20 vous semble-t-elle satisfaisante? Étudiez le problème en vous appuyant sur des exemples contemporains. — Montrez que les trois derniers paragraphes soulignent la subordination de fait du pouvoir judiciaire aux deux autres et la primauté du législatif. — Comparez (en vous aidant des notes) le texte de Montesquieu à la réalité anglaise.

cela est impossible dans les grands États et est sujet à beaucoup d'inconvénients dans les petits, il faut que le peuple fasse par ses représentants tout ce qu'il ne peut faire par lui-même.

L'on connaît beaucoup mieux les besoins de sa ville que ceux des autres villes; et on juge mieux de la capacité de ses voisins que de celle de ses autres compatriotes. Il ne faut donc pas que les membres du corps législatif soient tirés en général du corps de la nation; mais il convient que, dans chaque lieu principal, les habitants se choisissent un représentant.

Le grand avantage des représentants c'est qu'ils sont capables de discuter des affaires. Le peuple n'y est point du tout propre; ce qui forme un des grands inconvénients de la démocratie.

Il n'est pas nécessaire que les représentants, qui ont reçu de ceux qui les ont choisis une instruction générale, en reçoivent une particulière sur chaque affaire, comme cela se pratique dans les diètes d'Allemagne. Il est vrai que, de cette manière, la parole des députés serait plus l'expression de la voix de la nation; mais cela jetterait dans des longueurs infinies, rendrait chaque député le maître de tous les autres, et dans les occasions les plus pressantes, toute la force de la nation pourrait être arrêtée par un caprice.

Quand les députés, dit très bien M. Sidney[1], représentent un corps de peuple, comme en Hollande, ils doivent rendre compte à ceux qui les ont commis : c'est autre chose lorsqu'ils sont députés par des bourgs, comme en Angleterre.

Tous les citoyens, dans les divers districts, doivent avoir droit de donner leur voix pour choisir le représentant; excepté ceux qui sont dans un tel état de bassesse, qu'ils sont réputés n'avoir point de volonté propre[2].

Il y avait un grand vice dans la plupart des anciennes républiques : c'est que le peuple avait droit d'y prendre des réso-

---

1. Algernon Sidney (1622-1683), noble républicain, adversaire de Cromwell, puis élu au Parlement en 1678, il y combattit vivement le roi et fut condamné à mort sur une fausse accusation de conspiration. Son *Discours sur le gouvernement* parut en 1698 et fut traduit en français en 1702. Il y réfute les thèses absolutistes de Filmer;
2. Le suffrage était censitaire dans l'Angleterre du XVIIIe et du XIXe siècle. Montesquieu ne parle pas du problème des « bourgs pourris », dont Locke traite longuement, pour finalement conclure qu'il ne peut être résolu que par une décision royale. La réforme interviendra en 1832.

lutions actives, et qui demandent quelque exécution, chose dont il est entièrement incapable. Il ne doit entrer dans le gouvernement que pour choisir ses représentants, ce qui est très à sa portée. Car, s'il y a peu de gens qui connaissent le degré précis de la capacité des hommes, chacun est pourtant capable de savoir, en général, si celui qu'il choisit est plus éclairé que la plupart des autres.

Le corps représentant ne doit pas être choisi non plus pour prendre quelque résolution active, chose qu'il ne ferait pas bien; mais pour faire des lois, ou pour voir si l'on a bien exécuté celles qu'il a faites, chose qu'il peut très bien faire, et qu'il n'y a même que lui qui puisse bien faire. **(13)**

Il y a toujours dans un État des gens distingués par la naissance, les richesses ou les honneurs; mais s'ils étaient confondus parmi le peuple, et s'ils n'y avaient qu'une voix comme les autres, la liberté commune serait leur esclavage, et ils n'auraient aucun intérêt à la défendre, parce que la plupart des résolutions seraient contre eux. La part qu'ils ont à la législation doit donc être proportionnée aux autres avantages qu'ils ont dans l'État : ce qui arrivera s'ils forment un corps qui ait droit

QUESTIONS

13. Les représentants : dégagez les différents points considérés par Montesquieu dans ce passage. — Rapport entre gouvernement et *puissance législative* d'après la première phrase du paragraphe 22. Si Montesquieu pense au Parlement anglais, n'aurait-il pas pu aussi mentionner d'autres types de représentation en Europe (France, Espagne, Suède, Italie)? Quels inconvénients peut-on voir au gouvernement du peuple par lui-même? A quels exemples pense Montesquieu? — Comment s'appelle de nos jours le type de scrutin défini par Montesquieu au paragraphe 23? Sens de *démocratie* (fin du § 24). — Appréciez les objections que le paragraphe 25 présente au « mandat impératif »; expliquez *instruction générale*. De quelle pratique de l'Ancien Régime français peut-on rapprocher le mandat impératif? — Expliquez la distinction du paragraphe 26; montrez que, dans le système anglais, le mode de scrutin doit prévenir les excès possibles. Qu'entend Montesquieu par le *bas peuple* (§ 27; voir aussi II, 2, § 10 et 13-15)? Montrez que les paragraphes 23-27 favorisent un régime de notables. Montesquieu ne sous-estime-t-il pas les risques de corruption que comporte un pareil régime? — Comparez le paragraphe 28 à la première phrase du paragraphe 7 et appréciez cette analyse de L. Althusser : « La première combinaison exclue est que le législatif puisse usurper les pouvoirs de l'exécutif. [...] Or l'inverse n'est pas vrai. » Y a-t-il pourtant séparation complète entre les représentants et l'exécutif? — Sur l'ensemble du passage : les facultés politiques du peuple selon Montesquieu (voir II, 2).

d'arrêter les entreprises du peuple, comme le peuple a droit d'arrêter les leurs[1].

Ainsi, la puissance législative sera confiée, et au corps des nobles, et au corps qui sera choisi pour représenter le peuple, qui auront chacun leurs assemblées et leurs délibérations à part, et des vues et des intérêts séparés.

Des trois puissances dont nous avons parlé, celle de juger est en quelque façon nulle. Il n'en reste que deux; et comme elles ont besoin d'une puissance réglante pour les tempérer, la partie du corps législatif qui est composée de nobles est très propre à produire cet effet.

Le corps des nobles doit être héréditaire. Il l'est premièrement par sa nature; et d'ailleurs il faut qu'il ait un très grand intérêt à conserver ses prérogatives, odieuses par elles-mêmes, et qui, dans un État libre, doivent toujours être en danger.

Mais comme une puissance héréditaire pourrait être induite à suivre ses intérêts particuliers et à oublier ceux du peuple, il faut que dans les choses où l'on a un souverain intérêt à la corrompre, comme dans les lois qui concernent la levée de l'argent, elle n'ait de part à la législation que par sa faculté d'empêcher, et non par sa faculté de statuer.

J'appelle *faculté de statuer*, le droit d'ordonner par soi-même, ou de corriger ce qui a été ordonné par un autre. J'appelle *faculté d'empêcher*, le droit de rendre nulle une résolution prise par quelque autre; ce qui était la puissance des tribuns de Rome[2]. Et quoique celui qui a la faculté d'empêcher puisse avoir aussi le droit d'approuver, pour lors cette approbation n'est autre chose qu'une déclaration qu'il ne fait point d'usage de sa faculté d'empêcher, et dérive de cette faculté.

---

1. Sur la Chambre des lords, historiquement antérieure à la Chambre des communes, voir note 4, p. 13. Ses pouvoirs sont aujourd'hui considérablement réduits (*Parliament Act* de 1911); 2. Cette distinction fort importante suscite des discussions chez les juristes. Les uns distinguent la sanction du veto (faculté d'empêcher) : la sanction fait du roi un colégislateur, et la loi n'existe pas en tant que telle tant que le roi ne lui a pas accordé cette sanction; le veto est simplement le refus d'une loi par l'exécutif. Pour d'autres, au contraire, sanction et veto sont deux modalités du même droit, le droit, dit Ch. Eisenmann, de « rendre nulles les résolutions prises par quelqu'un d'autre », c'est-à-dire ce que Montesquieu appelle la « faculté d'empêcher ». A remarquer que cette distinction — qui jouera un si grand rôle politique — est d'abord faite par Montesquieu à propos de la Chambre des lords.

La puissance exécutrice doit être entre les mains d'un monarque, parce que cette partie du gouvernement, qui a presque toujours besoin d'une action momentanée, est mieux administrée par un que par plusieurs; au lieu que ce qui dépend de la puissance législative est souvent mieux ordonné par plusieurs que par un seul.

Que s'il n'y avait point de monarque, et que la puissance exécutrice fût confiée à un certain nombre de personnes tirées du corps législatif, il n'y aurait plus de liberté, parce que les deux puissances seraient unies; les mêmes personnes ayant quelquefois, et pouvant toujours avoir part à l'une et à l'autre. **(14)**

Si le corps législatif était un temps considérable sans être assemblé, il n'y aurait plus de liberté. Car il arriverait de deux choses l'une : ou qu'il n'y aurait plus de résolution législative, et l'État tomberait dans l'anarchie; ou que ces résolutions seraient prises par la puissance exécutrice, et elle deviendrait absolue.

QUESTIONS

14. La Chambre Haute : montrez que l'existence de cette Chambre se définit aux yeux de Montesquieu uniquement par des considérations de classe et non par le souci de modérer une éventuelle précipitation de la première Chambre (comparez au Sénat des Constitutions contemporaines). — Établissez plus de clarté dans le paragraphe 32 en distinguant pouvoir et puissance : combien reste-t-il de pouvoirs? Pour combien de puissances? Une théorie des trois puissances ne se substitue-t-elle pas à celle des trois pouvoirs? S'agit-il encore de séparation? Appréciez cette objection que formule Destutt de Tracy sur le rôle attribué par Montesquieu à la noblesse (§ 32) : « Il ne s'aperçoit pas [...] que la Chambre des pairs n'est rien moins qu'une puissance indépendante et réglante, mais qu'elle est seulement un appendice et une avant-garde du pouvoir exécutif, dont elle a toujours suivi le sort. » Soulignez, à la lumière de l'histoire, le conservatisme de Montesquieu; montrez que, pour lui, la liberté est beaucoup plus tension qu'harmonie. — Qui peut avoir intérêt à corrompre la noblesse, et qui, surtout, en possède les moyens? — Pensez-vous (en vous aidant de la note 1 p. 16) que, pour Montesquieu, sanction et veto (§ 35) soient deux modalités d'un même droit? — Montrez dans tout ce passage (§§ 30-35) l'attachement de Montesquieu à la noblesse; lui cherche-t-il des garanties seulement contre le peuple? Quel rôle jouent les privilèges dans ce système? — Le pouvoir exécutif. Expliquez *qui a presque toujours besoin d'une action momentanée* (§ 36) : appréciez cette justification de la monarchie. Que conclure de la restriction marquée par *souvent* (§ 36)? — Montrez que Montesquieu, au paragraphe 37, ne semble pas prévoir le gouvernement parlementaire, ni même le gouvernement de cabinet, qui apparaissait déjà dans l'Angleterre de Walpole. — Est-ce que ces deux paragraphes excluent absolument le monarque du pouvoir législatif?

Il serait inutile que le corps législatif fût toujours assemblé. Cela serait incommode pour les représentants, et d'ailleurs occuperait trop la puissance exécutrice, qui ne penserait point à exécuter, mais à défendre ses prérogatives, et le droit qu'elle a d'exécuter.

De plus, si le corps législatif était continuellement assemblé, il pourrait arriver que l'on ne ferait que suppléer de nouveaux députés à la place de ceux qui mourraient; et, dans ce cas, si le corps législatif était une fois corrompu, le mal serait sans remède. Lorsque divers corps législatifs se succèdent les uns aux autres, le peuple, qui a mauvaise opinion du corps législatif actuel, porte, avec raison, ses espérances sur celui qui viendra après. Mais si c'était toujours le même corps, le peuple, le voyant une fois corrompu, n'espérerait plus rien de ses lois; il deviendrait furieux, ou tomberait dans l'indolence.

Le corps législatif ne doit point s'assembler lui-même; car un corps n'est censé avoir de volonté que lorsqu'il est assemblé; et, s'il ne s'assemblait pas unanimement, on ne saurait dire quelle partie serait véritablement le corps législatif : celle qui serait assemblée, ou celle qui ne le serait pas. Que s'il avait droit de se proroger[1] lui-même, il pourrait arriver qu'il ne se prorogerait jamais; ce qui serait dangereux dans le cas où il voudrait attenter contre la puissance exécutrice. D'ailleurs, il y a des temps plus convenables les uns que les autres pour l'assemblée du corps législatif : il faut donc que ce soit la puissance exécutrice qui règle le temps de la tenue et de la durée de ces assemblées, par rapport aux circonstances qu'elle connaît[2].

Si la puissance exécutrice n'a pas le droit d'arrêter les entreprises du corps législatif, celui-ci sera despotique; car, comme il pourra se donner tout le pouvoir qu'il peut imaginer, il anéantira toutes les autres puissances.

---

1. *Prorogation :* action de suspendre les séances des Chambres et d'en remettre la continuation à un certain jour; 2. Locke aussi remet à l'exécutif la convocation et la prorogation des Chambres; c'est là une partie de la « prérogative » royale, c'est-à-dire « ce pouvoir d'agir avec discrétion (discernement) pour le bien public ». Il souligne que ce fait n'entraîne pas la supériorité de l'exécutif sur le législatif. Jusqu'en 1688 le Parlement anglais était élu pour toute la durée de la vie du roi; mais celui-ci pouvait le dissoudre et fixer de nouvelles élections au moment qu'il jugerait opportun; ainsi, Charles Ier a régné onze ans sans Parlement (1629-1640). Depuis 1694, le Parlement était élu pour trois ans, puis pour sept ans.

Mais il ne faut pas que la puissance législative ait réciproquement la faculté d'arrêter la puissance exécutrice. Car, l'exécution ayant ses limites par sa nature, il est inutile de la borner; outre que la puissance exécutrice s'exerce toujours sur des choses momentanées. Et la puissance des tribuns de Rome était vicieuse, en ce qu'elle arrêtait non seulement la législation, mais même l'exécution : ce qui causait de grands maux.

Mais, si, dans un État libre, la puissance législative ne doit pas avoir le droit d'arrêter la puissance exécutrice, elle a droit, et doit avoir la faculté d'examiner de quelle manière les lois qu'elle a faites ont été exécutées; et c'est l'avantage qu'a ce gouvernement sur celui de Crète et de Lacédémone, où les Cosmes et les Éphores ne rendaient point compte de leur administration.

Mais, quel que soit cet examen, le corps législatif ne doit point avoir le pouvoir de juger la personne, et par conséquent la conduite de celui qui exécute. Sa personne doit être sacrée, parce qu'étant nécessaire à l'État pour que le corps législatif n'y devienne pas tyrannique, dès le moment qu'il serait accusé ou jugé, il n'y aurait plus de liberté.

Dans ce cas l'État ne serait point une monarchie, mais une république non libre. Mais comme celui qui exécute ne peut exécuter mal sans avoir des conseillers méchants, et qui haïssent les lois comme ministres, quoiqu'elles les favorisent comme hommes, ceux-ci peuvent être recherchés et punis[1]. Et c'est l'avantage de ce gouvernement sur celui de Gnide, où la loi ne permettant point d'appeler en jugement les *amymones*,

1. Le roi d'Angleterre ne peut être jugé par aucune juridiction. Les ministres pouvaient être poursuivis devant les lords pour crimes dans l'exercice de leurs fonctions et, à partir du XVIIe siècle, aussi pour fautes politiques (procédure d'*impeachment*). En fait, cette procédure ne fut pas utilisée, les ministres préférant se retirer. — Sur le thème des « mauvais conseillers » du roi, voir Paul Bénichou : « L'aristocratie, admiratrice et victime à la fois du pouvoir absolu, se trouvait dans une position indécise en face de la royauté. Elle eût désiré, en même temps, que le pouvoir des rois fût sacré et qu'il fût limité. Ne sachant trop comment résoudre la contradiction, on a recours à un stratagème qui concilie le conformisme et la révolte; on s'en prend à un bouc émissaire qu'on imagine responsable de tous les péchés d'une royauté par elle-même innocente : c'est le mauvais conseiller du roi, le scélérat qui a surpris l'esprit du monarque ou flatté ses mauvais penchants » *(Morales du Grand Siècle).*

separate jud body for nobility.

même après leur administration, le peuple ne pouvait jamais se faire rendre raison des injustices qu'on lui avait faites[1]. **(15)**

Quoique en général la puissance de juger ne doive être unie à aucune partie de la législative, cela est sujet à trois exceptions, fondées sur l'intérêt particulier de celui qui doit être jugé.

Les grands sont toujours exposés à l'envie; et s'ils étaient jugés par le peuple, ils pourraient être en danger, et ne jouiraient pas du privilège qu'a le moindre des citoyens, dans un État libre, d'être jugé par ses pairs. Il faut donc que les nobles soient appelés, non pas devant les tribunaux ordinaires de la nation, mais devant cette partie du corps législatif qui est composée de nobles.

---

1. *Amymones :* magistrats de Gnide élus à vie.

QUESTIONS

15. Exécutif et législatif : dégagez les deux mouvements du passage et les différents points étudiés. — Comparez le paragraphe 38 avec les lignes où Locke écrit que l'exécutif qui refuse de convoquer le législatif se met « en état de guerre avec le peuple », qui « a droit de lever cet obstacle par la force », car « dans toutes sortes d'États et de conditions, le véritable remède qu'on puisse employer contre la force, c'est d'y opposer la force » : Montesquieu trouve-t-il une autre solution? Essayez de distinguer derrière cette opposition entre Locke et Montesquieu deux conceptions de l'histoire. — Dégagez les deux craintes essentielles de Montesquieu d'après la fin du paragraphe 38; quelle classe sociale serait la victime dans l'un et l'autre cas? — Analysez les différents éléments de l'équilibre exposé dans les paragraphes 39 et 40 : crainte du peuple, souci de juste représentation, protection de l'exécutif. — Les deux issues politiques possibles d'une réunion continuelle du Parlement : comparez (§ 40) modalités et résultats avec ceux que Montesquieu analyse au paragraphe 38 dans le cas d'un abus de l'exécutif. — Quel danger Montesquieu veut-il prévenir dans la première phrase du paragraphe 41? Par quel acte politique peut se traduire le *droit d'arrêter* accordé à l'exécutif (§ 42)? — Peut-on (§§ 38-42) parler de séparation fonctionnelle des deux pouvoirs? Les droits donnés à l'exécutif vous paraissent-ils exorbitants? Montrez chez Montesquieu le souci de les définir (comparez le texte de Locke sur la prérogative, cité dans la note 2 p. 18). Déterminez (§ 43) les limites que la nature impose au pouvoir exécutif. Montrez qu'il s'agit donc pour Montesquieu (§§ 38-43) de compenser juridiquement l'infériorité naturelle de l'exécutif. — Distinguez (§ 44) *droit d'arrêter* et *faculté d'examiner*. Comment peut se manifester cette dernière d'après les paragraphes 44-46? — L'irresponsabilité absolue du monarque vous paraît-elle dangereuse (§ 45)? Expliquez *république non libre* (§ 46); montrez qu'apparaissent ici nettement des préoccupations de classe. A quels événements historiques peut penser Montesquieu en écrivant les paragraphes 45 et 46? — Montrez qu'il s'agit pour Montesquieu d'établir entre deux pouvoirs naturellement inégaux : 1° une égalité juridique; 2° une indépendance personnelle sur le plan juridique.

Il pourrait arriver que la loi, qui est en même temps clairvoyante et aveugle, serait, en de certains cas, trop rigoureuse. Mais les juges de la nation ne sont, comme nous avons dit, que la bouche qui prononce les paroles de la loi; des êtres inanimés qui n'en peuvent modérer ni la force ni la rigueur. C'est donc la partie du corps législatif, que nous venons de dire être, dans une autre occasion, un tribunal nécessaire, qui l'est encore dans celle-ci; c'est à son autorité suprême à modérer la loi en faveur de la loi même, en prononçant moins rigoureusement qu'elle[1].

Il pourrait encore arriver que quelque citoyen, dans les affaires publiques, violerait les droits du peuple, et ferait des crimes que les magistrats établis ne sauraient ou ne voudraient pas punir. Mais, en général, la puissance législative ne peut pas juger; et elle le peut encore moins dans ce cas particulier, où elle représente la partie intéressée, qui est le peuple. Elle ne peut donc être qu'accusatrice. Mais devant qui accusera-t-elle? Ira-t-elle s'abaisser devant les tribunaux de la loi, qui lui sont inférieurs, et d'ailleurs composés de gens qui, étant peuple comme elle, seraient entraînés par l'autorité d'un si grand accusateur? Non : il faut, pour conserver la dignité du peuple et la sûreté du particulier, que la partie législative du peuple accuse devant la partie législative des nobles, laquelle n'a ni les mêmes intérêts qu'elle, ni les mêmes passions[2].

C'est l'avantage qu'a ce gouvernement sur la plupart des républiques anciennes, où il y avait cet abus, que le peuple était en même temps et juge et accusateur. **(16)**

---

1. Les lords étaient juges suprêmes des arrêts rendus en matière civile par la cour de Westminster; en matière criminelle, ils ne sanctionnaient que les erreurs de droit commises par les juridictions inférieures; **2.** Les trois exceptions citées touchent précisément les cas où les lords avaient des attributions judiciaires en matière criminelle.

QUESTIONS

16. Législatif et judiciaire : comparez le paragraphe 48 et le paragraphe 18. L'argument *et ne jouiraient pas ... pairs* (§ 48) vous semble-t-il valide? Quel type de parité suppose-t-il : naturelle ou économique? — A quelle pratique Montesquieu fait-il allusion dans le paragraphe 49? D'où vient l'*autorité suprême* des lords en matière juridique (§ 49)? N'est-ce pas un signe supplémentaire de la subordination du judiciaire? Trouvez-en une autre preuve dans le paragraphe suivant (§ 50). — Dégagez la signification politique de ces trois empiétements du législatif sur le judiciaire. Montesquieu ne cherche-t-il pas à justifier en droit une situation politique de fait et, par là même, à la prolonger?

La puissance exécutrice, comme nous avons dit, doit prendre part à la législation par sa faculté d'empêcher; sans quoi elle sera bientôt dépouillée de ses prérogatives. Mais si la puissance législative prend part à l'exécution, la puissance exécutrice sera également perdue.

Si le monarque prenait part à la législation par la faculté de statuer, il n'y aurait plus de liberté. Mais, comme il faut pourtant qu'il ait part à la législation pour se défendre, il faut qu'il y prenne part par la faculté d'empêcher.

Ce qui fut cause que le gouvernement changea à Rome, c'est que le sénat, qui avait une partie de la puissance exécutrice, et les magistrats, qui avaient l'autre, n'avaient pas, comme le peuple, la faculté d'empêcher.

Voici donc la constitution fondamentale du gouvernement dont nous parlons. Le corps législatif y étant composé de deux parties, l'une enchaînera l'autre par sa faculté mutuelle d'empêcher. Toutes les deux seront liées par la puissance exécutrice, qui le sera elle-même par la législative.

Ces trois puissances devraient former un repos ou une inaction. Mais comme, par le mouvement nécessaire des choses, elles sont contraintes d'aller, elles seront forcées d'aller de concert. **(17)**

La puissance exécutrice ne faisant partie de la législative que par sa faculté d'empêcher, elle ne saurait entrer dans le débat des affaires. Il n'est pas même nécessaire qu'elle propose, parce que, pouvant toujours désapprouver les résolutions, elle peut rejeter les décisions des propositions qu'elle aurait voulu qu'on n'eût pas faites.

QUESTIONS

17. La monarchie modérée : montrez que le paragraphe 53 reprend et précise les paragraphes 39-46; finalement à quelles puissances appartient le législatif, et à laquelle appartient l'exécutif? Comparez *faculté d'arrêter* et *faculté d'empêcher*. — Étudiez (§ 55) les verbes des deux dernières phrases; qu'indiquent-ils sur la « séparation des pouvoirs »? Montrez dans ce paragraphe l'aboutissement du glissement des trois pouvoirs aux trois puissances. — Montrez que le paragraphe 56 répond à une objection et implique une dépendance de fait entre les pouvoirs, suffisante pour pallier les inconvénients que pourrait entraîner leur indépendance juridique (voir § 44-46). — Appréciez cette objection de Destutt de Tracy. « Il me paraît au contraire très manifeste que rien ne pourrait aller si tout était réellement enchevêtré comme on le dit, si le roi n'était pas effectivement le maître du Parlement, et s'il n'était pas inévitable qu'il le mène, comme il a toujours fait, ou par la crainte, ou par la corruption. »

Phot. Chevallier.

Procession du sénat.

Bas-relief romain.

Dans quelques républiques anciennes, où le peuple en corps avait le débat des affaires, il était naturel que la puissance exécutrice les proposât et les débattît avec lui; sans quoi il y aurait eu dans les résolutions une confusion étrange.

Si la puissance exécutrice statue sur la levée des deniers publics autrement que par son consentement, il n'y aura plus de liberté, parce qu'elle deviendra législative dans le point le plus important de la législation.

Si la puissance législative statue, non pas d'année en année, mais pour toujours, sur la levée des deniers publics, elle court risque de perdre sa liberté, parce que la puissance exécutrice ne dépendra plus d'elle[1]; et quand on tient un pareil droit pour toujours, il est assez indifférent qu'on le tienne de soi ou d'un autre. Il en est de même si elle statue, non pas d'année en année, mais pour toujours, sur les forces de terre et de mer qu'elle doit confier à la puissance exécutrice.

Pour que celui qui exécute ne puisse pas opprimer, il faut que les armées qu'on lui confie soient peuple, et aient le même esprit que le peuple, comme cela fut à Rome jusqu'au temps de Marius. Et, pour que cela soit ainsi, il n'y a que deux moyens : ou que ceux que l'on emploie dans l'armée aient assez de bien pour répondre de leur conduite aux autres citoyens, et qu'ils ne soient enrôlés que pour un an, comme il se pratiquait à Rome; ou, si on a un corps de troupes permanent, et où les soldats soient une des plus viles parties de la nation, il faut que la puissance législative puisse le casser sitôt qu'elle le désire; que les soldats habitent avec les citoyens, et qu'il n'y ait ni camp séparé, ni casernes, ni place de guerre.

L'armée étant une fois établie, elle ne doit point dépendre immédiatement du corps législatif, mais de la puissance exécutrice; et cela par la nature de la chose; son fait consistant plus en action qu'en délibération.

Il est dans la manière de penser des hommes que l'on fasse plus de cas du courage que de la timidité; de l'activité que de la prudence; de la force que des conseils. L'armée méprisera toujours un sénat et respectera ses officiers. Elle ne fera point cas des ordres qui lui seront envoyés de la part d'un corps composé de gens qu'elle croira timides, et indignes par

1. La « Déclaration des droits » (1689) prévoyait le vote annuel des impôts.

là de lui commander. Ainsi, sitôt que l'armée dépendra uniquement du corps législatif, le gouvernement deviendra militaire. Et si le contraire est jamais arrivé, c'est l'effet de quelques circonstances extraordinaires; c'est que l'armée y est toujours séparée, c'est qu'elle est composée de plusieurs corps qui dépendent chacun de leur province particulière; c'est que les villes capitales sont des places excellentes, qui se défendent par leur situation seule, et où il n'y a point de troupes.

La Hollande est encore plus en sûreté que Venise; elle submergerait les troupes révoltées, elle les ferait mourir de faim. Elles ne sont point dans les villes qui pourraient leur donner la subsistance; cette subsistance est donc précaire.

Que si, dans le cas où l'armée est gouvernée par le corps législatif, des circonstances particulières empêchent le gouvernement de devenir militaire, on tombera dans d'autres inconvénients; de deux choses l'une : ou il faudra que l'armée détruise le gouvernement, ou que le gouvernement affaiblisse l'armée.

Et cet affaiblissement aura une cause bien fatale : il naîtra de la faiblesse même du gouvernement[1]. **(18)**

---

1. Ces deux derniers paragraphes ont été ajoutés dans l'édition de 1757.

QUESTIONS

18. Le fonctionnement du système : sur quels points essentiels Montesquieu l'étudie-t-il? Montrez que Montesquieu insiste sur la participation de l'exécutif au législatif (§ 57-60). Le droit d'initiative du monarque est-il absolument exclu (§ 57)? A quelles *républiques anciennes* pense Montesquieu (§ 58)? Expliquez *autrement que par son consentement* (§ 59). Pourquoi le vote des impôts constitue-t-il *le point le plus important de la législation?* Quelle autre garantie Montesquieu a-t-il déjà accordée aux représentants sur ce point? — Quelle conception du *peuple* indique le premier des deux moyens exposés par le paragraphe 61? Le second moyen garantit-il vraiment que *les armées soient peuple?* Les précautions exprimées à la fin du paragraphe 61 vous semblent-elles réalisables et suffisantes? Montrez que, dans tout ce passage sur l'armée, Montesquieu se souvient du rôle joué par celle-ci pendant les troubles qu'a connus l'Angleterre au XVIIe siècle. Quelle place le paragraphe 62 assigne-t-il à l'armée dans la vie politique du pays? — Étudiez les trois antithèses de la première phrase du paragraphe 63 : montrez qu'il y a de la première à la troisième un inquiétant glissement; Montesquieu prend-il parti à ce sujet? Montrez son souci de réalisme politique. — Le gouvernement militaire : dégagez plus nettement les modalités de son apparition; cherchez des exemples (§ 63). — Expliquez le paradoxe du paragraphe 66. Montrez (§ 63-66) le souci de Montesquieu de rendre compte des cas particuliers. Essayez de préciser la position de Montesquieu devant l'armée et les militaires d'après les paragraphes 61-66 (voir aussi XIII, 17).

England will perish - ie. relativity in time.

Si l'on veut lire l'admirable ouvrage de Tacite *sur les mœurs des Germains*, on verra que c'est d'eux que les Anglais ont tiré l'idée de leur gouvernement politique[1]. Ce beau système a été trouvé dans les bois.

Comme toutes les choses humaines ont une fin, l'État dont nous parlons perdra sa liberté, il périra. Rome, Lacédémone et Carthage ont bien péri. Il périra lorsque la puissance législative sera plus corrompue que l'exécutrice.

Ce n'est point à moi à examiner si les Anglais jouissent actuellement de cette liberté, ou non. Il me suffit de dire qu'elle est établie par leurs lois, et je n'en cherche pas davantage.

Je ne prétends point par là ravaler les autres gouvernements, ni dire que cette liberté politique extrême doive mortifier ceux qui n'en ont qu'une modérée. Comment dirais-je cela, moi qui crois que l'excès même de la raison n'est pas toujours désirable, et que les hommes s'accommodent presque toujours mieux des milieux que des extrémités? Moderation

Harrington[2], dans son *Oceana*, a aussi examiné quel était le plus haut point de liberté où la constitution d'un État peut être portée. Mais on peut dire de lui qu'il n'a cherché cette liberté qu'après l'avoir méconnue, et qu'il a bâti Chalcédoine, ayant le rivage de Byzance devant les yeux. **(19) (20)**

CHAP. VII-XX. *La distribution des pouvoirs à Rome*. Si les Anciens n'ont pas connu la solution idéale, le problème s'est posé à eux, et ils lui ont apporté des réponses plus ou moins heureuses. Après l'harmonieux équilibre des premiers règnes, où « la Constitution était monarchique, aristocratique et populaire », Rome connut des

1. Montesquieu renvoie à Tacite, *la Germanie*, XI : « Les petites affaires ressortissent aux délibérations des chefs, les grandes à celles de tous, mais non pas cependant sans que celles dont il appartient au peuple de décider ne soient, elles aussi, examinées à fond par les chefs. » Augustin Thierry et Guizot ont réfuté cette thèse : il n'y a rien de commun entre les états généraux ou le Parlement britannique, d'une part, et, de l'autre, les assemblées des hommes de la tribu et les conseils des anciens ou notables, chez les Germains. Mais c'est une idée-force de Montesquieu, que l'on retrouvera en particulier dans les derniers livres de *l'Esprit des lois;* monarchie française et système anglais descendent de la même origine; mais si l'Angleterre a maintenu le système initial dans toute sa force, la France n'en a conservé qu'un dérivé affaibli, sous la forme des corps intermédiaires (voir la fin du chapitre); 2. *Harrington* (1611-1677) a décrit dans son *Oceana* une république utopique; à noter qu'il écrivait en 1656, sous le protectorat de Cromwell, ce qui infirme beaucoup le reproche de Montesquieu. — Ce reproche s'exprime à l'aide d'un souvenir d'Hérodote, IV, 144 : celui-ci constate en effet que les Chalcédoniens ont été aveugles de ne pas choisir l'emplacement de Byzance pour construire leur ville.

QUESTIONS

Questions 19 et 20 : voir page suivante.

péripéties et des luttes d'influences : le problème était, sous la République, de partager les pouvoirs entre le peuple et le sénat. Le peuple détenant l'essentiel du législatif et le sénat l'essentiel de l'exécutif, l'équilibre fut rompu, aux yeux de Montesquieu, le jour où Tiberius Gracchus retira le judiciaire aux sénateurs pour le donner aux chevaliers : « le sénat ne put plus résister au peuple. [Les Gracques] choquèrent donc la liberté de la Constitution pour favoriser la liberté du citoyen; mais celle-ci se perdit avec celle-là. » Et ce d'autant plus qu'il est fort dangereux de donner la puissance de juger aux « gens d'affaires ». De plus, même si Rome a connu sous la République une période d'équilibre, elle ne pouvait communiquer cette liberté à ses provinces, nécessairement soumises à un magistrat unique réunissant les trois pouvoirs et aux exactions des chevaliers, les « traitants » de la République.

QUESTIONS

19. Conclusion : analysez le lyrisme contenu du paragraphe 67. On a reproché à Montesquieu de n'examiner la politique que de façon statique : qu'apporte à ce sujet la lecture du paragraphe 68? N'y a-t-il pas dans les paragraphes 68 et 69 des allusions à l'état réel de l'Angleterre? — Montrez que le paragraphe 70 pose le problème de l'introduction du système anglais en France; comment Montesquieu y répond-il? Cette réponse vous paraît-elle simplement dictée par la prudence ou peut-elle s'appuyer sur des idées chères à Montesquieu (voir note 1 p. 26 et aussi livre XIX)? Appréciez le trait de bel esprit du dernier paragraphe.

20. Sur l'ensemble du chapitre 6. — Montrez que le texte se dispose en deux parties principales : la première répondant au souci d'assurer la légalité de l'exécution (par la « séparation des pouvoirs » ou, plus exactement, par l'organisation des fonctions subordonnées, et plus liées que libres); la seconde visant à assurer la bonté de la loi, en définissant les rapports entre parlement et gouvernement (égalité et indépendance juridiques, dépendance de fait). Essayez de définir avec précision le gouvernement modéré ainsi obtenu. Peut-on dire, avec Ch. Eisenmann, qu'il repose sur « l'idée d'une société inégalitaire, hiérarchique, divisée en classes » (au contraire de Rousseau, qui part d'une société égalitaire), et, avec L. Althusser, que le partage des pouvoirs s'opère finalement au profit de la noblesse, qui y gagne d'être reconnue comme force politique et voit ses privilèges garantis à la fois « contre les entreprises du roi et du peuple », en échange de la protection qu'elle apporte au roi contre le peuple?

— Comparez, en vous aidant des notes, Montesquieu et Locke. Essayez de définir la dette du premier à l'égard du second. Pensez-vous qu'ils se distinguent, comme on l'a dit, en ce que Montesquieu établit trois corps égaux en puissance et Locke une seule souveraineté, celle du peuple.

— La démarche de Montesquieu. Le texte se présente-t-il comme une description ou comme une déduction à partir de principes fondamentaux? S'agit-il là d'une démarche scientifique? Peut-on reprocher à Montesquieu de tomber dans les travers des politiques utopistes?

— Exercices : comparez la Constitution de cette monarchie modérée avec celle de l'Angleterre moderne, puis avec celle de la France de la Ve République. Peut-on dire que Montesquieu a su exposer dès le XVIIIe siècle le « régime de l'avenir »?

LIVRE XII

DES LOIS QUI FORMENT LA LIBERTÉ POLITIQUE DANS SON RAPPORT AVEC LE CITOYEN

CHAP. I-III. *Définition*[1]. La liberté politique examinée sous ce rapport consiste « dans la sûreté, ou du moins dans l'opinion que l'on a de sa sûreté ».

CHAP. IV-XVII. *Comment favoriser la liberté politique.* Les peines doivent se rapporter, en nature et en proportion, à la faute commise. La modération et la prudence s'imposent tout particulièrement pour certaines accusations (magie et hérésie, crime contre nature, crime de lèse-majesté) : « C'est assez que le crime de lèse-majesté soit vague pour que le gouvernement dégénère en despotisme. » Certaines preuves ne peuvent être invoquées : les pensées, les paroles, quand elles n'accompagnent aucune action, et les écrits, « lorsqu'ils ne préparent pas au crime de lèse-majesté, [...] ne sont point une matière du crime de lèse-majesté ». De même, les appels à la dénonciation ou à la calomnie sont à proscrire.

4. QUE LA LIBERTÉ EST FAVORISÉE PAR LA NATURE DES PEINES ET LEUR PROPORTION

C'est le triomphe de la liberté, lorsque les lois criminelles tirent chaque peine de la nature particulière du crime. Tout l'arbitraire cesse; la peine ne descend point du caprice du législateur, mais de la nature de la chose; et ce n'est point l'homme qui fait violence à l'homme. (1)

Il y a quatre sortes de crimes : ceux de la première espèce choquent la religion; ceux de la seconde, les mœurs; ceux de la troisième, la tranquillité; ceux de la quatrième, la sûreté des

1. Destutt de Tracy : « Ici il s'agit des lois qui atteignent directement chaque citoyen dans ses intérêts privés. Ce n'est plus la liberté publique et politique qu'elles attaquent ou qu'elles protègent immédiatement, c'est la liberté individuelle et particulière. »

QUESTIONS

1. Le principe que pose Montesquieu est-il aussi net qu'il peut sembler d'abord? Si la nature du crime peut déterminer la nature de la peine, peut-elle déterminer sa gravité? Montrez que le paragraphe traduit des préoccupations plus politiques que morales.

citoyens. Les peines que l'on inflige doivent dériver de la nature de chacune de ces espèces. **(2)**

Je ne mets dans la classe des crimes qui intéressent la religion que ceux qui l'attaquent directement, comme sont tous les sacrilèges simples. Car les crimes qui en troublent l'exercice sont de la nature de ceux qui choquent la tranquillité des citoyens ou leur sûreté, et doivent être renvoyés à ces classes.

Pour que la peine des sacrilèges simples soit tirée de la nature de la chose[1], elle doit consister dans la privation de tous les avantages que donne la religion : l'expulsion hors des temples; la privation de la société des fidèles, pour un temps ou pour toujours; la fuite de leur présence, les exécrations, les détestations, les conjurations[2]. **(3)**

Dans les choses qui troublent la tranquillité ou la sûreté de l'État, les actions cachées sont du ressort de la justice humaine. Mais dans celles qui blessent la Divinité, là où il n'y a point d'action publique, il n'y a point de matière de crime : tout s'y passe entre l'homme et Dieu, qui sait la mesure et le temps de ses vengeances. Que si, confondant les choses, le magistrat recherche aussi le sacrilège caché, il porte une inquisition sur un genre d'action où elle n'est point nécessaire : il détruit la liberté des citoyens, en armant contre eux le zèle des consciences timides, et celui des consciences hardies. **(4)**

---

1. Saint Louis fit des lois si outrées contre ceux qui juraient que le pape se crut obligé de l'en avertir. Ce prince modéra son zèle et adoucit ses lois. Voyez ses ordonnances (note de Montesquieu); 2. Les crimes de lèse-majesté divine étaient passibles non seulement de peines canoniques, mais aussi de peines temporelles (mort, bannissement, galères). La loi du 20 avril 1825 établira encore à leur encontre de lourdes peines temporelles. — *Exécration :* horreur, détestation de ce qui est méchant, abominable. — *Détestation :* déclaration d'horreur pour quelque chose. — *Conjuration :* exorcismes destinés à mettre le démon en fuite.

QUESTIONS

2. Comparez cette classification avec la distinction du Code pénal en crimes, délits correctionnels et contraventions de simple police.

3. Donnez des exemples de sacrilèges simples et de sacrilèges publics; sur quel principe s'appuie la distinction établie ici (§ 3)? — Dégagez l'identité de nature entre le sacrilège simple et les peines proposées.

4. Dans ce paragraphe, ne s'agit-il pas d'emprisonner subtilement la religion dans les avantages et privilèges publics qui lui sont accordés? — Les peines religieuses proposées au paragraphe 4, ainsi escamotées, intéressent-elles Montesquieu? — Expliquez l'alliance des consciences timides et des consciences hardies (fin du § 5); comparez, pour les effets dangereux du « zèle » avec *Dom Juan*, V, II.

Le mal est venu de cette idée, qu'il faut venger la Divinité. Mais il faut faire honorer la Divinité, et ne la venger jamais. En effet, si l'on se conduisait par cette dernière idée, quelle serait la fin des supplices? Si les lois des hommes ont à venger un être infini, elles se régleront sur son infinité, et non pas sur les faiblesses, sur les ignorances, sur les caprices de la nature humaine.

Un historien de Provence rapporte un fait, qui nous peint très bien ce que peut produire sur des esprits faibles cette idée de venger la Divinité. Un Juif, accusé d'avoir blasphémé contre la sainte Vierge, fut condamné à être écorché. Des chevaliers masqués, le couteau à la main, montèrent sur l'échafaud, et en chassèrent l'exécuteur, pour venger eux-mêmes l'honneur de la sainte Vierge... Je ne veux point prévenir les réflexions du lecteur[1]. (5)

La seconde classe est des crimes qui sont contre les mœurs. Telles sont la violation de la continence publique ou particulière; c'est-à-dire, de la police sur la manière dont on doit jouir des plaisirs attachés à l'usage des sens et à l'union des corps. Les peines de ces crimes doivent encore être tirées de la nature de la chose. La privation des avantages que la société a attachés à la pureté des mœurs, les amendes, la honte, la contrainte de se cacher, l'infamie publique, l'expulsion hors de la ville et de la société; enfin, toutes les peines qui sont de la juridiction correctionnelle suffisent pour réprimer la témérité des deux sexes. En effet, ces choses sont moins fondées sur la méchanceté que sur l'oubli ou le mépris de soi-même.

Il n'est ici question que des crimes qui intéressent uniquement les mœurs, non de ceux qui choquent aussi la sûreté

1. Dans ses *Réponses et explications à la Faculté de théologie*, Montesquieu écrit à propos des paragraphes 6 et 7 : « J'ai ôté cela. » Mais le passage figure toujours dans l'édition de 1757.

QUESTIONS

5. Appréciez cette réponse des jésuites du *Journal de Trévoux* au paragraphe 6 : « Vous penserez sans doute qu'on ne peut jamais entreprendre de venger parfaitement et totalement la divinité, mais qu'il est des circonstances où il convient de punir les entreprises sacrilèges contre Dieu, car cela sert à réparer son culte suprême et à intimider les méchants. » — Montrez que l'anecdote rapportée au paragraphe 7 illustre la fin du paragraphe 5; s'agit-il pourtant d'une action cachée? Quel danger Montesquieu veut-il prévenir? A quelle intention répond la dernière phrase du paragraphe?

Phot. Larousse.

La Maltote à l'agonie.

Bibliothèque nationale, cabinet des Estampes.

publique, tels que l'enlèvement et le viol, qui sont de la quatrième espèce. **(6)**

Les crimes de la troisième classe sont ceux qui choquent la tranquillité des citoyens; et les peines en doivent être tirées de la nature de la chose, et se rapporter à cette tranquillité, comme la prison, les corrections et autres peines qui ramènent les esprits inquiets et les font rentrer dans l'ordre établi.

Je restreins les crimes contre la tranquillité aux choses qui contiennent une simple lésion de police : car celles qui, troublant la tranquillité, attaquent en même temps la sûreté, doivent être mises dans la quatrième classe[1]. **(7)**

Les peines de ces derniers crimes sont ce qu'on appelle des supplices. C'est une espèce de talion, qui a fait que la société refuse la sûreté à un citoyen qui en a privé, ou qui a voulu en priver un autre. Cette peine est tirée de la nature de la chose, puisée dans la raison et dans les sources du bien et du mal. Un citoyen mérite la mort lorsqu'il a violé la sûreté au point qu'il a ôté la vie, ou qu'il a entrepris de l'ôter. Cette peine de mort est comme le remède de la société malade. Lorsqu'on viole la sûreté à l'égard des biens, il peut y avoir des raisons pour que la peine soit capitale; mais il vaudrait peut-être mieux, et il serait plus de la nature, que la peine des crimes contre la sûreté des biens fût punie par la perte des biens; et cela devrait être ainsi, si les fortunes étaient communes ou égales. Mais, comme ce sont ceux qui n'ont point de biens qui attaquent plus volontiers celui des autres, il a fallu que la peine corporelle suppléât à la pécuniaire. **(8)**

1. L'ancien droit ne distinguait pas les peines criminelles et les peines correctionnelles (comme l'emprisonnement à temps); toutes les peines étaient criminelles. Quant aux infractions aux règles de police, elles étaient sanctionnées par des amendes.

QUESTIONS

6. Montrez comment les peines proposées par Montesquieu s'accordent avec la nature des fautes *(l'oubli ou le mépris de soi-même)*. S'agit-il seulement de punir?

7. Précisez la distinction que Montesquieu établit entre *tranquillité* et *sûreté*. Donnez des exemples de « simples lésions de police ». — Quelle explication Montesquieu propose-t-il de la criminalité? Vous semble-t-elle suffisante? Montrez dans ce passage la bonne conscience de l'homme d'ordre.

Question 8 : voir page suivante.

Tout ce que je dis est puisé dans la nature, et est très favorable à la liberté du citoyen. **(9)**

11. DES PENSÉES

Un Marsyas[1] songea qu'il coupait la gorge à Denys. Celui-ci le fit mourir, disant qu'il n'y aurait pas songé la nuit s'il n'y eût pensé le jour. C'était une grande tyrannie : car, quand même il y aurait pensé, il n'avait pas attenté. Les lois ne se chargent de punir que les actions extérieures. **(10)**

CHAP. XVIII-XXX. *Mesures propres aux différents régimes :*

a) Les républiques, devant le crime de lèse-majesté, doivent se garder d'une répression trop violente, qui risque de « mettre dans les mains de quelques citoyens un grand pouvoir »; elles peuvent,

1. *Marsyas :* un des officiers de Denys le Tyran (Plutarque, *Vie de Dion*, X).

QUESTIONS

8. Montesquieu met-il en question la peine de mort? Expliquez et appréciez la justification qu'il en donne. Comment faut-il entendre *la raison* et *les sources du bien et du mal* (3e phrase)? Le fait que la société soit *malade* ne peut-il impliquer qu'elle ait une responsabilité? — Comparez la référence au talion à ce passage du chapitre 19 du livre VI : « Les États despotiques, qui aiment les lois simples, usent beaucoup de la loi du talion. » Comparez également la fin du paragraphe à ces lignes du chapitre 12 du livre VI : « Les vols sur les grands chemins étaient communs dans quelques États; on voulut les arrêter; on inventa le supplice de la roue, qui les suspendit pendant quelque temps. Depuis ce temps on a volé comme auparavant sur les grands chemins. » Quels embarras ces contradictions trahissent-elles?

9. SUR L'ENSEMBLE DU CHAPITRE 4. — La hardiesse des propositions de Montesquieu par rapport au droit de son temps. Montrez comment déterminisme sociologique et idéalisme social se concilient ou prétendent se concilier.

— Quelles fonctions Montesquieu assigne-t-il à la peine? Comparez en particulier les peines proposées aux paragraphes 8 et 10, d'une part, et au paragraphe 12, d'autre part.

10. SUR LE CHAPITRE 11. — Confrontez ce chapitre avec la première phrase du paragraphe 5 du chapitre 4 (livre XII) : y a-t-il contradiction ou nuance? Quelle grande liberté Montesquieu veut-il défendre (ou instaurer) dans ces passages (et dans le chapitre 5)?

— La brièveté du chapitre : montrez qu'elle contraste avec le pluriel du titre. Pensez-vous que Montesquieu veuille faire le « goguenard » ou le bel esprit, comme le lui reprocheront, sur des exemples semblables, Voltaire et Brunetière? A quelles intentions peut répondre ce procédé?

exceptionnellement, suspendre la liberté d'un citoyen dangereux, mais il leur faut se méfier des excès de l'accusation publique et des lois contre les débiteurs;

b) Dans la monarchie, la liberté est menacée par la nomination de commissaires spéciaux pour juger un particulier, par l'entretien d'espions, par le crédit donné aux lettres anonymes; le monarque doit aussi faire preuve de noblesse dans ses mœurs et montrer des égards à ses sujets;

c) Le livre s'achève par l'examen de quelques « lois civiles propres à mettre un peu de liberté dans le gouvernement despotique » : existence d'un code religieux, tolérance des suppliants, droit à l'exil.

19. COMMENT ON SUSPEND L'USAGE DE LA LIBERTÉ DANS LA RÉPUBLIQUE

Il y a, dans les États où l'on fait le plus de cas de la liberté, des lois qui la violent contre un seul, pour la garder à tous. Tels sont, en Angleterre, les bills appelés *d'atteindre*[1]. Ils se rapportent à ces lois d'Athènes qui statuaient contre un particulier, pourvu qu'elles fussent faites par le suffrage de six mille citoyens[2]. Ils se rapportent à ces lois qu'on faisait à Rome contre des citoyens particuliers, et qu'on appelait *privilèges*. Elles ne se faisaient que dans les grands États du peuple. Mais, de quelque manière que le peuple les donne, Cicéron veut qu'on les abolisse, parce que la force de la loi ne consiste qu'en ce qu'elle statue sur tout le monde. J'avoue pourtant que l'usage des peuples les plus libres qui aient jamais été sur la terre me fait croire qu'il y a des cas où il faut mettre, pour un moment, un voile sur la liberté, comme l'on cache les statues des dieux. **(11)**

1. Une note de Montesquieu explique le mécanisme du *Bill of Attainder*, en soulignant qu'il permet de condamner « un homme, présumé coupable de ce qu'on appelle haut crime » et qui aurait « trouvé moyen d'écarter les témoins, de sorte qu'il fût impossible de le faire condamner par la loi », et que des garanties indispensables sont réservées (consentement du roi, avocats, débat à la Chambre); 2. Montesquieu pense à la pratique de l'ostracisme.

QUESTIONS

11. SUR LE CHAPITRE 19. — Destutt de Tracy s'emporte contre ce chapitre : « Voilà jusqu'où l'anglomanie a conduit ce grand homme. » Comment Montesquieu cherche-t-il à justifier le *Bill of Attainder* anglais? Montrez qu'il est assez embarrassé dans la dernière phrase.

— Quels dangers peut présenter cette pratique? En connaissez-vous des exemples? Pensez-vous qu'elle puisse être justifiée?

LIVRE XIII

DES RAPPORTS QUE LA LEVÉE DES TRIBUTS ET LA GRANDEUR DES REVENUS PUBLICS ONT AVEC LA LIBERTÉ

CHAP. I-IX. *Définitions et modalités de l'impôt.* L'impôt, « portion que chaque citoyen donne de son bien pour avoir la sûreté de l'autre, ou pour en jouir agréablement », doit être fixé avec la plus grande sagesse. Il n'est pas nécessairement bon que les impôts soient élevés. Dans les pays où se pratique le servage, l'esclave doit être le métayer du maître, et il faut bien se garder d'augmenter le tribut de l'esclavage. Dans les autres pays, il existe trois sortes d'impôts : sur la personne, sur la terre, sur les marchandises, ce dernier devant être soigneusement proportionnel à la valeur de la marchandise.

1. DES REVENUS DE L'ÉTAT

Les revenus de l'État sont une portion que chaque citoyen donne de son bien pour avoir la sûreté de l'autre, ou pour en jouir agréablement. (1)

Pour bien fixer ces revenus, il faut avoir égard et aux nécessités de l'État, et aux nécessités des citoyens. Il ne faut point prendre au peuple sur ses besoins réels, pour des besoins de l'État imaginaires[1].

Les besoins imaginaires sont ce que demandent les passions et les faiblesses de ceux qui gouvernent, le charme d'un projet extraordinaire, l'envie malade d'une vaine gloire, et une certaine impuissance d'esprit contre les fantaisies. Souvent ceux qui, avec un esprit inquiet, étaient sous le prince à la tête des

1. En 1715, les impôts rapportaient 166 millions de livres, dont le paiement des intérêts de la dette publique absorbait plus de la moitié. Il restait à peine 68 millions de livres, alors que les dépenses s'élevaient à 200 millions.

QUESTIONS

1. Appréciez l'opinion d'un économiste qui trouve dans la définition de Montesquieu « un germe de cette théorie qui veut faire de l'impôt une prime d'assurance contre les risques sociaux ».

affaires, ont pensé que les besoins de l'État étaient les besoins de leurs petites âmes. (2)

Il n'y a rien que la sagesse et la prudence doivent plus régler que cette portion qu'on ôte et cette portion qu'on laisse aux sujets.

Ce n'est point à ce que le peuple peut donner qu'il faut mesurer les revenus publics, mais à ce qu'il doit donner; et si on les mesure à ce qu'il peut donner, il faut que ce soit du moins à ce qu'il peut toujours donner[1]. (3) (4)

7. DES TRIBUTS DANS LES PAYS OÙ L'ESCLAVAGE DE LA GLÈBE N'EST POINT ÉTABLI

Lorsque, dans un État, tous les particuliers sont citoyens, que chacun y possède par son domaine ce que le prince y possède par son empire, on peut mettre des impôts sur les personnes, sur les terres, ou sur les marchandises; sur deux de ces choses, ou sur les trois ensemble. (5)

Dans l'impôt de la personne, la proportion injuste serait celle qui suivrait exactement la proportion des biens. On avait

1. Montesquieu s'oppose ici à l'opinion de Hume, qui écrit dans son *Essai sur les impôts :* « Toute taxe crée chez celui qui y est soumis une faculté nouvelle de la supporter, et toute augmentation des charges publiques accroît proportionnellement l'activité industrielle du peuple. »

QUESTIONS

2. Quelle autre conception de l'impôt Montesquieu attaque-t-il dans ces lignes? A quels cas précis peut-il penser? S'agit-il seulement de « ceux qui sont sous le prince à la tête des affaires »? — Montrez que l'analyse psychologique contenue dans la première phrase du paragraphe 3 est nuancée et va en s'approfondissant; que faut-il entendre (phrase suivante) par *un esprit inquiet?*

3. Expliquez la double distinction établie par le dernier paragraphe; montrez qu'elle interdit de calculer les impôts en fonction des dépenses. Quelle idée du rôle financier de l'État (et des qualités des gouvernants) implique-t-elle? — Montrez que Montesquieu, même s'il donne trop d'importance au côté personnel et psychologique, considère déjà la fiscalité sous un point de vue très moderne.

4. Sur l'ensemble du chapitre 1. — Dégagez les rapports entre cette conception de l'impôt et celle de la liberté chez Montesquieu.

5. A quels types d'États Montesquieu pense-t-il ici? Lesquels exclut-il?

divisé à Athènes les citoyens en quatre classes. Ceux qui retiraient de leurs biens cinq cents mesures de fruits liquides ou secs, payaient au public un talent; ceux qui en retiraient trois cents mesures devaient un demi-talent; ceux qui avaient deux cents mesures payaient dix mines, ou la sixième partie d'un talent; ceux de la quatrième classe ne donnaient rien[1]. La taxe était juste quoiqu'elle ne fût point proportionnelle; si elle ne suivait pas la proportion des biens, elle suivait la proportion des besoins. On jugea que chacun avait un nécessaire physique égal, que ce nécessaire physique ne devait point être taxé; que l'utile venait ensuite, et qu'il devait être taxé, mais moins que le superflu; que la grandeur de la taxe sur le superflu empêchait le superflu[2]. **(6)**

Dans la taxe sur les terres, on fait des rôles où l'on met les diverses classes des fonds[3]. Mais il est très difficile de connaître ces différences, et encore plus de trouver des gens qui ne soient point intéressés à les méconnaître. Il y a donc là deux sortes d'injustices : l'injustice de l'homme et l'injustice de la chose. Mais si en général la taxe n'est point excessive, si on laisse au peuple un nécessaire abondant, ces injustices particulières ne seront rien. Que si, au contraire, on ne laisse au peuple que ce qu'il lui faut à la rigueur pour vivre, la moindre disproportion sera de la plus grande conséquence.

Que quelques citoyens ne paient pas assez, le mal n'est pas grand; leur aisance revient toujours au public; que quelques

---

1. Il est douteux que la division en classe à Athènes ait servi à la répartition des impôts. Du reste, l'eisphora, l'impôt auquel semble penser Montesquieu, était un impôt réel et non personnel; **2.** Dans la *Pensée* 2025, Montesquieu, cherchant pourquoi l'impôt produit moins en France qu'en Angleterre, présente plusieurs raisons, parmi lesquelles « notre gouvernement, qui fait qu'on ne peut taxer la noblesse trop loin, parce qu'on en a besoin pour la guerre et pour la cour ». Il ne semble donc pas disposé à renoncer aux privilèges fiscaux de la noblesse; **3.** Seules quelques régions de l'ancienne France connaissaient l'impôt foncier : le Languedoc, la Provence, le Dauphiné.

QUESTIONS

6. De quelle idée importante ce passage (et en particulier la dernière phrase) peut-il être rapproché? Mettez sous forme de tableau le système de taxation décrit par Montesquieu; le principe de la progression vous paraît-il appliqué de façon satisfaisante, c'est-à-dire, selon les termes de Montesquieu, propre à *empêcher le superflu?* — En vous aidant de la note 1, dégagez l'imprudence méthodologique commise par Montesquieu. Montrez que, pourtant, Montesquieu pose ici les bases de l'impôt personnel moderne.

particuliers paient trop, leur ruine se tourne contre le public. Si l'État proportionne sa fortune à celle des particuliers, l'aisance des particuliers fera bientôt monter sa fortune. Tout dépend du moment. L'État commencera-t-il par appauvrir les sujets pour s'enrichir? ou attendra-t-il que des sujets à leur aise l'enrichissent? Aura-t-il le premier avantage, ou le second? Commencera-t-il par être riche, ou finira-t-il par l'être? (7)

Les droits sur les marchandises sont ceux que les peuples sentent le moins, parce qu'on ne leur fait pas une demande formelle. Ils peuvent être si sagement ménagés, que le peuple ignorera presque qu'il les paie. Pour cela, il est d'une grande conséquence que ce soit celui qui vend la marchandise qui paie le droit. Il sait bien qu'il ne paie pas pour lui; et l'acheteur, qui dans le fond paie, le confond avec le prix. Quelques auteurs ont dit que Néron avait ôté le droit du vingt-cinquième des esclaves qui se vendaient; il n'avait pourtant fait qu'ordonner que ce serait le vendeur qui le paierait, au lieu de l'acheteur : ce règlement, qui laissait tout l'impôt, parut l'ôter.

Il y a deux royaumes en Europe où l'on a mis des impôts très forts sur les boissons[1] : dans l'un, le brasseur seul paie le droit; dans l'autre, il est levé indifféremment sur tous les sujets qui consomment. Dans le premier, personne ne sent la rigueur de l'impôt; dans le second, il est regardé comme onéreux : dans celui-là, le citoyen ne sent que la liberté qu'il a de ne pas payer; dans celui-ci, il ne sent que la nécessité qui l'y oblige.

D'ailleurs, pour que le citoyen paie, il faut des recherches perpétuelles dans sa maison. Rien n'est plus contraire à la liberté; et ceux qui établissent ces sortes d'impôts n'ont pas

1. Ces deux royaumes sont l'Angleterre (le premier) et la France (le second). Le rapide résumé des « aides », que donne ici Montesquieu, est d'ailleurs inexact.

QUESTIONS

7. Expliquez plus précisément ce que Montesquieu entend par *l'injustice de la chose* (§ 3, 3e phrase). — Dégagez la transition de la fin du paragraphe 3 au paragraphe 4. En vous appuyant sur la première phrase du paragraphe 4, expliquez l'alternative posée dans ses dernières lignes; Montesquieu considère-t-il la réponse indifférente, ou incertaine, ou, au contraire, évidente?

le bonheur d'avoir à cet égard rencontré la meilleure sorte d'administration. **(8) (9)**

8. COMMENT ON CONSERVE L'ILLUSION

Pour que le prix de la chose et le droit puissent se confondre dans la tête de celui qui paie, il faut qu'il y ait quelque rapport entre la marchandise et l'impôt; et que, sur une denrée de peu de valeur, on ne mette pas un droit excessif. Il y a des pays où le droit excède de dix-sept fois la valeur de la marchandise[1]. Pour lors le prince ôte l'illusion à ses sujets; ils voient qu'ils sont conduits d'une manière qui n'est pas raisonnable; ce qui leur fait sentir leur servitude au dernier point.

D'ailleurs, pour que le prince puisse lever un droit si disproportionné à la valeur de la chose, il faut qu'il vende lui-même la marchandise, et que le peuple ne puisse l'aller acheter ailleurs; ce qui est sujet à mille inconvénients[2].

La fraude étant dans ce cas très lucrative, la peine naturelle, celle que la raison demande, qui est la confiscation de la marchandise, devient incapable de l'arrêter; d'autant plus que cette marchandise est, pour l'ordinaire, d'un prix très vil. Il faut donc avoir recours à des peines extravagantes, et pareilles à celles que l'on inflige pour les plus grands crimes. Toute la proportion des peines est ôtée[3]. Des gens qu'on ne saurait

1. Il s'agit en particulier de la gabelle, l'impôt sur le sel, qui atteignait en effet cette proportion; **2.** Les greniers royaux avaient le monopole de la vente du sel; **3.** La contrebande du sel était assimilée au crime de faux (faux saunage) et punie depuis 1680 par une peine de galères à temps. La contrebande d'autres marchandises n'était passible que d'amendes (sauf en cas de circonstances aggravantes, qui pouvaient entraîner le bannissement et les galères).

QUESTIONS

8. Montrez que l'impôt indirect semble particulièrement bien s'accorder, par ses modalités psychologiques, avec la définition de la liberté selon Montesquieu (voir XII, 1), N'y a-t-il pas dans ce raisonnement un certain machiavélisme (voir aussi le titre du chapitre suivant)? Peut-on assimiler ce passage à ceux où Montesquieu montre comment d'un mal peut naître le bien public (par exemple la dialectique de l'honneur, III, 7)? L'impôt indirect ne présente-t-il pas d'autres inconvénients graves, tant du point de vue de la justice fiscale que du rendement?

9. Sur l'ensemble du chapitre 7. — Montrez la souplesse de Montesquieu en matière d'impôts et son souci de justice fiscale. Essayez de séparer dans ces idées la part qui reste positive et moderne.

regarder comme des hommes méchants, sont punis comme des scélérats; ce qui est la chose du monde la plus contraire à l'esprit du gouvernement modéré.

J'ajoute que plus on met le peuple en occasion de frauder le traitant, plus on enrichit celui-ci, et on appauvrit celui-là. Pour arrêter la fraude, il faut donner au traitant des moyens de vexations extraordinaires; et tout est perdu[1]. **(10)**

CHAP. X-XIV. *Impôts et régime politique.* Le rapport concerne aussi bien la grandeur que la nature de l'impôt. La grandeur de l'impôt est proportionnelle à la liberté des sujets, qui fournit en quelque sorte un dédommagement. Quant à la nature de l'impôt, c'est l'impôt par tête qui convient au gouvernement despotique, tandis que les régimes modérés s'accommodent mieux de l'impôt sur les marchandises.

CHAP. XV-XX. *Abus et dangers.* Si la liberté permet de lourds impôts, encore faut-il que ceux-ci ne deviennent pas excessifs, en particulier pour payer l'entretien d'une armée pléthorique ou pour compenser certaines irrégularités dans les rentrées, quand l'État n'a pas eu la sagesse de constituer une réserve. Du reste, pour la perception des impôts, la régie, où l'État « lève lui-même, avec économie et avec ordre, ses revenus », est bien préférable à la ferme, ce qui fournit à Montesquieu une nouvelle occasion de montrer le peu de cas qu'il fait des « traitants ».

15. ABUS DE LA LIBERTÉ

Les grands avantages de la liberté ont fait que l'on a abusé de la liberté même. Parce que le gouvernement modéré a pro-

1. Montesquieu a traité de ce problème dans deux autres textes : 1° un mémoire présenté au Régent, sans doute après l'édit de 1716, qui prévoyait une taxe sur les gens d'affaires : Montesquieu préconise la réduction des effets royaux et le rachat (payable en effets royaux) par le peuple des impôts les plus onéreux, comme la gabelle, le dixième et, évidemment, la capitation, dont Louis XIV avait déjà autorisé le rachat en 1708 et qui avait été remise en vigueur en 1715. Ce texte ne fait aucune mention de la taille et la laisse donc subsister; 2° la *Pensée* 2029 prévoit entre autres mesures la suppression de la gabelle et son remplacement par un impôt de 20 p. 100 sur le sel, la suppression de la taille et du taillon, mais le maintien et l'augmentation de la capitation, de manière qu'il n'y ait plus qu'un impôt direct, et mieux réparti pour le même produit.

QUESTIONS

10. SUR LE CHAPITRE 8. — Relevez et classez les différents reproches adressés par Montesquieu à l'institution de la gabelle.

— Montesquieu ne se heurte-t-il pas ici, sans nettement s'en rendre compte, à une contradiction inhérente à l'impôt indirect entre justice et rendement?

duit d'admirables effets, on a quitté cette modération; parce qu'on a tiré de grands tributs, on en a voulu tirer d'excessifs; et, méconnaissant la main de la liberté qui faisait ce présent, on s'est adressé à la servitude qui refuse tout[1].

La liberté a produit l'excès des tributs; mais l'effet de ces tributs excessifs est de produire à leur tour la servitude, et l'effet de la servitude, de produire la diminution des tributs. **(11)**

Les monarques de l'Asie ne font guère d'édits que pour exempter chaque année de tributs quelque province de leur empire[2] : les manifestations de leur volonté sont des bienfaits. Mais, en Europe, les édits des princes affligent même avant qu'on les ait vus, parce qu'ils y parlent toujours de leurs besoins, et jamais des nôtres.

D'une impardonnable nonchalance, que les ministres de ces pays-là tiennent du gouvernement, et souvent du climat, les peuples tirent cet avantage qu'ils ne sont point sans cesse accablés par de nouvelles demandes. Les dépenses n'y augmentent point, parce qu'on n'y fait point de projets nouveaux, et si, par hasard, on y en fait, ce sont des projets dont on voit la fin, et non des projets commencés. Ceux qui gouvernent l'État ne le tourmentent pas, parce qu'ils ne se tourmentent pas sans cesse eux-mêmes. Mais pour nous il est impossible que nous ayons jamais de règle dans nos finances, parce que nous savons toujours que nous ferons quelque chose, et jamais ce que nous ferons.

---

1. Au chapitre 12 Montesquieu affirme : « On peut lever des tribus plus forts, à proportion de la liberté des sujets. [...] Il y a, dans les États modérés, un dédommagement pour la pesanteur des tributs : c'est la liberté. » Déjà on lisait au chapitre 10 : « Les tributs doivent être très légers dans le gouvernement despotique »;
2. C'est l'usage des empereurs de la Chine (note de Montesquieu).

QUESTIONS

11. Montrez comment Montesquieu développe très logiquement les principes posés plus haut. Quels exemples peut-il avoir dans l'esprit? Ce raisonnement ne paraît-il pas pourtant un peu spécieux? Est-ce vraiment la liberté qui produit *l'excès des tributs* (§ 2)? N'est-ce pas déjà le despotisme (voir fin du § 3 et XIII, 1, § 3)? En fait, est-ce qu'un régime plus ou moins libéral, de par les réalisations que sa nature exige de lui, n'est pas condamné à alourdir la fiscalité et à se menacer ainsi lui-même (cherchez des exemples dans l'histoire contemporaine)? Peut-on alors parler d'*excès des tributs?* N'est-ce pas l'extension trop large du concept de « gouvernement modéré » qui donne son apparente logique à ce passage?

Soldats allant rejoindre
Tableau d'Antoine Watteau

Phot. Giraudon.

eur régiment.

(1684-1721). Musée de Nantes.

On n'appelle plus parmi nous un grand ministre celui qui est le sage dispensateur des revenus publics; mais celui qui est homme d'industrie, et qui trouve ce qu'on appelle des expédients. **(12) (13)**

17. DE L'AUGMENTATION DES TROUPES[1]

Une maladie nouvelle s'est répandue en Europe; elle a saisi nos princes, et leur fait entretenir un nombre désordonné de troupes. Elle a ses redoublements, et elle devient nécessairement contagieuse : car, sitôt qu'un État augmente ce qu'il appelle ses troupes, les autres soudain augmentent les leurs, de façon qu'on ne gagne rien par là, que la ruine commune. Chaque monarque tient sur pied toutes les armées qu'il pourrait avoir si ses peuples étaient en danger d'être exterminés; et on nomme paix cet état[2] d'effort de tous contre tous. Aussi l'Europe est-elle si ruinée, que les particuliers qui seraient dans la situation où sont les trois puissances de cette partie du monde les plus opulentes, n'auraient pas de quoi vivre[3]. Nous sommes pauvres avec les richesses et le commerce de tout l'univers; et bientôt, à force d'avoir des soldats, nous n'aurons plus que des soldats, et nous serons comme des Tartares[4].

---

1. Ce chapitre reprend sans changement important la section XXIV des *Réflexions sur la monarchie universelle;* **2.** Il est vrai que c'est cet état d'effort qui maintient principalement l'équilibre, parce qu'il éreinte les grandes puissances (Montesquieu); **3.** Ces trois puissances sont l'Angleterre, la Hollande et la France; **4.** Il ne faut, pour cela, que faire valoir la nouvelle invention des milices établies dans presque toute l'Europe, et les porter au même excès que l'on a fait les troupes réglées (Montesquieu). Ces milices étaient des troupes auxiliaires recrutées par les intendants en temps de paix, parmi le peuple, pour compléter l'armée de métier.

QUESTIONS

12. Qu'est-ce que Montesquieu veut montrer par cette comparaison du despotisme et de la monarchie française? Peut-on dire que celle-ci tourne au despotisme? Où la situer exactement dans la terminologie politique de Montesquieu? — Le caractère paradoxal de ce passage sous la plume de Montesquieu.

13. SUR L'ENSEMBLE DU CHAPITRE 15. — Montrez, sur cet exemple, que Montesquieu, même si ses explications restent insuffisantes, est sensible à l'aspect évolutif des problèmes politiques et cherche à fixer aussi les lois d'une dynamique de l'histoire. Mais quel idéal (ou quelle nostalgie) se traduit par le fait qu'il parle d'abus et non de contradictions?

Les grands princes, non contents d'acheter les troupes des plus petits, cherchent de tous côtés à payer des alliances, c'est-à-dire presque toujours à perdre leur argent.

La suite d'une telle situation est l'augmentation perpétuelle des tributs, et, ce qui prévient tous les remèdes à venir, on ne compte plus sur les revenus, mais on fait la guerre avec son capital. Il n'est pas inouï de voir des États hypothéquer leurs fonds pendant la paix même, et employer, pour se ruiner, des moyens qu'ils appellent extraordinaires, et qui le sont si fort que le fils de famille le plus dérangé les imagine à peine[1]. **(14)**

20. DES TRAITANTS

Tout est perdu lorsque la profession lucrative des traitants parvient encore par ses richesses à être une profession honorée. Cela peut être bon dans les États despotiques, où souvent leur emploi est une partie des fonctions des gouverneurs eux-mêmes. Cela n'est pas bon dans la république; et une chose pareille détruisit la république romaine. Cela n'est pas meilleur dans la monarchie; rien n'est plus contraire à l'esprit de ce gouvernement. Un dégoût saisit tous les autres états; l'honneur y perd toute sa considération, les moyens lents et naturels de se distinguer ne touchent plus, et le gouvernement est frappé dans son principe.

---

1. Montesquieu est revenu à plusieurs reprises (*l'Esprit des lois*, XXII, 14; *Pensées* 2017-2021) sur le problème de la dette publique. Il condamne cette pratique et réfute l'idée que les emprunts d'État multiplient la richesse en augmentant la circulation monétaire : « Je crois qu'on a confondu un papier circulant qui représente la monnaie, ou un papier circulant qui est le signe des profits qu'une compagnie a faits ou fera sur le commerce, avec un papier qui représente une dette. Les deux premiers sont très avantageux à l'État; le dernier ne peut l'être » (*l'Esprit des lois*, XXII, 14). La *Pensée* 2017 propose de retrancher à chaque particulier ses effets royaux à proportion des autres effets restants : « Car un homme qui a 20 000 livres de rente en fonds de terre et 2 000 livres en effets royaux gagnerait à perdre ses 2 000 livres de rente en papier, parce que, par cet arrangement, on soulagerait ses terres, et, par-là, ceux qui doivent être les plus épargnés sont ceux qui ont tout leur revenu sur l'État. »

QUESTIONS

14. SUR LE CHAPITRE 17. — Montesquieu n'hésite-t-il pas entre deux conceptions de la paix? Définissez-les avec précision. Montrez que le principe de la paix armée rappelle certaines pratiques d'équilibre politique prônées par Montesquieu (voir livre XI). Pourquoi Montesquieu le condamne-t-il pourtant? Montrez comment dans ce passage l'économiste et l'humaniste se rejoignent dans la méfiance envers l'armée.

On vit bien, dans les temps passés, des fortunes scandaleuses; c'était une des calamités des guerres de cinquante ans : mais pour lors, ces richesses furent regardées comme ridicules, et nous les admirons.

Il y a un lot pour chaque profession. Le lot de ceux qui lèvent les tributs est les richesses, et les récompenses de ces richesses sont les richesses mêmes. La gloire et l'honneur sont pour cette noblesse qui ne connaît, qui ne voit, qui ne sent de vrai bien que l'honneur et la gloire. Le respect et la considération sont pour ces ministres et ces magistrats qui, ne trouvant que le travail après le travail, veillent nuit et jour pour le bonheur de l'empire[1]. **(15)**

LIVRE XIV

DES LOIS DANS LE RAPPORT QU'ELLES ONT AVEC LA NATURE DU CLIMAT

CHAP. I-IV. *Effets du climat sur* « *le caractère de l'esprit et les passions du cœur* ». S'appuyant sur une expérience scientifique, Montesquieu démontre que le froid diminue la sensibilité et favorise l'activité. Le climat chaud, responsable de la délicatesse des organes et de la force des impressions, explique, dans les pays d'Orient, aussi bien la barbarie de certaines coutumes que l' « immutabilité » des lois et des mœurs, et exige par conséquent une plus grande sagesse chez les législateurs.

1. Ce chapitre est postérieur au manuscrit de 1742. Il a suscité de vives répliques, en particulier du fermier Dupin, gendre de Samuel Bernard.

QUESTIONS

15. SUR LE CHAPITRE 20. — Analysez la violence du ton de ce paragraphe. Montrez que, l'attaque ne visant pas tant la fonction des traitants que leur place dans la société, cette violence peut trahir une forme d'impuissance : laquelle?

— Étudiez, dans le dernier paragraphe, comment l'écrivain politique vient au secours du noble de robe pour dresser un classement des valeurs monarchiques qui soit le plus rassurant pour lui. Définissez l'aristocratisme de Montesquieu.

2. COMBIEN LES HOMMES SONT DIFFÉRENTS DANS LES DIVERS CLIMATS

L'air froid resserre les extrémités des fibres extérieures de notre corps[1]; cela augmente leur ressort, et favorise le retour du sang des extrémités vers le cœur. Il diminue la longueur de ces mêmes fibres[2]; il augmente donc encore par là leur force[3]. L'air chaud, au contraire, relâche les extrémités des fibres, et les allonge; il diminue donc leur force et leur ressort[4]. (1)

On a donc plus de vigueur dans les climats froids. L'action du cœur et la réaction[5] des extrémités des fibres s'y font mieux, les liqueurs[6] sont mieux en équilibre, le sang est plus déterminé[7] vers le cœur, et réciproquement le cœur a plus de puissance[8]. Cette force plus grande doit produire bien des effets : par exemple, plus de confiance en soi-même, c'est-à-dire plus de courage; plus de connaissance de la supériorité, c'est-à-dire moins de désir de la vengeance; plus d'opinion de sa sûreté, c'est-à-dire plus de franchise, moins de soupçons, de politique

---

1. Cela paraît même à la vue : dans le froid on paraît plus maigre (Montesquieu). Les « fibres extérieures » semblent désigner à la fois des nerfs et des vaisseaux sanguins. Voir l'*Essai sur les effets de l'air sur le corps humain* du docteur John Arbuthnot, 1733, traduit en français en 1742, pour qui l'homme est une machine activée par un système de « tuyaux minces et flexibles », ramifiés dans tous les sens, et par lesquels circule le sang, « fluide toujours chaud », qui exhale des « vapeurs chaudes » qui s'échangent avec l'air. A noter que l'époque ignorait les phénomènes vaso-moteurs; 2. On sait qu'il raccourcit le fer (note de Montesquieu); 3. « Le resserrement produit par le froid dans l'extérieur du corps, chassant le sang vers les parties internes, ce fluide les presse avec plus de force, et augmente la chaleur » (Arbuthnot, ouvrage cité, VI, 31, trad. de 1742); 4. « Un certain degré de chaleur, pas assez fort pour dessécher, ou détruire les solides, allonge et relâche les fibres; de là l'abattement et la faiblesse qu'on sent dans les jours chauds » (Arbuthnot, ouvrage cité, III, 7); 5. *Réaction :* action contraire; 6. *Liqueurs :* humeurs, substances liquides contenues dans le corps; 7. *Déterminé :* porté en avant (terme de manège); 8. « Le froid condense l'air proportionnellement à ses degrés. Il contracte les fibres animales, et les fluides aussi loin qu'il pénètre : les dimensions des animaux, réellement moindres dans le froid, démontrent ce fait. Le froid resserre les fibres, non seulement par sa qualité condensante, mais encore en congelant l'humidité de l'air. L'extrême froid agit sur le corps en manière d'aiguillon, produisant d'abord un picotement, et ensuite une chaleur brûlante, ou un léger degré d'inflammation dans les parties qui y sont exposées. Il produit par son irritation, par le resserrement des fibres, et la condensation des fluides, la force et l'activité, très sensibles à certaines personnes, dans un temps clair de gelée » (Arbuthnot, ouvrage cité, III, 15).

QUESTIONS

1. Montesquieu part-il d'une observation ou d'une hypothèse? Quelle valeur donner aux remarques présentées par Montesquieu dans les notes 1 et 2? — Le concept de climat se réduit-il à la température? Quels éléments Montesquieu néglige-t-il?

et de ruse. Enfin cela doit faire des caractères bien différents[1]. Mettez un homme dans un lieu chaud et enfermé, il souffrira, par les raisons que je viens de dire, une défaillance de cœur très grande. Si, dans cette circonstance, on va lui proposer une action hardie, je crois qu'on l'y trouvera très peu disposé; sa faiblesse présente mettra un découragement dans son âme; il craindra tout, parce qu'il sentira qu'il ne peut rien. Les peuples des pays chauds sont timides comme les vieillards le sont; ceux des pays froids sont courageux comme le sont les jeunes gens. Si nous faisons attention aux dernières guerres[2], qui sont celles que nous avons le plus sous nos yeux, et dans lesquelles nous pouvons mieux[3] voir de certains effets légers, imperceptibles de loin, nous sentirons bien que les peuples du nord, transportés dans les pays du midi, n'y ont pas fait d'aussi belles actions que leurs compatriotes, qui, combattant dans leur propre climat, y jouissaient de tout leur courage. **(2)**

La force des fibres des peuples du nord fait que les sucs les plus grossiers sont tirés des aliments. Il en résulte deux choses : l'une, que les parties du chyle, ou de la lymphe, sont plus propres, par leur grande surface, à être appliquées sur les

1. « Il n'est pas moins certain que l'air influe sur le tempérament et les passions : les personnes dont les nerfs sont délicats et les esprits prompts à se mouvoir, sont alternativement joyeux *(sic)*, tristes, vifs, abattus, dans l'espérance ou le désespoir, selon la différence des temps : ces mêmes changements arrivent, mais passent sans être aperçus dans les constitutions plus fortes. Il y a des jours où les facultés intellectuelles de la mémoire, de l'imagination et du jugement sont plus vives; d'où il paraît probable que le génie des nations dépend de la nature de leur air. [...] Il me paraît que les peuples des climats froids supportent mieux le travail, et que ceux des chauds ont l'imagination plus vive » (Arbuthnot, ouvrage cité, VI, 17); **2.** Les *dernières guerres* sont celles pour la succession d'Espagne (1701-1713), qui se terminèrent par le traité d'Utrecht; **3.** *Mieux :* le mieux.

QUESTIONS

2. Montrez le souci de méthode scientifique dans tout ce passage (démarche générale, vocabulaire, emploi des temps et des modes, ton). — Quelles sont les deux déductions qu'apporte ce paragraphe? Comment s'opère le passage de la vigueur physique à la force morale? Est-il direct ou exige-t-il la médiation d'une réflexion, d'une prise de conscience? Dans quelles circonstances et devant qui ces qualités pourront-elles donc se manifester? Précisez alors quelle psychologie Montesquieu cherche à expliquer par le climat; s'agit-il de psychologie individuelle, malgré l'exemple des phrases 5 et 6? — L'*opinion de sa sûreté :* quelle définition importante donnée par Montesquieu cette expression rappelle-t-elle très exactement? Quelle conclusion historique Montesquieu pourra-t-il tirer de ce rapprochement? — Distinguez les rôles respectifs, dans la démonstration, des deux illustrations concrètes contenues dans les phrases 5-8. Pouvez-vous trouver des exemples qui les infirment?

fibres, et à les nourrir; l'autre, qu'elles sont moins propres, par leur grossièreté, à donner une certaine subtilité au suc nerveux. Ces peuples auront donc de grands corps et peu de vivacité. **(3)**

Les nerfs, qui aboutissent de tous côtés au tissu de notre peau font chacun un faisceau de nerfs. Ordinairement ce n'est pas tout le nerf qui est remué, c'en est une partie infiniment petite. Dans les pays chauds, où le tissu de la peau est relâché, les bouts des nerfs sont épanouis et exposés à la plus petite action des objets les plus faibles. Dans les pays froids, le tissu de la peau est resserré, et les mamelons comprimés; les petites houppes sont, en quelque façon, paralytiques; la sensation ne passe guère au cerveau que lorsqu'elle est extrêmement forte, et qu'elle est de tout le nerf ensemble. Mais c'est d'un nombre infini de petites sensations que dépendent l'imagination, le goût, la sensibilité, la vivacité.

J'ai observé le tissu extérieur d'une langue de mouton, dans l'endroit où elle paraît, à la simple vue, couverte de mamelons. J'ai vu avec un microscope, sur ces mamelons, de petits poils ou une espèce de duvet; entre les mamelons étaient des pyramides, qui formaient par le bout comme de petits pinceaux. Il y a grande apparence que ces pyramides sont le principal organe du goût.

J'ai fait geler la moitié de cette langue, et j'ai trouvé, à la simple vue, les mamelons considérablement diminués; quelques rangs même de mamelons s'étaient enfoncés dans leur gaine. J'en ai examiné le tissu avec le microscope, je n'ai plus vu de pyramides. A mesure que la langue s'est dégelée, les mamelons, à la simple vue, ont paru se relever; et, au microscope, les petites houppes ont commencé à reparaître[1].

1. Il faut sans doute entendre par les *houppes* les terminaisons des nerfs en faisceaux, et par les *mamelons* les papilles qui les protègent.

QUESTIONS

3. Comment Montesquieu rend-il compte ici par une même cause d'une disposition physique et d'une disposition morale? Qu'implique cette façon de raisonner? — Comparez avec ce passage de l'*Essai sur les causes qui peuvent affecter les esprits et les caractères*, rédigé selon les uns entre 1721 et 1728, selon les autres entre 1736 et 1741 : « Les peuples des pays froids ont besoin, pour se soutenir, d'une nourriture grossière; la dissipation qui se fait dans leurs solides demande de grosses réparations. D'ailleurs leur nourriture doit être grossière parce que leurs fibres sont fortes, et leurs fibres sont fortes parce que leur nourriture est grossière. » Le raisonnement est-il identique?

Cette observation confirme ce que j'ai dit, que, dans les pays froids, les houppes nerveuses sont moins épanouies : elles s'enfoncent dans leurs gaines, où elles sont à couvert de l'action des objets extérieurs. Les sensations sont donc moins vives. **(4)**

Dans les pays froids on aura peu de sensibilité pour les plaisirs; elle sera plus grande dans les pays tempérés; dans les pays chauds, elle sera extrême. Comme on distingue les climats par les degrés de latitude, on pourrait les distinguer, pour ainsi dire, par les degrés de sensibilité. J'ai vu les opéras d'Angleterre et d'Italie; ce sont les mêmes pièces et les mêmes acteurs : mais la même musique produit des effets si différents sur les deux nations, l'une est si calme, et l'autre si transportée, que cela paraît inconcevable.

Il en sera de même de la douleur : elle est excitée en nous par le déchirement de quelque fibre de notre corps. L'auteur de la nature a établi que cette douleur serait plus forte à mesure que le dérangement serait plus grand : or il est évident que les grands corps et les fibres grossières des peuples du nord sont moins capables de dérangement que les fibres délicates des peuples des pays chauds; l'âme y est donc moins sensible à la douleur. Il faut écorcher un Moscovite pour lui donner du sentiment. **(5)**

QUESTIONS

4. Quel rôle jouent les paragraphes 5 et 6 par rapport au paragraphe 4? Cette expérience de la langue de mouton (remarquable pour l'époque) vous paraît-elle suffisante pour fonder toute la théorie que Montesquieu expose ici? Où se situe son imprudence méthodologique? — Expliquez et discutez la dernière phrase du paragraphe 4; montrez que Montesquieu est d'accord avec son siècle, qui, après que Locke a rejeté les idées innées de Descartes, attaque les opérations innées de l'âme, que le philosophe anglais a conservées (voir Condillac affirmant que « toutes les qualités de l'âme » tirent « leur origine de la sensation même »).

5. Cette répartition géographique de la sensibilité vous paraît-elle satisfaisante? Montesquieu ne prête-t-il pas à l'ensemble des peuples du Nord des caractères qu'il n'a observés (voir la dernière phrase du § 8) que chez les Anglais et les Allemands? Les Russes, en particulier, ne pourraient-ils fournir des objections, et l'image qu'en donne Montesquieu dans la dernière phrase du paragraphe 9 n'est-elle pas un peu sommaire (voir aussi à ce sujet *l'Esprit des lois*, XIX, 14)? — Quelle nouvelle distinction Montesquieu introduit-il dans le paragraphe 8? A quel pays songe-t-il en particulier? (voir aussi la dernière phrase du § 12).

Avec cette délicatesse d'organes que l'on a dans les pays chauds, l'âme est souverainement émue par tout ce qui a du rapport à l'union des deux sexes : tout conduit à cet objet.

Dans les climats du nord, à peine le physique de l'amour a-t-il la force de se rendre bien sensible; dans les climats tempérés, l'amour, accompagné de mille accessoires, se rend agréable par des choses qui d'abord semblent être lui-même, et ne sont pas encore lui; dans les climats plus chauds, on aime l'amour pour lui-même; il est la cause unique du bonheur; il est la vie.

Dans les pays du midi, une machine délicate, faible, mais sensible, se livre à un amour qui, dans un sérail, naît et se calme sans cesse; ou bien à un amour qui, laissant les femmes dans une plus grande indépendance, est exposé à mille troubles. Dans les pays du nord, une machine saine et bien constituée, mais lourde, trouve ses plaisirs dans tout ce qui peut remettre les esprits en mouvement : la chasse, les voyages, la guerre, le vin. Vous trouverez dans les climats du nord des peuples qui ont peu de vices, assez de vertus, beaucoup de sincérité et de franchise. Approchez des pays du midi, vous croirez vous éloigner de la morale même : des passions plus vives multiplieront les crimes : chacun cherchera à prendre sur les autres tous les avantages qui peuvent favoriser ces mêmes passions. Dans les pays tempérés, vous verrez des peuples inconstants dans leurs manières, dans leurs vices même, et dans leurs vertus; le climat n'y a pas une qualité assez déterminée pour les fixer eux-mêmes. **(6)**

La chaleur du climat peut être si excessive que le corps y sera absolument sans force. Pour lors l'abattement passera à l'esprit même; aucune curiosité, aucune noble entreprise, aucun sentiment généreux; les inclinations y seront toutes passives; la paresse y fera le bonheur; la plupart des châtiments y seront moins difficiles à soutenir que l'action de l'âme, et

QUESTIONS

6. Expliquez *délicatesse d'organes;* montrez ici encore le lien étroit entre sensation et âme (§ 10) — Expliquez *accompagné de mille accessoires;* à quelle modalité, à l'époque bien française, des relations galantes, cette phrase fait-elle allusion (voir *Lettres persanes*, 63)? — Ne retrouve-t-on pas, au début du paragraphe 12, le Montesquieu un peu libre des *Lettres persanes?* La vigoureuse condamnation morale portée contre l'amour à la fin du paragraphe n'est-elle pas pour l'auteur comme une façon de se ressaisir? Est-il aussi sévère envers les vices nordiques?

la servitude moins insupportable que la force d'esprit qui est nécessaire pour se conduire soi-même[1]. (7) (8)

CHAP. V-XV. *Effets du climat sur les lois :*

a) Les lois doivent corriger les vices du climat, par exemple en encourageant l'agriculture et l'industrie, en combattant le monachisme;

b) Mais elles doivent aussi tenir compte des exigences du climat en ce qui concerne l'alimentation (nécessité de la sobriété dans le Midi, tolérance de l'ivrognerie dans le Nord), l'hygiène (lutte contre les épidémies, mais indulgence envers les suicidés quand ils sont victimes du climat, comme en Angleterre), le gouvernement, la juridiction (sévérité des lois chez les Japonais, qui ont « un caractère [...] atroce »; douceur chez les Indiens, peuple « doux, tendre, compatissant »).

5. QUE LES MAUVAIS LÉGISLATEURS SONT CEUX QUI ONT FAVORISÉ LES VICES DU CLIMAT ET LES BONS SONT CEUX QUI S'Y SONT OPPOSÉS

Les Indiens croient que le repos et le néant sont le fondement de toutes choses et la fin où elles aboutissent. Ils regardent donc l'entière inaction comme l'état le plus parfait et l'objet

1. « Il [Hippocrate] prétend que la douceur du climat de cette partie du monde [l'Asie] rend les habitants mous et efféminés, incapables de supporter le travail et la fatigue, [...] que de là les Asiatiques sont moins hardis, moins courageux, et disposés à l'esclavage, d'où ils tombent aisément sous les monarchies. [...] Ce bon vieillard ne paraît point avoir été ami des monarchies » (Arbuthnot, ouvrage cité, VI, 2).

QUESTIONS

7. Conséquences de ces effets de la chaleur extrême? Distinction, d'après ce passage, entre l'esprit et l'âme dans le vocabulaire de Montesquieu?

8. SUR L'ENSEMBLE DU CHAPITRE 2. — Les prétentions scientifiques de Montesquieu; sa méthode. Comparez ce texte avec les passages du livre d'Arbuthnot donnés en note; la part personnelle de Montesquieu. — Appréciez ces critiques de Destutt de Tracy : « Le climat influe moins sur l'homme que sur aucun autre animal. Plus l'homme est civilisé, plus l'empire du climat sur lui diminue. Je crois donc que Montesquieu n'a pas vu toutes les causes de cet empire, et que pourtant il s'en est exagéré les effets »; et de Voltaire : « Il n'est pas croyable qu'il y ait un seul pays dans le monde où la fortune et les droits des citoyens dépendent du chaud et du froid. [...] Le climat de Rome n'a guère changé : cependant y a-t-il rien de plus bizarre que de voir aujourd'hui des zocolanti, des récollets, dans ce même Capitole où Paul Émile triomphait de Persée, et où Cicéron fit entendre sa voix? » Ne peut-on répondre à ces critiques en replaçant la « théorie des climats » dans l'ensemble de l'œuvre de Montesquieu?

Moral principles should counteract physical

de leurs désirs[1]. Ils donnent au souverain être le surnom d'immobile. Les Siamois croient que la félicité suprême consiste à n'être point obligé d'animer une machine et de faire agir un corps.

Dans ces pays, où la chaleur excessive énerve et accable, le repos est si délicieux et le mouvement si pénible, que ce système de métaphysique paraît naturel; et *Foë*[2], législateur des Indes, a suivi ce qu'il sentait, lorsqu'il a mis les hommes dans un état extrêmement passif; mais sa doctrine, née de la paresse du climat, la favorisant à son tour, a causé mille maux. **(9)**

Les législateurs[3] de la Chine furent plus sensés lorsque, considérant les hommes, non pas dans l'état paisible où ils seront quelque jour, mais dans l'action propre à leur faire remplir les devoirs de la vie, ils firent leur religion, leur philosophie et leurs lois toutes pratiques. Plus les causes physiques portent les hommes au repos, plus les causes morales les en doivent éloigner[4]. **(10)**

---

1. Montesquieu confond ici le brahmanisme (hindouisme) avec le bouddhisme (abandonné par les hindous), qui professe le nirvâna, c'est-à-dire l'absorption de l'individu dans le grand tout, avec perte de la personnalité; **2.** *Foë :* nom chinois du Bouddha (employé par le père du Halde). A noter que le Bouddha n'est pas un législateur; **3.** Il s'agit plutôt de philosophes, comme Confucius; **4.** « Les gouvernements moulent les mœurs, mais ils ne sauraient changer le génie et le naturel, dans ce qu'ils ne sont point retenus par les lois; leurs passions et par conséquent leurs vertus et leurs vices nationaux ont de la conformité avec la température de l'air » (J. Arbuthnot, *Essai sur les effets de l'air*, VI, 18).

QUESTIONS

9. Appréciez cette critique de Voltaire : « L'illustre auteur croit que les religions dépendent du climat. Je pense avec lui que les rites en dépendent entièrement. [...] Une religion dont les cérémonies les plus essentielles se feront avec du pain et du vin, quelque divine qu'elle soit, ne réussira pas d'abord dans un pays où le vin et le froment sont inconnus. La croyance, qui constitue proprement la religion, est d'une nature toute différente. Elle dépendit chez les gentils uniquement de l'éducation. »

10. SUR L'ENSEMBLE DU CHAPITRE 5. — Expliquez et commentez ces lignes de L. Althusser : « Il est vrai que le climat et le terrain, etc., déterminent des lois. Mais ils peuvent être combattus par elles. Si ce recours est possible, c'est que cette détermination *n'est pas directe*, *mais indirecte*, et qu'elle se recueille et se concentre tout entière dans les mœurs et l'esprit d'une nation, entrant par le *principe*, qui est l'abstraction et l'expression politique des mœurs, dans la totalité de l'État. Or, comme, au sein de cette totalité, une certaine action de la nature sur le principe est possible, et donc une certaine action des lois sur les mœurs, et par conséquent sur leurs composantes et leurs causes, *il n'est pas étonnant que le climat puisse céder aux lois* » (voir en particulier livres III, VIII et XIX).

13. EFFETS QUI RÉSULTENT DU CLIMAT D'ANGLETERRE[1]

Dans une nation à qui une maladie du climat[2] affecte tellement l'âme, qu'elle pourrait porter le dégoût de toutes choses jusqu'à celui de la vie, on voit bien que le gouvernement qui conviendrait le mieux à des gens à qui tout serait insupportable, serait celui où ils ne pourraient pas se prendre à un seul de ce qui causerait leurs chagrins, et où les lois gouvernant plutôt que les hommes, il faudrait, pour changer l'État, les renverser elles-mêmes. **(11)**

Que si la même nation avait encore reçu du climat un certain caractère d'impatience qui ne lui permît pas de souffrir longtemps les mêmes choses, on voit bien que le gouvernement dont nous venons de parler serait encore le plus convenable. **(12)**

Ce caractère d'impatience n'est pas grand par lui-même; mais il peut le devenir beaucoup, quand il est joint avec le courage.

Il est différent de la légèreté, qui fait que l'on entreprend sans sujet, et que l'on abandonne de même. Il approche plus de l'opiniâtreté, parce qu'il vient d'un sentiment des maux, si vif, qu'il ne s'affaiblit pas même par l'habitude de les souffrir. **(13)**

Ce caractère, dans une nation libre, serait très propre à déconcerter les projets de la tyrannie[3], qui est toujours lente et faible dans ses commencements, comme elle est prompte et vive dans sa fin; qui ne montre d'abord qu'une main pour secourir, et opprime ensuite avec une infinité de bras.

1. Ce chapitre a été ajouté après 1742; 2. Montesquieu vient d'expliquer (chap. 12) par une telle maladie la fréquence des suicides apparemment immotivés en Angleterre; 3. Je prends ici ce mot pour le dessein de renverser le pouvoir établi, et surtout la démocratie. C'est la signification que lui donnaient les Grecs et les Romains (Montesquieu).

QUESTIONS

11. Expliquez le détail du raisonnement de Montesquieu; à quel type de gouvernement pense-t-il manifestement (voir livre XI)?

12. Pourquoi un tel gouvernement s'accorderait-il particulièrement bien avec le caractère impatient de la nation en question? Montesquieu explique-t-il le rapport entre le *climat* et ce *caractère d'impatience?*

13. La distinction entre *impatience* et *légèreté* ne pourrait-elle contenir une allusion à un autre pays? Le rapprochement paradoxal entre *impatience* et *opiniâtreté* vous paraît-il satisfaisant?

La servitude commence toujours par le sommeil. Mais un peuple qui n'a de repos dans aucune situation, qui se tâte sans cesse, et trouve tous les endroits douloureux, ne pourrait guère s'endormir. **(14)**

La politique est une lime sourde, qui use et qui parvient lentement à sa fin. Or les hommes dont nous venons de parler ne pourraient soutenir les lenteurs, les détails, le sang-froid des négociations; ils y réussiraient souvent moins que toute autre nation; et ils perdraient, par leurs traités, ce qu'ils auraient obtenu par leurs armes. **(15) (16)**

LIVRE XV

COMMENT LES LOIS DE L'ESCLAVAGE CIVIL ONT DU RAPPORT AVEC LA NATURE DU CLIMAT

CHAP. I-V. *Réfutation des justifications de l'esclavage.* Le livre s'ouvre sur une condamnation de l'esclavage : « Il n'est pas bon par sa nature : il n'est utile ni au maître ni à l'esclave. » Montesquieu examine ensuite les justifications qu'on lui a trouvées : raisons juridiques, degrés différents de civilisation, propagation d'une religion.

2. ORIGINE DU DROIT DE L'ESCLAVAGE CHEZ LES JURISCONSULTES ROMAINS

On ne croirait jamais que c'eût été la pitié qui eût établi l'esclavage, et que pour cela elle s'y fût prise de trois manières.

QUESTIONS

14. Cherchez des exemples historiques qui confirment ou infirment la thèse de Montesquieu sur la naissance de la tyrannie. L'Angleterre a-t-elle échappé à ce danger? Quelle image Montesquieu développe-t-il dans le paragraphe 6?

15. Quel sens précis prend le mot *politique* dans la première phrase? A quels événements Montesquieu peut-il penser ici?

16. SUR L'ENSEMBLE DU CHAPITRE 13. — Quelle contradiction peut-on relever entre le titre du chapitre et la formulation de son développement (voir en particulier l'emploi du conditionnel)? Montrez qu'on trouve ici la volonté de présenter, sous une forme déductive, des faits qui ont été mis en rapport par induction. Quelles réserves cette méthode appelle-t-elle?

Le droit des gens a voulu que les prisonniers fussent esclaves, pour qu'on ne les tuât pas[1]. Le droit civil des Romains permit à des débiteurs que leurs créanciers pouvaient maltraiter, de se vendre eux-mêmes[2]; et le droit naturel a voulu que des enfants, qu'un père esclave ne pouvait plus nourrir, fussent dans l'esclavage comme leur père. (1)

Ces raisons des jurisconsultes ne sont point sensées.

1° Il est faux qu'il soit permis de tuer dans la guerre autrement que dans le cas de nécessité; mais, dès qu'un homme en a fait un autre esclave, on ne peut pas dire qu'il ait été dans la nécessité de le tuer, puisqu'il ne l'a pas fait. Tout le droit que la guerre peut donner sur les captifs, est de s'assurer tellement de leur personne qu'ils ne puissent plus nuire. Les homicides faits de sang-froid par les soldats, et après la chaleur de l'action, sont rejetés de toutes les nations[3] du monde. (2)

2° Il n'est pas vrai qu'un homme libre puisse se vendre. La vente suppose un prix : l'esclave se vendant, tous ses biens entreraient dans la propriété du maître; le maître ne donnerait donc rien, et l'esclave ne recevrait rien. Il aurait un pécule,

1. Grotius, Hobbes et Bossuet reconnaissent ce droit. « Ce ne sont pas seulement ceux qui se rendent, ou qui se soumettent à l'esclavage par une promesse, qui sont réputés esclaves, mais tous ceux généralement qui se trouvent pris dans une guerre publique et en forme; c'est-à-dire du moment qu'on les a menés dans quelque lieu dont l'ennemi est maître, comme le dit le jurisconsulte Pomponius », écrit Grotius, *De la guerre et de la paix*, III, 7; il est vrai qu'il ajoute qu'il trouve « louable » la coutume chrétienne de se contenter d'une rançon. Sur cette question, voir aussi *l'Esprit des lois*, X, 3, notes 3 et 4; 2. La vente volontaire de soi-même n'était pas permise à Rome; mais les Barbares en Occident et beaucoup d'Orientaux l'autorisaient. Et Hobbes, Grotius et Pufendorf l'admettent; 3. Si l'on ne veut citer celles qui mangent leurs prisonniers (note de Montesquieu).

QUESTIONS

1. Sur quel ton Montesquieu présente-t-il les trois fondements juridiques traditionnellement donnés à l'esclavage?

2. Montesquieu justifie-t-il l'affirmation contenue dans la phrase *Il est faux...?* Que répondre à Grotius quand il dit que l'on peut, à la rigueur, définir le « permis » comme simplement « ce qui est impuni parmi les hommes »? Sur quels principes la phrase de Montesquieu s'appuie-t-elle implicitement? Précisez le sens de *nécessité*. — Comparez avec Rousseau, *le Contrat social*, I, 4 : « On n'a le droit de tuer l'ennemi que quand on ne peut le faire esclave; le droit de le faire esclave ne vient donc pas du droit de le tuer : c'est donc un échange inique de lui faire acheter au prix de sa liberté sa vie, sur laquelle on n'a aucun droit »; montrez que l'argumentation est la même; étudiez les différences de présentation. — Qu'apporte la dernière phrase du paragraphe? Montesquieu répond-il à l'objection que sa note évoque (note 3)?

dira-t-on; mais le pécule est accessoire à la personne. S'il n'est pas permis de se tuer, parce qu'on se dérobe à sa patrie, il n'est pas plus permis de se vendre[1]. La liberté de chaque citoyen est une partie de la liberté publique. Cette qualité, dans l'État populaire, est même une partie de la souveraineté. Vendre sa qualité de citoyen est un[2] acte d'une telle extravagance, qu'on ne peut pas la supposer dans un homme. Si la liberté a un prix pour celui qui l'achète, elle est sans prix pour celui qui la vend. La loi civile, qui a permis aux hommes le partage des biens, n'a pu mettre au nombre des biens une partie des hommes qui devaient faire ce partage. La loi civile, qui restitue[3] sur les contrats qui contiennent quelque lésion, ne peut s'empêcher de restituer contre un accord qui contient la lésion la plus énorme de toutes. (3)

La troisième manière, c'est la naissance. Celle-ci tombe avec les deux autres. Car, si un homme n'a pu se vendre, encore moins a-t-il pu vendre son fils qui n'était pas né. Si un prisonnier de guerre ne peut être réduit en servitude, encore moins ses enfants.

1. Montesquieu prend ici le contre-pied de la thèse d'Usbek, qui, dans les *Lettres persanes* (Lettre 76) argumente en faveur du suicide. Dans *l'Esprit des lois*, au chapitre 12, Montesquieu explique la fréquence des suicides chez les Anglais par « un défaut de filtration du suc nerveux »; il conclut : « Il est clair que les lois civiles de quelques pays ont des raisons pour flétrir l'homicide de soi-même; mais, en Angleterre, on ne peut pas plus le punir qu'on ne punit les effets de la démence. » Voir aussi Rousseau, *la Nouvelle Héloïse*, III, 21 et 22 : lettres contradictoires de Saint-Preux (pour le suicide) et de Milord Edouard (contre); voir également le commentaire de Voltaire : « Assez de ces lieux communs fastidieux par lesquels on essaie de prouver qu'il n'est pas permis d'user de sa liberté pour cesser d'être quand on est terriblement mal »; 2. Je parle de l'esclavage pris à la rigueur, tel qu'il était chez les Romains, et qu'il est établi dans nos colonies (Montesquieu); 3. *Restituer :* remettre une personne dans l'état où elle était avant un jugement, avant un acte qui est annulé (terme juridique).

QUESTIONS

3. Distinguez les trois arguments par lesquels Montesquieu répond à la justification de l'esclavage en droit civil, pour montrer que cette vente est illusoire juridiquement, politiquement, moralement. Montesquieu cherche-t-il à séparer ces trois points? Ne peut-on voir là un trait caractéristique de quelqu'un qui dicte son texte? Vérifiez-le par le rythme. L'ordre de ces arguments est-il pourtant indifférent? — Expliquez la réponse de Montesquieu à l'objection du pécule (3e phrase). — L'argument tiré de la liberté a-t-il valeur dans tous les régimes politiques définis par Montesquieu? Appréciez l'opinion d'un commentateur de Montesquieu, qui le trouve sans valeur dans une monarchie : « On ne trouve pas chez Montesquieu une conception de la liberté dans la monarchie qui soit forcément opposée au principe de l'esclavage » (voir XI, 2, 3 et XII, 2).

Ce qui fait que la mort d'un criminel est une chose licite, c'est que la loi qui le punit a été faite en sa faveur. Un meurtrier, par exemple, a joui de la loi qui le condamne; elle lui a conservé la vie à tous les instants, il ne peut donc pas réclamer contre elle. Il n'en est pas de même de l'esclave : la loi de l'esclavage n'a jamais pu lui être utile; elle est dans tous les cas contre lui, sans jamais être pour lui : ce qui est contraire au principe fondamental de toutes les sociétés.

On dira qu'elle a pu lui être utile, parce que le maître lui a donné la nourriture[1]. Il faudrait donc réduire l'esclavage aux personnes incapables de gagner leur vie. Mais on ne veut pas de ces esclaves-là. Quant aux enfants, la nature qui a donné du lait aux mères a pourvu à leur nourriture; et le reste de leur enfance est si près de l'âge où est en eux la plus grande capacité de se rendre utiles, qu'on ne pourrait pas dire que celui qui les nourrirait, pour être leur maître, donnât rien[2]. **(4)**

L'esclavage est d'ailleurs aussi opposé au droit civil qu'au droit naturel. Quelle loi civile pourrait empêcher un esclave de fuir, lui qui n'est point dans la société, et que par conséquent aucunes lois civiles ne concernent? Il ne peut être retenu que par une loi de famille, c'est-à-dire par la loi du maître. **(5) (6)**

---

1. C'était un argument de Grotius et de Pufendorf; **2.** *Rien :* quelque chose.

QUESTIONS

4. La réponse du paragraphe 5 est-elle absolument satisfaisante? Quel principe aurait-on pu voir formuler ici plus clairement? — Quelle est l'idée générale des paragraphes 6 et 7? Comment se rattache-t-elle à ce qui précède? Quelle conception de la loi se dégage du paragraphe 6? S'accorde-t-elle avec toutes les sociétés politiques? Dégagez l'enchaînement des idées dans le paragraphe 7.

5. Le paragraphe 4 a déjà examiné le problème en termes de droit civil; le point de vue est-il exactement le même ici? — Comparez, pour la force de la pensée et de l'expression, Montesquieu, *Pensée* 1935 : « La guerre de Spartacus était la plus légitime qui ait jamais été entreprise. Malheur à ceux qui font des lois que l'on peut violer sans crime. »

6. Sur l'ensemble du chapitre 2. — Montrez dans ce chapitre le souci de rigueur démonstrative de Montesquieu. Vous paraît-il, dans sa présentation, plus soigneux, plus logique que d'ordinaire? Si oui, pourquoi?

— Commentez, à la lumière de ce chapitre (et du chapitre 5 éventuellement), ces lignes de Voltaire : « Si quelqu'un a jamais combattu pour rendre aux esclaves de toute espèce le droit de la nature, la liberté, c'est assurément Montesquieu. Il a opposé la raison et l'humanité à toutes les sortes d'esclavage. »

5. DE L'ESCLAVAGE DES NÈGRES

Si j'avais à soutenir le droit que nous avons eu de rendre les nègres esclaves[1], voici ce que je dirais :

Les peuples d'Europe ayant exterminé ceux de l'Amérique, ils ont dû mettre en esclavage ceux de l'Afrique, pour s'en servir à défricher tant de terres[2].

Le sucre serait trop cher, si l'on ne faisait travailler la plante qui le produit par des esclaves[3]. (7)

Ceux dont il s'agit sont noirs depuis les pieds jusqu'à la tête[4]; et ils ont le nez si écrasé qu'il est presque impossible de les plaindre.

On ne peut se mettre dans l'idée que Dieu, qui est un être très sage, ait mis une âme, surtout une âme bonne, dans un corps tout noir[5]. [...]

---

1. Après que le chapitre 2 a réfuté les pseudo-fondements juridiques de l'esclavage, les chapitres 3 et 4 en présentent des origines détestables, certes, mais plus en accord avec la nature humaine (vanité, religion). Ces deux chapitres commencent par : « J'aimerais autant dire que [...] »; notre chapitre poursuit l'anaphore; **2.** Allusion au « commerce triangulaire » : des navires européens allaient chercher en Guinée des Africains, qu'ils transportaient ensuite en Amérique; **3.** Argument très « bordelais » : si Bordeaux joue dans la traite proprement dite un rôle bien moindre que La Rochelle, Nantes ou Saint-Malo, la ville commerce activement avec les colonies et reçoit en particulier du sucre. De plus en plus même, puisque, s'il y a déjà à Bordeaux 16 raffineries en 1740, on en compte 26 en 1790; **4.** La couleur des Africains suscite à cette époque de nombreuses tentatives d'explication (de la « substance noircissante » de Thomas Brown au climat de Feijoo y Montenegro, explications qui ont au moins le mérite de ne pas se contenter, comme les précédentes, de la malédiction de Dieu sur Cham). En 1709, Bellet, un des futurs fondateurs de l'académie de Bordeaux, lit un mémoire où il attribue la couleur noire des Éthiopiens à un suc noir sous l'épiderme, provenant d'un sel semblable à celui du vitriol. En 1739, l'académie de Bordeaux propose au concours de 1741 : « La cause physique de la couleur des nègres, de la qualité de leurs cheveux et de la dégénération de l'une et de l'autre »; il y eut seize réponses, qui toutes furent jugées inférieures au mémoire de Bellet. Rappelons que Montesquieu est à Bordeaux sans interruption de 1739 à 1741. Il faut noter aussi que cet intérêt ne reposait que sur la curiosité scientifique et non sur des considérations humanitaires; **5.** Du Tertre écrit dans son *Histoire des Antilles habitées par les Français :* « Comme si la noirceur de leur corps était le caractère de leur infortune, on les traite en esclaves, on les nourrit comme on veut, on les pousse au travail comme des bêtes, et l'on en tire de gré ou de force jusqu'à leur mort tout service dont ils sont capables. »

QUESTIONS

7. Quel ordre de raisons Montesquieu met-il ici en avant? Pourquoi commencer par elles? Montrez que la froideur objective des propos fait sourdre dans le paragraphe 2 la cruauté et l'absurdité, dans le paragraphe 3 la rapacité et la malhonnêteté.

On peut juger de la couleur de la peau par celle des cheveux, qui, chez les Égyptiens, les meilleurs philosophes du monde, étaient d'une si grande conséquence, qu'ils faisaient mourir tous les hommes roux qui leur tombaient entre les mains[1].

Une preuve que les nègres n'ont pas le sens commun, c'est qu'ils font plus de cas d'un collier de verre que de l'or, qui, chez des nations policées, est d'une si grande conséquence. **(8)**

Il est impossible que nous supposions que ces gens-là soient des hommes; parce que, si nous les supposions des hommes, on commencerait à croire que nous ne sommes pas nous-mêmes chrétiens.

De petits esprits exagèrent trop l'injustice que l'on fait aux Africains[2]. Car, si elle était telle qu'ils le disent, ne serait-il pas venu dans la tête des princes d'Europe, qui font entre eux tant de conventions inutiles, d'en faire une générale en faveur de la miséricorde et de la pitié? **(9) (10)**

---

1. Diodore de Sicile (Ier siècle av. J.-C.) raconte que les Égyptiens haïssaient les roux parce que Typhon (le principe du Mal), qui avait tué Osiris, était roux et que, pour cette raison, ils immolaient les bœufs à poils roux, et peut-être même, autrefois, les hommes roux; 2. Outre Du Tertre, déjà cité (note 5, p. 59), ces *petits esprits* étaient Charlevoix, auteur d'une *Histoire de l'île Espagnole*, ou bien l'auteur anonyme d'un libelle qui, en 1720, attaquait violemment la Compagnie des Indes et la pratique de la traite, ou encore Fromageau, aumônier des condamnés à mort, mort en 1705, mais dont on publie en 1733 un *Dictionnaire de cas de conscience* [...] où on lit : « On ne peut en sûreté de conscience acheter ni vendre des nègres, parce qu'il y a de l'injustice dans ce commerce. »

QUESTIONS

8. Montrez que les arguments présentés ici par Montesquieu négrier ne sont plus tant des arguments esclavagistes que racistes : quelle est la différence? Quel rôle jouent ceux-ci par rapport à ceux-là dans la conscience esclavagiste? — Le racisme : montrez que Montesquieu en présente les différentes manifestations dans un ordre qui permet de comprendre ses origines réelles et son travail plus ou moins conscient de justification. Relevez dans les paragraphes 5-7 les fautes commises par le racisme contre la logique, quand il veut se fonder en raison : le rapport du mal au bien est souvent analogiquement représenté par le rapport du noir au blanc; s'ensuit-il que le blanc soit bon, et le noir mauvais (§ 5)? — Sur quelle série d'affirmations arbitraires et de fausses déductions repose l'argumentation du paragraphe 6? — Quelle ignorance et quelle présomption se manifestent dans le paragraphe 7?

9. Les garanties suprêmes du racisme et de l'esclavagisme : reconstituez le raisonnement vicieux par lequel le christianisme, avec son message de charité et de fraternité, permet de dénier la condition humaine aux Africains. Où se situe la faute logique? Montrez qu'un raisonnement du même genre donne aux esclavagistes une caution politique (§ 9).

Suite de la question 9 et question 10 p. 61.

CHAP. VI-IX. *Vraies origines de l'esclavage.* On ne peut les trouver que dans le régime politique (« dans tout gouvernement despotique, on a une grande facilité à se vendre : l'esclavage politique y anéantit en quelque façon la liberté civile ») ou dans le climat (quand la chaleur est telle que « les hommes ne sont portés à un devoir pénible que par la crainte du châtiment »). D'où l'inutilité de l'esclavage en Europe.

7. AUTRE ORIGINE DU DROIT DE L'ESCLAVAGE

Voici une autre origine du droit de l'esclavage, et même de cet esclavage cruel que l'on voit parmi les hommes[1].

Il y a des pays où la chaleur énerve le corps, et affaiblit si fort le courage, que les hommes ne sont portés à un devoir pénible que par la crainte du châtiment : l'esclavage y choque donc moins la raison; et, le maître y étant aussi lâche à l'égard de son prince que son esclave l'est à son égard, l'esclavage civil y est encore accompagné de l'esclavage politique[2].

---

1. Montesquieu se demande quand l'esclavage peut « dériver de la nature des choses »; il a trouvé (chapitre 6) un premier cas avec les régimes despotiques;
2. Arbuthnot, *Essai sur les effets de l'air*, VI, 19 : « Les habitants des tropiques sont constamment dans l'état de notre temps le plus chaud. Ils pourront être pour cette raison paresseux et indolents; de l'inaction et de l'indolence suivront naturellement la disposition à l'esclavage et l'aversion de disputer avec ceux qui se sont rendus leurs maîtres. »

QUESTIONS

Que signifie cette façon qu'ont racisme et esclavagisme de se réfugier en fin de compte derrière la religion et l'État? Montesquieu est-il absolument conscient de la force de l'attaque qu'il porte à l'ordre établi, en achevant ainsi son chapitre?

10. SUR L'ENSEMBLE DU CHAPITRE 5. — Montrez que ce chapitre illustre la définition que donne Jean-Paul Sartre de l'ironie : « Dans l'ironie, l'homme anéantit dans l'unité d'un même acte ce qu'il pose, il donne à croire pour n'être pas cru, il affirme pour nier et nie pour affirmer, il crée un objet positif, mais qui n'a d'autre être que son néant » (*l'Être et le Néant*, I, II, 1). Montrez également que l'ironie est pour Montesquieu une arme privilégiée, parce que, comme le dit R. Caillois, elle permet de concilier deux intentions souvent contradictoires de *l'Esprit des lois :* l'étude objective des faits de société et la dénonciation des abus. Cette ironie vous paraît-elle, dans la lutte contre l'esclavage, plus ou moins efficace que l'indignation? Montrez qu'en fait le chapitre, à mesure qu'il avance, laisse entendre de plus en plus nettement, l'approche de l'indignation; à quel moment et chez qui celle-ci doit-elle éclater?
— Comparez ce chapitre avec la rencontre de Candide et du nègre de Surinam (Voltaire, *Candide*, chap. 19).

Dramatic internal struggle - scientific vs. moral.

Aristote veut prouver qu'il y a des esclaves par nature, et ce qu'il dit ne le prouve guère[1]. Je crois que, s'il y en a de tels, ce sont ceux dont je viens de parler.

Mais, comme tous les hommes naissent égaux, il faut dire que l'esclavage est contre la nature, quoique dans certains pays il soit fondé sur une raison naturelle; et il faut bien distinguer ces pays d'avec ceux où les raisons naturelles même les rejettent, comme les pays d'Europe où il a été si heureusement aboli[2].

Plutarque nous dit, dans la vie de Numa, que du temps de Saturne il n'y avait ni maître ni esclave. Dans nos climats, le christianisme a ramené cet âge. **(11)**

8. INUTILITÉ DE L'ESCLAVAGE PARMI NOUS

Il faut donc borner la servitude naturelle à de certains pays particuliers de la terre. Dans tous les autres, il me semble que, quelque pénibles que soient les travaux que la société y exige, on peut tout faire avec des hommes libres[3]. **(12)**

---

1. « Tous les êtres, dès le premier instant de leur naissance, sont, pour ainsi dire, marqués par la nature, les uns pour commander, les autres pour obéir » (Aristote, *Politique*, I, I); **2.** On considère que l'esclavage a disparu en Occident du jour où l'on a su poser le collier sur les épaules du cheval, et non sur l'encolure (XIIe siècle). Il a reparu en Amérique parce qu'on n'y disposait pas de chevaux ni de bœufs; **3.** Certains comme Melon, avocat bordelais, voulaient étendre l'esclavage à l'Europe : « Par quel principe religieux ou politique est-il défendu aux chrétiens européens d'avoir des esclaves chez eux, pendant qu'ils en transportent à grands frais, et par des compagnies autorisées, dans leurs dominations américaines? C'est le lot du peuple de donner dans des contradictions si ridicules. Mais le législateur qui ne détruit pas l'esclavage doit le rendre plus utile par son étendue » (Melon, *Essai politique sur le commerce*, 1738). Montesquieu lui répliquera plus nettement dans le chapitre 9 : « Le cri pour l'esclavage est donc le cri du luxe et de la volupté, et non pas celui de l'amour de la félicité publique. »

QUESTIONS

11. SUR LE CHAPITRE 7. — Montesquieu, en fondant un droit de l'esclavage, ruine-t-il sa réfutation du chapitre 2 et ternit-il quelque peu, comme le lui reprochent certains commentateurs, l'éclat de son action antiesclavagiste? D'où vient son embarras? De préjugés sociaux? Montrez qu'ici il se trouve surtout en face d'une difficulté théorique : le mot *nature* prend chez lui deux sens : essayez de les préciser. Le mot *raison* ne prend-il pas aussi un double sens? Expliquez et commentez cette phrase de Lanson : « Il y aura donc des cas (chez Montesquieu) où la nécessité naturelle déterminera le fait, et d'autres où la nécessité naturelle ne déterminera pas le fait et s'offrira comme un idéal à la raison de l'être intelligent. »

12. Ces *certains pays particuliers* sont-ils nettement déterminés?

Phot. Larousse.

Costumes des affranchies et des esclaves aux Antilles, au XVIIIe siècle.
Bibliothèque nationale.

Ce qui me fait penser ainsi, c'est qu'avant que le christianisme eût aboli en Europe la servitude civile, on regardait les travaux des mines comme si pénibles, qu'on croyait qu'ils ne pouvaient être faits que par des esclaves ou par des criminels. Mais on sait qu'aujourd'hui les hommes qui y sont employés vivent heureux[1]. On a, par de petits privilèges, encouragé cette profession; on a joint à l'augmentation du travail celle du gain; et on est parvenu à leur faire aimer leur condition plus que toute autre qu'ils eussent pu prendre.

Il n'y a point de travail si pénible qu'on ne puisse proportionner à la force de celui qui le fait, pourvu que ce soit la raison, et non pas l'avarice[2], qui le règle. On peut, par la commodité des machines que l'art invente ou applique, suppléer au travail forcé qu'ailleurs on fait faire aux esclaves. Les mines des Turcs, dans le banat de Témeswar[3], étaient plus riches que celles de Hongrie, et elles ne produisaient pas tant, parce qu'ils n'imaginaient jamais que les bras de leurs esclaves. **(13)**

Je ne sais si c'est l'esprit ou le cœur qui me dicte cet article-ci. Il n'y a peut-être pas de climat sur la terre où l'on ne pût engager au travail des hommes libres. Parce que les lois étaient mal faites on a trouvé des hommes paresseux : parce que ces hommes étaient paresseux, on les a mis dans l'esclavage[4]. **(14) (15)**

---

1. Une note de Montesquieu cite en exemple les mines du Hartz, qu'il avait visitées. Dans le *Mémoire* qu'il rédigea à leur sujet, il énumère les avantages financiers et sociaux dont les mineurs bénéficient par rapport aux autres ouvriers (salaires plus élevés, caisse d'entraide); **2.** *Avarice :* cupidité; **3.** *Temesvàr :* ville du sud de la Hongrie, prise par les Turcs en 1552, reprise par Eugène de Savoie en 1716. Dans le *Mémoire sur les mines du Hartz*, Montesquieu écrit : « Autrefois, dans chaque mine, chacun faisait ses travaux sans guère profiter des inventions des autres. A présent, tout se communique. Il n'y a que les Turcs qui ne profitent point des lumières de la Société humaine »; **4.** Ce paragraphe a été ajouté en 1748.

QUESTIONS

13. Si Montesquieu a recours à une dynamique de l'histoire, son idéalisme ne lui fait-il pas dresser à l'horizon un modèle rationnel bien statique? Montrez que cet embarras se traduit dans la façon même dont l'idée est présentée.

14. Ce paragraphe (en particulier l. 25-26) semble contredire le début du chapitre et surtout le paragraphe 4 du chapitre précédent : pourquoi? Montrez aussi que le chapitre 5 du livre XIV estompe cette contradiction. Pourquoi Montesquieu est-il pourtant si hésitant (l. 23)? Quel rôle donne-t-il finalement au climat? Un exemple comme celui-ci montre-t-il que la détermination par le climat, comme le dit L. Althusser, n'est pas directe, mais indirecte?

Question 15 : voir page suivante.

CHAP. X-XIX. *Pratique de l'esclavage.* La fin du livre examine l'esclavage là où il existe; Montesquieu distingue les formes qu'il peut prendre, souligne ses « abus » (« il faut que l'esclavage soit pour l'utilité, et non pas pour la volupté »), ses dangers (le trop grand nombre d'esclaves dans un État modéré, l'armement des esclaves dans une république), enseigne les précautions à observer (l'humanité envers les esclaves évite les troubles qu'engendrèrent, par exemple, les mesures trop cruelles des Romains) et cherche à résoudre divers problèmes (garanties juridiques à accorder aux esclaves, affranchissement).

LIVRE XVI

COMMENT LES LOIS DE L'ESCLAVAGE DOMESTIQUE ONT DU RAPPORT AVEC LA NATURE DU CLIMAT

CHAP. I-XIV. *La polygamie :*

a) *Explication* : si elle « s'éloigne moins de la nature dans de certains pays que dans d'autres », c'est qu'elle découle de « cette cause suprême qui fait tout ce qu'elle veut, et se sert de tout ce qu'elle veut », le climat; la femme, dans les climats chauds, vieillit en effet beaucoup plus vite que l'homme, tandis que, dans les climats tempérés, homme et femme suivent un développement biologique à peu près parallèle. A cela s'ajoute une raison démographique : il naît plus de filles que de garçons dans les pays chauds (la circonstance inverse peut, dans quelques cas, expliquer la polyandrie);

b) *Jugement :* si Montesquieu « rend les raisons » des usages, il ne les « justifie » pas pour autant; la polygamie ne lui paraît pas « utile au genre humain, ni à aucun des deux sexes », ni « aux enfants »; elle ne prévient même pas l'adultère et entraîne à toutes sortes de vices;

c) *Conséquences de la polygamie :* elle exige d'abord l'égalité de traitement entre les femmes, ensuite la « clôture » des femmes,

QUESTIONS

15. SUR L'ENSEMBLE DU CHAPITRE 8. — Devant le problème posé par la logique de Melon (voir note 3, p. 62), comparez les deux réponses de Montesquieu, celle du chapitre 9 citée en note et celle du chapitre 8. Si l'on sait que le chapitre 9 n'est apparu que dans l'édition de 1757, que faut-il conclure sur les embarras de Montesquieu et les limites de sa réflexion?

nécessitée par la violence des désirs, par des soucis politiques (éviter les intrigues féminines dans un pays despotique, car, évidemment, « la servitude des femmes est très conforme au génie du gouvernement despotique, qui aime à abuser de tout »), par des préoccupations morales aussi (dans les pays d'Orient où les femmes sont libres, celles-ci montrent une grande lubricité, si bien que le climat chaud demande la « clôture » des femmes même en cas de monogamie, pour que les lois civiles restaurent les lois primitives de la modestie et de la retenue). Dernières conséquences de la polygamie : une jalousie, née non pas de l'amour, mais de la coutume et des mœurs, et le gouvernement de la maison par les eunuques.

CHAP. XV-XVI. *Divorce et répudiation.* Le droit de répudiation, s'il est donné à un sexe, doit également être accordé à l'autre; quant au divorce, d' « une grande utilité politique », mais qui, sur le plan civil, n'est pas toujours favorable aux enfants, il n'est pas nécessaire qu'il soit assorti de causes précises, comme l'ont bien compris les Romains : l'incompatibilité mutuelle est en effet la plus forte de toutes.

LIVRE XVII

COMMENT LES LOIS DE LA SERVITUDE POLITIQUE ONT DU RAPPORT AVEC LA NATURE DU CLIMAT

CHAP. I-II. *Principe.* Les peuples du Midi, amollis par la chaleur, sont presque toujours esclaves, alors que le courage des peuples des climats froids leur conserve leur liberté.

CHAP. III-VIII. *Illustration : Asie et Europe.* L'Asie, à la différence de l'Europe, « n'a point proprement de zone tempérée », ce qui met en contact des pays chauds et des pays froids; d'où d'incessantes conquêtes; en Europe, les nations voisines « ont à peu près le même courage ». « C'est ce qui fait qu'en Asie il n'arrive jamais que la liberté augmente; au lieu qu'en Europe elle augmente ou diminue selon les circonstances. » L'Asie a été subjuguée treize fois, l'Europe n'a connu que quatre grands changements [...] et avec des conséquences tout à fait différentes. A noter que la servitude de l'Asie repose aussi sur des causes géographiques et économiques, la nature du pays ne permettant pas un partage durable en plusieurs États d'étendue moyenne. Quant à l'Afrique et à l'Amérique, elles illustreraient aussi bien l'influence du climat sur les régimes politiques.

CHAP. IX. *Conséquence particulière.* Un grand prince devra placer la capitale de son État dans le Nord.

Phot. Larousse.

Une famille de Samoyèdes sous la tente.
Tableau de Cornelis de Bruyn (1652-1726). Musée d'Amsterdam.

LIVRE XVIII

DES LOIS DANS LE RAPPORT QU'ELLES ONT AVEC LA NATURE DU TERRAIN

CHAP. I-VII. *Rapport des lois avec les conditions géographiques.*

a) La *fertilité* du sol favorise la dépendance et le gouvernement d'un seul; en effet : les paysans aisés se préoccupent plus de leurs récoltes que de la liberté; les plaines fertiles sont plus difficiles à défendre que les montagnes incultes; enfin, l'opulence amène la mollesse.

b) L'*insularité* protège la liberté, car « la mer sépare (les îles) des grands empires et la tyrannie ne peut pas s'y prêter la main ».

c) Enfin, « *les pays que l'industrie des hommes a rendus habitables* et qui ont besoin, pour exister, de la même industrie, appellent à eux le gouvernement modéré », comme on le voit en Chine, dans les provinces de Kiang-nan et de Tche-kiang, en Égypte et en Hollande.

CHAP. VIII-XVII. *Rapport des lois avec l'économie.* Montesquieu distingue quatre types d'économies (la chasse, l'élevage, la culture et le commerce) qui exigent des lois de plus en plus complexes.

a) *Les peuples qui ne cultivent pas la terre :* leurs membres sont en nombre réduit (l'expansion démographique étant proportionnelle au développement économique, le « droit des gens » est très important pour eux, car ils sont fréquemment en guerre); le droit civil, par contre est très réduit, puisque le problème du partage des terres ne se pose pas; politiquement, ils jouissent d'une grande liberté.

b) Avec la culture apparaît *la monnaie :* celle-ci permet toutes sortes de ruses et d'injustices qu'il faut prévenir par « de bonnes lois civiles »; elle menace aussi la liberté en permettant l'entassement des richesses et la corruption politique.

CHAP. XVIII-XXXI. *Cas particuliers.*

a) *Exceptions :* le despotisme se rencontre chez certains sauvages ou barbares (Natchés, Tartares); il s'explique soit par des pratiques superstitieuses, soit par des conflits incessants.

b) Mais l'exemple des *Germains* illustre parfaitement les thèses exposées plus haut, et leurs institutions sont celles « d'un peuple qui ne cultivait point les terres, ou du moins qui les cultivait peu » : ainsi la loi salique est « une loi purement économique qui donnait la maison et la terre dépendante de la maison aux mâles qui devaient l'habiter, et à qui, par conséquent, elle convenait le mieux »; mais leur économie explique aussi la longue chevelure des chefs (signe distinctif chez une nation qui ignore le luxe), la rigidité des mœurs, l'âge de la majorité (quinze ans, parce qu'à cet âge les adolescents pouvaient porter les armes et paraître à l'assemblée), la liberté politique et l'autorité du clergé, qui bénéficient chez les barbares d'un double pouvoir, celui de la religion et celui de la superstition.

22. D'UNE LOI CIVILE DES PEUPLES GERMAINS[1]

J'expliquerai ici comment ce texte particulier de la loi salique, que l'on appelle ordinairement la loi salique, tient aux institutions d'un peuple qui ne cultivait point les terres, ou du moins qui les cultivait peu[2].

La loi salique veut que, lorsqu'un homme laisse des enfants, les mâles succèdent à la terre salique au préjudice des filles.

Pour savoir ce que c'était que les terres saliques, il faut chercher ce que c'étaient que les propriétés ou l'usage des terres chez les Francs, avant qu'ils fussent sortis de la Germanie.

M. Echard a très bien prouvé que le mot salique vient du mot *sala*, qui signifie maison; et qu'ainsi la terre salique était la terre de la maison[3]. J'irai plus loin, et j'examinerai ce que c'était que la maison, et la terre de la maison, chez les Germains.

« Ils n'habitent point de villes, dit Tacite, et ils ne peuvent souffrir que leurs maisons se touchent les unes les autres; chacun laisse autour de sa maison un petit terrain ou espace, qui est clos et fermé[4]. » Tacite parlait exactement. Car plusieurs lois des codes[5] barbares ont des dispositions différentes contre ceux qui renversaient cette enceinte[6], et ceux qui pénétraient dans la maison même.

---

1. Ce chapitre, comme les trois suivants, ne figure pas dans le manuscrit; ils ont été ajoutés en 1748; **2.** La loi salique proprement dite est le code des lois des Francs Saliens, publié vers 508-511. Le *texte particulier* (ligne 1) abusivement désigné sous ce nom est la disposition successorale que Montesquieu énonce au paragraphe suivant; **3.** Echard a publié en 1720 un ouvrage sur les lois saliques. Mais Montesquieu semble utiliser indifféremment plusieurs versions de la loi salique, qui a varié de Clovis à Charlemagne; **4.** Tacite, *la Germanie*, XVI; **5.** La loi des Allemands, X, et la loi des Bavarois, X, 1 et 2 (Montesquieu); **6.** Cette enceinte s'appelle *curtis* dans les chartes (Montesquieu).

Nous savons, par Tacite et César, que les terres que les Germains cultivaient, ne leur étaient données que pour un an; après quoi elles redevenaient publiques. Ils n'avaient de patrimoine que la maison, et un morceau de terre dans l'enceinte autour de la maison. C'est ce patrimoine particulier qui appartenait aux mâles. En effet, pourquoi aurait-il appartenu aux filles? Elles passaient dans une autre maison[1].

La terre salique était donc cette enceinte qui dépendait de la maison du Germain; c'était la seule propriété qu'il eût[2]. Les Francs, après la conquête acquirent de nouvelles propriétés, et on continua à les appeler des terres saliques[3].

Lorsque les Francs vivaient dans la Germanie, leurs biens étaient des esclaves, des troupeaux, des chevaux, des armes, etc. La maison, et la petite portion de terre qui y était jointe, étaient naturellement données aux enfants mâles qui devaient y habiter. Mais, lorsqu'après la conquête, les Francs eurent acquis de grandes terres, on trouva dur que les filles et leurs enfants ne pussent y avoir de part. Il s'introduisit un usage, qui permettait au père de rappeler sa fille et les enfants de sa fille[4]. On fit taire la loi; et il fallait bien que ces sortes de rappels fussent communs, puisqu'on en fit des formules[5].

Parmi toutes ces formules, j'en trouve une singulière[6]. Un aïeul rappelle ses petits-enfants pour succéder avec ses fils et avec ses filles. Que devenait donc la loi salique? Il fallait que, dans ces temps-là même, elle ne fût plus observée; ou que l'usage continuel de rappeler les filles eût fait regarder leur capacité de succéder comme le cas le plus ordinaire.

La loi salique n'ayant point pour objet une certaine préférence d'un sexe sur un autre, elle avait encore moins celui d'une perpétuité de famille, de nom, ou de transmission de

---

1. Les historiens modernes ne pensent pas que les Francs des Ve-IXe siècles avaient encore les coutumes des Germains du Ier siècle; 2. Pour Augustin Thierry et Guizot, les terres saliques étaient les terres conquises par les hommes et alloties entre eux. Les historiens modernes pensent que la terre salique se définissait comme la terre propre, la terre de famille, par opposition à la terre achetée; 3. Il semble, contrairement à l'hypothèse de Montesquieu, que la législation des Francs a restreint de plus en plus les privilèges de la masculinité; 4. Les rappels à succession peuvent s'expliquer comme des scrupules religieux introduits par le christianisme; 5. Voyez Marculfe, II, form. 10 et 12, l'*Appendice de Marculfe*, form. 49, et les *formules anciennes*, appelées de Sirmond, form. 22 (note de Montesquieu); 6. Formule 55 dans le recueil de Lindembroch (note de Montesquieu).

terre : tout cela n'entrait point dans la tête des Germains. C'était une loi purement économique, qui donnait la maison, et la terre dépendante de la maison, aux mâles qui devaient l'habiter, et à qui, par conséquent, elle convenait le mieux.

Il n'y a qu'à transcrire ici le titre des *Aleux*[1] de la loi salique, ce texte si fameux, dont tant de gens ont parlé, et que si peu de gens ont lu.

« 1° Si un homme meurt sans enfants, son père ou sa mère lui succéderont. 2° S'il n'a ni père ni mère, son frère, ou sa sœur lui succéderont. 3° S'il n'a ni frère ni sœur, la sœur de sa mère lui succédera. 4° Si sa mère n'a point de sœur, la sœur de son père lui succédera. 5° Si son père n'a point de sœur, le plus proche parent par mâle lui succédera. 6° Aucune portion de la terre salique ne passera aux femelles; mais elle appartiendra aux mâles, c'est-à-dire que les enfants mâles succéderont à leur père[2]. »

Il est clair que les cinq premiers articles concernent la succession de celui qui meurt sans enfants; et le sixième, la succession de celui qui a des enfants[3].

Lorsqu'un homme mourait sans enfants, la loi voulait qu'un des deux sexes n'eût de préférence sur l'autre que dans de certains cas. Dans les deux premiers degrés de succession, les avantages des mâles et des femelles étaient les mêmes; dans le troisième et le quatrième, les femmes avaient la préférence; et les mâles l'avaient dans le cinquième.

Je trouve les semences de ces bizarreries dans Tacite. « Les enfants des sœurs, dit-il[4], sont chéris de leur oncle comme de leur propre père. Il y a des gens qui regardent ce lien comme plus étroit, et même plus saint; ils le préfèrent, quand ils reçoivent des otages[5]. » C'est pour cela que nos premiers historiens nous parlent tant de l'amour des rois francs pour leur

---

1. *Aleux :* biens héréditaires. Le *titre des Aleux* est le titre LXII de la loi salique, que Montesquieu a résumé au paragraphe 2; **2.** L'ordre de succession entre sœurs de la mère et sœurs du père varie selon les versions du titre; **3.** Montesquieu ne voit pas que le sixième article ne concerne que les terres saliques, alors que les précédents visent l'ensemble des biens; **4.** Tacite, *la Germanie*, XX; **5.** Ce rôle particulier de l'oncle maternel n'est pas propre aux Germains. Cl. Lévi-Strauss a établi que la structure élémentaire de parenté réunit père, mère, fils et oncle maternel, réunissant ainsi une relation de consanguinité, une relation d'alliance et une relation de filiation; la présence de l'oncle maternel, et non de l'oncle paternel, résulte de la prohibition de l'inceste.

sœur et pour les enfants de leur sœur. Que si les enfants des sœurs étaient regardés dans la maison comme les enfants mêmes, il était naturel que les enfants regardassent leur tante comme leur propre mère. [...] (1)

LIVRE XIX

DES LOIS DANS LE RAPPORT QU'ELLES ONT AVEC LES PRINCIPES QUI FORMENT L'ESPRIT GÉNÉRAL, LES MŒURS ET LES MANIÈRES D'UNE NATION

CHAP. I-XI. *Esprit général.* Une loi, si bonne soit-elle, ne peut être acceptée d'un peuple si elle heurte son esprit général, résultante des différentes forces qui gouvernent les hommes. Il faut que le législateur veille à suivre cet esprit général, parce que « nous ne faisons rien de mieux que ce que nous faisons librement », et que les vices moraux eux-mêmes ne sont pas toujours des vices politiques : ainsi de la vanité, ainsi également de la fourberie, si profitable au commerce des Chinois, par exemple.

4. CE QUE C'EST QUE L'ESPRIT GÉNÉRAL

Plusieurs choses gouvernent les hommes : le climat, la religion, les lois, les maximes du gouvernement, les exemples

QUESTIONS

1. SUR L'EXTRAIT DU CHAPITRE 22. — Dégagez la thèse de Montesquieu; montrez comment raisonnements et exemples la soutiennent.

— La méthode de Montesquieu : l'examen des sources vous paraît-il suffisant? Relevez certaines imprudences de l'auteur. Comparez avec l'attitude de Voltaire qui, après avoir relevé les contradictions de la loi salique, s'exclame : « Que conclure de tant d'exemples? Encore une fois que tout est contradictoire dans les gouvernements et les passions des hommes. » Montrez l'aspect positif du travail de Montesquieu (recherche d'un ordre, d'une explication) et son aspect négatif (conception statique de l'histoire, réduction trop rapide des Francs aux Germains, etc.).

Only one directly physical cause. The rest are (potentially) moral → idea of progress.

des choses passées, les mœurs, les manières; d'où il se forme un esprit général qui en résulte[1].

A mesure que, dans chaque nation, une de ces causes agit avec plus de force, les autres lui cèdent d'autant. La nature et le climat dominent presque seuls sur les sauvages; les manières gouvernent les Chinois; les lois tyrannisent le Japon; les mœurs donnaient autrefois le ton dans Lacédémone; les maximes du gouvernement et les mœurs anciennes le donnaient dans Rome. **(1)**

CHAP. XII-XXVII. *Mœurs et manières.*

a) *Comment les changer :* ne jamais changer les mœurs et les manières en régime despotique, où elles sont, en l'absence de lois, les seuls soutiens de l'État; et, lorsqu'on veut les changer, ne pas le faire par des lois, mais par d'autres mœurs et d'autres manières.

b) *Leur rapport avec les lois :*

1° *La Chine, cas extrême :* « les législateurs de la Chine [...] confondirent la religion, les lois, les mœurs et les manières » en des préceptes appelés « rites », pour assurer la tranquillité de l'Empire

1. A rapprocher des *Pensées*, 645 : « Les États sont gouvernés par cinq choses différentes : par la religion, par les maximes générales du gouvernement, par les lois particulières, par les mœurs et par les manières », et 1903 : « Les hommes sont gouvernés par cinq choses différentes : le climat, les manières, les mœurs, la religion et les lois. » — On a rapproché ce passage de textes de Bolingbroke, qui, après avoir fait l'éloge du roi patriote, écrit : « Il n'est peut-être pas inutile d'appliquer toutes ces réflexions aux différents États qui ont des relations avec l'Angleterre; on pourrait les étendre comparativement avec leur situation, le caractère de leurs peuples, la nature du gouvernement, et même aussi en considérant leur climat et leur sol », et qui parle souvent de « ce grand esprit national qui est capable de si grandes choses » (*Idea of a Patriot King*, 1738). Montesquieu précise, au début du chapitre 16 de ce livre XIX, sa distinction entre *lois*, *mœurs* et *manières :* « Il y a cette différence entre les lois et les mœurs, que les lois règlent plus les actions du citoyen, et que les mœurs et les manières règlent plus les actions de l'homme. Il y a cette différence entre les mœurs et les manières, que les premières regardent plus la conduite intérieure, les autres l'extérieure. »

QUESTIONS

1. SUR LE CHAPITRE 4. — Les différentes *choses* qui gouvernent les hommes : Montesquieu les a-t-il toutes étudiées de manière approfondie dans son ouvrage, et où?

— Comparez cette analyse à celles des *Pensées* 645 et 1903 (note 1) : quels enseignements peut-on tirer de ce rapprochement sur l'évolution de la pensée de Montesquieu?

— Venant à cet endroit de l'ouvrage, cette énumération ne donne-t-elle pas une certaine impression de désordre et de dispersion? N'y aurait-il pas un certain ordre derrière l'apparent désordre? Le second paragraphe ne risque-t-il pas de contrarier quelque peu cette interprétation? Montrez qu'en tout cas il repose sur des idées chères à Montesquieu (équilibre, totalité).

Plusieurs choses gouvernent les hommes : le climat, l
des choses passées, les mœurs, les manières; d'où il s

Fakirs. Extrait des *Six Voyage*

Phot. Lauros-Giraudon.

eligion, les lois, les maximes du gouvernement, les exemples
orme un esprit général qui en résulte. (XIX, 4, page 72.)
e *J.-B. Tavernier.* (1676).

en la fondant sur le principe de subordination; l'immutabilité de ces rites résiste même aux conquêtes, d'où « il suit [...] une chose bien triste : c'est qu'il n'est presque pas possible que le christianisme s'établisse jamais à la Chine »;

2° *Rapports normaux*, qui sont réciproques : les lois suivent les mœurs, en leur faisant confiance lorsqu'elles sont bonnes ou en cherchant à pallier leurs défauts les plus graves; les mœurs suivent les lois : Montesquieu déduit (en s'inspirant de l'Angleterre) les mœurs et manières d'un pays qui suivrait les principes énoncés au livre XI, chapitre 6.

14. QUELS SONT LES MOYENS NATURELS DE CHANGER LES MŒURS ET LES MANIÈRES D'UNE NATION

Nous avons dit que les lois étaient des institutions particulières et précises du législateur; et les mœurs et les manières, des institutions de la nation en général[1]. De là il suit que lorsqu'on veut changer les mœurs et les manières, il ne faut pas les changer par les lois : cela paraîtrait trop tyrannique : il vaut mieux les changer par d'autres mœurs et d'autres manières[2].

Ainsi, lorsqu'un prince veut faire de grands changements dans sa nation, il faut qu'il réforme par les lois ce qui est établi par les lois, et qu'il change par les manières ce qui est établi par les manières : et c'est une très mauvaise politique de changer par les lois ce qui doit être changé par les manières. **(2)**

La loi qui obligeait les Moscovites à se faire couper la barbe et les habits, et la violence de Pierre Ier, qui faisait tailler

1. Au chapitre 12 de ce livre XIX : « Les lois sont établies, les mœurs sont inspirées »; 2. Destutt de Tracy : « C'est pour cela que, contre son avis, j'ai désapprouvé les lois somptuaires » (voir livre VII). — Bolingbroke insistait également sur le danger qu'il y a à changer principes et mœurs d'un peuple de façon autoritaire.

QUESTIONS

2. La distinction que Montesquieu établit entre lois, d'une part, mœurs et manières, de l'autre, est-elle aussi stricte dans la réalité? Les lois naissent-elles indépendamment des mœurs? Les notions de coutume et de droit coutumier n'établissent-elles pas comme un pont entre lois et mœurs? — Montrez, pourtant, que Montesquieu fonde ici une distinction importante entre État et société. Ne peut-on la rapprocher, comme le propose L. Althusser, de celle que l'auteur a instaurée entre nature et principe d'un gouvernement au livre VIII?

Phot. X.

Pierre Ier, donnant les mœurs et les manières de l'Europe à une nation d'Europe, trouva des facilités qu'il n'attendait pas lui-même. L'empire du climat est le premier de tous les empires. (XIX, 14, p. 78.)

Portrait du tsar Pierre le Grand (1672-1725).

jusqu'aux genoux les longues robes de ceux qui entraient dans les villes, étaient tyranniques. Il y a des moyens pour empêcher les crimes : ce sont les peines; il y en a pour faire changer les manières : ce sont les exemples.

La facilité et la promptitude avec laquelle cette nation s'est policée, a bien montré que ce prince avait trop mauvaise opinion d'elle, et que ces peuples n'étaient pas des bêtes, comme il le disait. Les moyens violents qu'il employa étaient inutiles; il serait arrivé tout de même à son but par la douceur. **(3)**

Il éprouva lui-même la facilité de ces changements. Les femmes étaient renfermées, et en quelque façon esclaves; il les appela à la cour, il les fit habiller à l'allemande, il leur envoyait des étoffes. Ce sexe goûta d'abord une façon de vivre qui flattait si fort son goût, sa vanité et ses passions, et la fit goûter aux hommes.

Ce qui rendit le changement plus aisé, c'est que les mœurs d'alors étaient étrangères au climat, et y avaient été apportées par le mélange des nations et par les conquêtes. Pierre Ier, donnant les mœurs et les manières de l'Europe à une nation d'Europe, trouva des facilités qu'il n'attendait pas lui-même. L'empire du climat est le premier de tous les empires[1].

Il n'avait donc pas besoin de lois pour changer les mœurs et les manières de sa nation : il lui eût suffi d'inspirer d'autres mœurs et d'autres manières.

---

1. Cette phrase a été inscrite par la Sorbonne en tête des propositions censurées dans *l'Esprit des lois*. Montesquieu s'est défendu en ces termes : « Dans le chapitre dont cette proposition est extraite, il n'est en aucune sorte question de la religion. On y examine si le czar Pierre Ier, voulant changer les usages et les coutumes de sa nation, devait le faire par des lois civiles ou par les mœurs, c'est-à-dire par l'exemple et par l'établissement d'usages contraires; et je dis qu'il n'était pas nécessaire dans ce cas d'y faire des lois, d'autant plus que les usages qu'il établissait étaient conformes à la nature du climat du pays. A quoi j'ajoute (ceci n'est qu'une expression métaphorique) : « L'empire du climat est le premier de tous les empires. » Par où l'on voit qu'il n'est question ici que des choses humaines, des actions humaines. Quand on dit, dans le langage ordinaire : « Il n'y a rien de plus fort qu'une telle chose », on est toujours supposé faire abstraction de la religion, et ne penser pas même à la religion. »

QUESTIONS

3. L'exemple de Montesquieu est-il bien convaincant? Cherchez quelles objections on peut lui présenter.

En général, les peuples sont très attachés à leurs coutumes; les leur ôter violemment, c'est les rendre malheureux : il ne faut donc pas les changer, mais les engager à les changer eux-mêmes.

Toute peine qui ne dérive pas de la nécessité, est tyrannique. La loi n'est pas un pur acte de puissance; les choses indifférentes par leur nature ne sont pas de son ressort. **(4) (5)**

19. COMMENT S'EST FAITE CETTE UNION DE LA RELIGION, DES LOIS, DES MŒURS ET DES MANIÈRES CHEZ LES CHINOIS

Les législateurs de la Chine eurent pour principal objet du gouvernement la tranquillité de l'empire. La subordination leur parut le moyen le plus propre à la maintenir. Dans cette idée, ils crurent devoir inspirer le respect pour les pères, et ils rassemblèrent toutes leurs forces pour cela. Ils établirent une infinité de rites et de cérémonies, pour les honorer pendant leur vie et après leur mort. Il était impossible de tant honorer les pères morts sans être porté à les honorer vivants. Les cérémonies pour les pères morts avaient plus de rapport à la religion : celles pour les pères vivants avaient plus de rapport aux lois, aux mœurs et aux manières; mais ce n'était que les parties d'un même code, et ce code était très étendu.

QUESTIONS

4. Montrez que Montesquieu cherche assez artificiellement à faire entrer la Russie dans le cadre d'une théorie trop étroite. Ne prête-t-il pas à tous les peuples d'Europe des caractères qui n'appartiennent qu'à quelques-uns (les Anglais, en particulier)? Si les peuples du Nord répugnent au despotisme, comment se fait-il que le tsar, pour les ramener à leur nature, ait renforcé le despotisme? — Appréciez la réponse faite à la Sorbonne à propos de la dernière phrase du paragraphe 6. L'analogie proposée par la dernière phrase de cette réponse est-elle satisfaisante? Faut-il pour autant voir dans la phrase incriminée une intention malveillante? Expliquez l'opposition loi-coutume à la lumière de la définition de la loi donnée au livre I, chapitre 1.

5. SUR L'ENSEMBLE DU CHAPITRE 14. — Montesquieu et la Russie : montrez qu'elle semble en grande partie lui échapper, et que ce fait souligne les insuffisances de sa conception du despotisme et de la théorie du climat, en particulier.

— Loi et coutume : relevez leurs différents caractères (quant à l'origine, l'application, la propagation). Comment leur équilibre, leur séparation garantissent-ils la liberté?

Le respect pour les pères était nécessairement lié avec tout ce qui représentait les pères : les vieillards, les maîtres, les magistrats, l'empereur. Ce respect pour les pères supposait un retour d'amour pour les enfants; et par conséquent le même retour des vieillards aux jeunes gens, des magistrats à ceux qui leur étaient soumis, de l'empereur à ses sujets. Tout cela formait les rites, et ces rites l'esprit général de la nation. **(6)**

On va sentir le rapport que peuvent avoir, avec la constitution fondamentale de la Chine, les choses qui paraissent les plus indifférentes. Cet empire est formé sur l'idée du gouvernement d'une famille. Si vous diminuez l'autorité paternelle, ou même si vous retranchez les cérémonies qui expriment le respect que l'on a pour elle, vous affaiblissez le respect pour les magistrats, qu'on regarde comme des pères; les magistrats n'auront plus le même soin pour les peuples, qu'ils doivent considérer comme des enfants; ce rapport d'amour qui est entre le prince et les sujets se perdra aussi peu à peu. Retranchez une de ces pratiques, et vous ébranlez l'État. Il est fort indifférent en soi que tous les matins une belle-fille se lève pour aller rendre tels et tels devoirs à sa belle-mère; mais si l'on fait attention que ces pratiques extérieures rappellent sans cesse à un sentiment qu'il est nécessaire d'imprimer dans tous les cœurs, et qui va de tous les cœurs former l'esprit qui gouverne l'empire, l'on verra qu'il est nécessaire qu'une telle ou une telle action particulière se fasse. **(7)** **(8)**

QUESTIONS

6. Dégagez les différentes étapes de l'enchaînement logique que Montesquieu décrit ici. — Quelle origine et quel rôle Montesquieu assigne-t-il à la religion? Comparez avec le début de la *Dissertation sur la politique des Romains dans la religion* (1716) : « Ce ne fut ni la crainte ni la piété qui établit la religion chez les Romains; mais la nécessité où sont toutes les sociétés d'en avoir une. » — Son raisonnement vous semble-t-il satisfaisant? S'il est vrai que le culte des ancêtres fonde l'ordre, s'ensuit-il qu'il a été fondé pour l'ordre? Montesquieu explique-t-il en particulier comment les législateurs ont pu inspirer le respect pour les pères? Où réside donc son erreur?

7. Montrez que Montesquieu, même s'il commet des erreurs de détail, cherche à illustrer cette découverte essentielle qu'un État est une totalité réelle. — N'est-il pas surprenant que Montesquieu parle d'un « rapport d'amour » entre le prince et les sujets en Chine? Qu'en conclure sur les rapports, dans son œuvre, entre théorie d'ensemble et analyse de détail?

8. SUR L'ENSEMBLE DU CHAPITRE 19. — Étudiez dans ce chapitre la rigueur et la clarté de la démonstration.

LIVRE XX

DES LOIS DANS LE RAPPORT QU'ELLES ONT AVEC LE COMMERCE CONSIDÉRÉ DANS SA NATURE ET SES DISTINCTIONS

CHAP. I-III. *Commerce et mœurs.* Le commerce porte à la paix et s'accompagne de « mœurs douces », intermédiaires entre la pureté et la barbarie, de même qu'il développe « un certain sentiment de justice exacte », intermédiaire entre le brigandage et les vertus désintéressées.

CHAP. IV-XI. *Commerce et régime politique.*

a) *Commerce de luxe et commerce d'économie :* Montesquieu distingue le *commerce de luxe*, dont « l'objet principal est de procurer à la nation qui le fait tout ce qui peut servir à son orgueil, à ses délices et à ses fantaisies », et le commerce d'économie, qui consiste à assurer le transport des marchandises entre toutes les nations selon leurs productions et leurs besoins. Le premier convient au gouvernement d'un seul, le second au gouvernement de plusieurs (Tyr, Carthage, Athènes, Marseille, Florence, Venise, la Hollande).

Le *commerce d'économie* exige de savoir parfois se contenter de profits directs très faibles, et aussi, comme en Angleterre, de faire « céder les intérêts politiques aux intérêts du commerce »; d'autre part, il est peu avantageux pour une monarchie de prendre des mesures contre les États qui le pratiquent; de façon générale, il ne faut exclure aucune nation de son commerce.

b) *Différences de pratique :* les banques, les compagnies de négociants, les ports francs s'accordent bien avec le commerce d'économie, mais ne conviennent pas au gouvernement d'un seul, c'est-à-dire aux États qui pratiquent le commerce de luxe.

CHAP. XII-XXIII. *Principes du commerce.*

a) *Juridiction :* libérer le commerce, mais ne pas libérer complètement pour autant les négociants; percevoir les douanes par régie; éviter les confiscations de marchandises entre belligérants, mais pratiquer éventuellement la contrainte par corps; juger rapidement les procès de commerce.

b) *Commerce et société :* interdire le commerce au prince et à la noblesse.

c) *Commerce et économie :* éviter, dans un pays pauvre, le commerce avec d'autres nations, de manière à contraindre les habitants à équiper leur pays.

22. RÉFLEXION PARTICULIÈRE

Des gens frappés de ce qui se pratique dans quelques États, pensent qu'il faudrait qu'en France il y eût des lois qui engageassent les nobles à faire le commerce[1]. Ce serait le moyen d'y détruire la noblesse, sans aucune utilité pour le commerce. La pratique de ce pays est très sage : les négociants n'y sont pas nobles, mais ils peuvent le devenir. Ils ont l'espérance d'obtenir la noblesse, sans en avoir l'inconvénient actuel. Ils n'ont pas de moyen plus sûr de sortir de leur profession que de la bien faire, ou de la faire avec honneur; chose qui est ordinairement attachée à la suffisance[2].

Les lois qui ordonnent que chacun reste dans sa profession, et la fasse passer à ses enfants, ne sont et ne peuvent être utiles que dans les États despotiques, où personne ne peut ni ne doit avoir d'émulation[3].

Qu'on ne dise pas que chacun fera mieux sa profession lorsqu'on ne pourra pas la quitter pour une autre. Je dis qu'on fera mieux sa profession, lorsque ceux qui y auront excellé espéreront de parvenir à une autre.

L'acquisition qu'on peut faire de la noblesse à prix d'argent encourage beaucoup les négociants à se mettre en état d'y parvenir. Je n'examine pas si l'on fait bien de donner ainsi aux richesses le prix de la vertu : il y a tel gouvernement où cela peut être très utile. **(1)**

En France, cet état de la robe[4] qui se trouve entre la grande noblesse et le peuple; qui, sans avoir le brillant de celle-là, en a tous les privilèges; cet état qui laisse les particuliers dans la médiocrité, tandis que le corps dépositaire des lois est dans la gloire; cet état encore dans lequel on n'a de moyen de se

1. Par exemple Voltaire, *Lettres philosophiques*, x, « Du commerce »; **2.** *Suffisance :* capacité intellectuelle; **3.** Effectivement, cela y est souvent ainsi établi (Montesquieu); **4.** La noblesse de robe.

QUESTIONS

1. Montrez comment Montesquieu s'appuie une fois encore sur une « ruse de la raison »; sur quels sentiments compte-t-il chez les bourgeois pour assurer l'intérêt de la communauté? — Comment faut-il comprendre, dans le système de Montesquieu, l'opposition entre *bien* et *utile* au paragraphe 4? Expliquez en particulier *tel gouvernement*. — *Le prix de la vertu :* la noblesse se caractérise-t-elle par la vertu?

distinguer que par la suffisance et par la vertu; profession honorable, mais qui en laisse toujours voir une plus distinguée : cette noblesse toute guerrière, qui pense qu'en quelque degré de richesses que l'on soit, il faut faire sa fortune, mais qu'il est honteux d'augmenter son bien, si on ne commence par le dissiper; cette partie de la nation, qui sert toujours avec le capital de son bien; qui, quand elle est ruinée, donne sa place à une autre qui servira avec son capital encore; qui va à la guerre pour que personne n'ose dire qu'elle n'y a pas été; qui, quand elle ne peut espérer les richesses, espère les honneurs, et lorsqu'elle ne les obtient pas, se console, parce qu'elle a acquis de l'honneur : toutes ces choses ont nécessairement contribué à la grandeur de ce royaume. Et si, depuis deux ou trois siècles, il a augmenté sans cesse sa puissance, il faut attribuer cela à la bonté de ses lois, non pas à la fortune, qui n'a pas ces sortes de constance. **(2) (3)**

QUESTIONS

2. Les deux noblesses : soulignez leur opposition et leur complémentarité dans les portraits qu'en trace Montesquieu; rapprochez la description de la noblesse d'épée du livre IV, chapitre 2; montrez le mélange de lucidité et de fascination que cette classe suscite chez le parlementaire Montesquieu. Quel rôle Montesquieu assigne-t-il à la noblesse de robe dans une monarchie française idéale? — Quelle menace pesant sur les noblesses est évoquée dans la dernière phrase?

3. SUR L'ENSEMBLE DU CHAPITRE 22. — L'analyse que donne ici Montesquieu des rapports entre noblesse et bourgeoisie correspond-elle au schéma classique d'une opposition entre ces deux classes? N'est-ce pas parce que la bourgeoisie marchande du XVIIIe siècle est différente, dans ses fins et dans ses rapports avec les autres classes, de la bourgeoisie industrielle du XIXe siècle? Essayez de montrer que, comme le dit L. Althusser, « tout le circuit de son activité économique et de son histoire personnelle demeure alors inscrit dans les limites et les structures de l'État féodal ». Comment, dans l'esprit de Montesquieu, cet accord noblesse-bourgeoisie devient-il un argument contre la monarchie absolue (alors que des recherches modernes ont montré que ce régime était probablement la forme politique requise pour maintenir la domination féodale dans les nouvelles circonstances créées par le développement de l'économie marchande).

— Comparez l'attitude de Montesquieu avec celle de Voltaire, quand il écrit, dans les *Lettres philosophiques*, chap. 9 : « Je ne sais pourtant lequel est le plus utile à un État, ou un seigneur bien poudré qui sait précisément à quelle heure le roi se lève, à quelle heure il se couche, et qui se donne des airs de grandeur en jouant le rôle d'esclave dans l'antichambre d'un ministre, ou un négociant qui enrichit son pays, donne de son cabinet des ordres à Surate et au Caire, et contribue au bonheur du monde »; comment se fait-il que Voltaire marque, lui, un conflit tranché entre les deux classes?

LIVRE XXI

DES LOIS DANS LE RAPPORT QU'ELLES ONT AVEC LE COMMERCE CONSIDÉRÉ DANS LES RÉVOLUTIONS QU'IL A EUES DANS LE MONDE

CHAP. I-V. *Révolutions commerciales.* « Le monde se met de temps en temps dans des situations qui changent le commerce. » Certes il est des commerces qui gardent toujours la même forme (exemple : le commerce avec les Indes). Mais on constate d'une manière générale : l'extension du commerce (ainsi en Europe, où il se fait maintenant entre nations du Nord et du Midi); des variations liées à « la communication des peuples ».

CHAP. VI-XXIII. *Histoire du commerce, de la navigation, des découvertes.* Montesquieu étudie les conditions du commerce dans l'Antiquité (connaissances, cabotage, vitesse et forme des navires), souligne la révolution commerciale apportée par les conquêtes d'Alexandre, les hésitations et les progrès chez les successeurs d'Alexandre et les Carthaginois, le peu d'intérêt manifesté par les Romains, dont la chute marque pourtant la « destruction du commerce ». C'est ensuite sa renaissance en Europe par l'intermédiaire des juifs essentiellement, son épanouissement moderne avec les grandes découvertes, l'établissement des colonies et la prééminence de l'Europe, qui « fait le commerce et la navigation des autres parties du monde », ses problèmes aussi : Montesquieu explique que, si l'Espagne est si pauvre malgré ses mines d'Amérique, c'est que « l'or et l'argent sont une richesse de fiction ou de signe », et que « plus ils se multiplient, plus ils perdent de leur prix, parce qu'ils représentent moins de choses ».

20. COMMENT LE COMMERCE SE FIT JOUR EN EUROPE À TRAVERS LA BARBARIE

La philosophie d'Aristote ayant été portée en Occident, elle plut beaucoup aux esprits subtils, qui, dans les temps d'ignorance, sont les beaux esprits. Des scolastiques s'en infatuèrent, et prirent de ce philosophe bien des explications sur le prêt à intérêt[1], au lieu que la source en était si naturelle dans l'Évan-

1. Aristote, *Politique*, I, 9 et 10 : « Quoi de plus odieux, surtout, que le trafic de l'argent qui consiste à donner pour avoir plus, et par-là détourne la monnaie de sa destination primitive? C'est pour faciliter les échanges qu'elle a été inventée. [...] Or ici c'est la monnaie qui rapporte de la monnaie, genre de gain tout à fait contre nature. »

gile; ils le condamnèrent indistinctement et dans tous les cas[1]. Par là, le commerce, qui n'était que la profession des gens vils, devint encore celle des malhonnêtes gens : car toutes les fois que l'on défend une chose naturellement permise ou nécessaire, on ne fait que rendre malhonnêtes gens ceux qui la font[2].

Le commerce passa à une nation pour lors couverte d'infamie, et bientôt il ne fut plus distingué des usures les plus affreuses, des monopoles, de la levée des subsides et de tous les moyens malhonnêtes d'acquérir de l'argent[3].

Les Juifs, enrichis par leurs exactions, étaient pillés par les princes avec la même tyrannie : chose qui consolait les peuples, et ne les soulageait pas.

Ce qui se passa en Angleterre donnera une idée de ce qu'on fit dans les autres pays. Le roi Jean ayant fait emprisonner les Juifs pour avoir leur bien, il y en eut peu qui n'eussent au moins quelque œil crevé : ce roi faisait ainsi sa chambre de justice. Un d'eux, à qui on arracha sept dents, une chaque jour, donna dix mille marcs d'argent à la huitième. Henri III tira d'Aaron, juif d'York, quatorze mille marcs d'argent, et dix mille pour la reine. Dans ces temps-là, on faisait violemment ce qu'on fait aujourd'hui en Pologne avec quelque mesure. Les rois ne pouvant fouiller dans la bourse de leurs sujets, à cause de leurs privilèges, mettaient à la torture les Juifs qu'on ne regardait pas comme citoyens.

Enfin il s'introduisit une coutume qui confisqua tous les biens des Juifs qui embrassaient le christianisme. Cette coutume

---

1. En 1748, Montesquieu avait écrit : « [...] sur le prêt à intérêt; ils le confondirent avec l'usure et le condamnèrent. » La Sorbonne s'en était inquiétée, et Montesquieu dans ses *Réponses et explications* s'explique : « Je n'ai point dit [...] que les scolastiques n'eussent point pris leur sentiment dans l'Écriture. Mais je dis qu'ils ont tiré leurs explications d'Aristote. » Suivent de nombreuses références à saint Thomas et la promesse de changer le texte; mais la Sorbonne condamna pourtant ce passage (XIIIe proposition); elle reprochait à Montesquieu d'avoir négligé la parole du Christ : « Prêtez sans rien espérer » (Luc, VI, 35), qui en fait exhorte à ne pas attendre un remboursement du capital. En fait, l'Église s'oppose au prêt à intérêt parce que l'argent ne peut être utilisé sans être consommé; l'emprunteur en devient donc propriétaire, à charge d'en restituer l'équivalent; elle avait rappelé sa doctrine dans la bulle de Benoît XIV *Vix pervenit* (1745), que Montesquieu ne semble pas avoir connue; 2. Melon, dans son *Essai sur le commerce*, avait aussi critiqué la condamnation du prêt à intérêt par les théologiens; 3. Le Deutéronome permettait aux juifs de prêter à intérêt aux étrangers; ils s'y livrèrent en Europe au Moyen Age. En France, ils furent finalement bannis en 1394.

si bizarre, nous la savons par la loi qui l'abroge[1]. On en a donné des raisons bien vaines; on a dit qu'on voulait les éprouver, et faire en sorte qu'il ne restât rien de l'esclavage du démon. Mais il est visible que cette confiscation était une espèce de droit d'amortissement, pour le prince ou pour les seigneurs, des taxes qu'ils levaient sur les Juifs, et dont ils étaient frustrés lorsque ceux-ci embrassaient le christianisme. Dans ces temps-là, on regardait les hommes comme des terres. Et je remarquerai, en passant, combien on s'est joué de cette nation d'un siècle à l'autre. On confisquait leurs biens lorsqu'ils voulaient être chrétiens, et, bientôt après, on les fit brûler lorsqu'ils ne voulurent pas l'être. **(1)**

Cependant on vit le commerce sortir du sein de la vexation et du désespoir. Les Juifs, proscrits tour à tour de chaque pays, trouvèrent le moyen de sauver leurs effets[2]. Par là ils rendirent pour jamais leurs retraites fixes; car tel prince qui voudrait bien se défaire d'eux, ne serait pas pour cela d'humeur à se défaire de leur argent.

Ils inventèrent les lettres de change[3]; et, par ce moyen, le commerce put éluder la violence, et se maintenir partout; le négociant le plus riche n'ayant que des biens invisibles, qui pouvaient être envoyés partout, et ne laissaient de trace nulle part.

Les théologiens furent obligés de restreindre leurs principes[4];

---

1. Édit donné à Bâville le 4 avril 1392 (note de Montesquieu); 2. *Effets :* titres de créance; 3. *Lettre de change :* lettre par laquelle un banquier ou un négociant tire sur son correspondant une somme d'argent au profit ou à l'ordre d'un tiers, qui en a fourni la valeur. Contrairement à ce que dit Montesquieu, les plus anciennes lettres de change apparaissent dans des actes de notaires génois ou marseillais, sans rapport avec des juifs; 4. Les théologiens avaient fini par admettre un intérêt extrinsèque, destiné à compenser une perte subie, un gain manqué, un péril couru en raison du prêt; cette clause figurait dans la bulle de 1745; en 1917, l'Église tolérera de façon générale l'exigence d'un intérêt modéré.

QUESTIONS

1. Quelle est la doctrine de Montesquieu sur les prêts à intérêt? Quelles sont, selon lui, les conséquences funestes (commerciales, politiques, morales) de l'attitude des théologiens? — Relevez les traits qui indiquent l'hostilité de Montesquieu envers les scolastiques; quel reproche méthodologique et théorique à la fois leur adresse-t-il dans le premier paragraphe? Comparez à ce propos l'argument d'Aristote et celui de l'Église (notes 1 p. 84 et 1 p. 85). La correction apportée par Montesquieu à son texte de 1748 est-elle convaincante (note, 1 p. 85)? — L'attitude de Montesquieu envers les juifs; montrez qu'elle est ici assez nuancée; comparez avec le chapitre 13 du livre XXV.

et le commerce, qu'on avait violemment lié avec la mauvaise foi, rentra, pour ainsi dire, dans le sein de la probité.

Ainsi nous devons aux spéculations des scolastiques tous les malheurs qui ont accompagné la destruction du commerce[1]; et, à l'avarice des princes, l'établissement d'une chose qui le met en quelque façon hors de leur pouvoir.

Il a fallu, depuis ce temps, que les princes se gouvernassent avec plus de sagesse qu'ils n'auraient eux-mêmes pensé : car, par l'événement, les grands coups d'autorité se sont trouvés si maladroits, que c'est une expérience reconnue, qu'il n'y a plus que la bonté du gouvernement qui donne de la prospérité.

On a commencé à se guérir du machiavélisme, et on s'en guérira tous les jours. Il faut plus de modération dans les conseils. Ce qu'on appelait autrefois des coups d'État, ne serait aujourd'hui, indépendamment de l'horreur, que des imprudences. **(2)**

Et il est heureux pour les hommes d'être dans une situation où, pendant que leurs passions leur inspirent la pensée d'être méchants, ils ont pourtant intérêt de ne pas l'être. **(3)**

---

1. Mgr Bottari avait demandé à Montesquieu d'atténuer la formule en écrivant « les mauvais scolastiques ». A la faculté de théologie, Montesquieu répondit qu'elle voulait condamner un fait dont il pouvait donner des preuves, par exemple une loi de l'empereur Léon rétablissant l'intérêt, supprimé par son père, pour relever le commerce. Et, en conclusion : « Je ne puis m'empêcher de faire cette réflexion. Tout le monde est d'accord en France sur la doctrine de l'usure. Personne n'y nie qu'elle ne soit contraire aux lois de l'Évangile. Il y a, à cet égard, un concert admirable entre les théologiens et les tribunaux. Si tout le monde est en paix, pourquoi en sortir? » La Sorbonne n'en condamna pas moins le passage.

QUESTIONS

2. Quelle solution du problème suggèrent les lignes de Montesquieu citées par la note 1? — Sur quoi se fonde l'optimisme politique de Montesquieu? Montrez que celui-ci fait la part des passions humaines et même en tire argument; comment? (voir en particulier le dernier paragraphe). — La condamnation du *machiavélisme :* qu'entend exactement Montesquieu par ce mot? N'y a-t-il pas pourtant une analogie entre les lignes 70-72 et certains raisonnements de Machiavel, comme lorsque celui-ci, après avoir énuméré qualités et défauts qui s'attachent aux princes, conclut : « Il faut qu'il ait au moins la prudence de fuir ces vices honteux qui lui feraient perdre ses États » (*le Prince*, XV) ?

3. Sur l'ensemble du chapitre 20. — Intention de Montesquieu ici? Ne vous paraît-il pas avoir réduit la part prise par les chrétiens au commerce international? Cherchez des exemples qui infirment sa thèse (grands ports, foires, etc.). Pourquoi ces lacunes dans ce chapitre? — Montesquieu dit au livre XX, chapitre 1, que le commerce va de pair avec des mœurs douces; l'analyse ici confirme-t-elle cette opinion?

LIVRE XXII

DES LOIS DANS LE RAPPORT QU'ELLES ONT AVEC L'USAGE DE LA MONNAIE

CHAP. I-VIII. *Monnaie et commerce.* Après avoir souligné les avantages de l'usage de la monnaie sur le système de l'échange, Montesquieu dégage quelques grandes lois monétaires, qui doivent assurer la fixité de la valeur du signe et la justesse des prix.

CHAP. IX-XVIII. *Monnaie et finances publiques.* L'analyse minutieuse des mécanismes du change amène l'auteur à traiter des « opérations sur les monnaies » et de leurs dangers; il oppose à la désastreuse expérience de Law la mutation monétaire qui permit aux Romains, lors de la deuxième guerre punique, de libérer l'État sans nuire aux particuliers. Il insiste aussi sur les désavantages que créent les emprunts d'État aux banquiers et les dettes publiques.

CHAP. XIX-XXI. *Commerce de l'argent.* Il est normal qu'un prêt d'argent rapporte un intérêt modéré et bien distinct de l'usure; du reste, les lois qui, comme à Rome, ont voulu supprimer l'intérêt n'ont fait qu'accroître l'usure : « Les lois extrêmes dans le bien font naître le mal extrême... Je le dirai toujours, c'est la modération qui gouverne les hommes, et non pas les excès. »

LIVRE XXIII

DES LOIS DANS LE RAPPORT QU'ELLES ONT AVEC LE NOMBRE DES HABITANTS

CHAP. I-IX. *Population*, *mariage*, *famille*. « L'obligation naturelle qu'a le père de nourrir ses enfants, a fait établir le mariage, qui déclare celui qui doit remplir cette obligation. » La continence des mœurs, l'idée de considérer la famille comme une « sorte de propriété », le discrédit jeté sur les bâtards (du moins en régime monogamique), le droit de décision du père sur le mariage de ses enfants, autant de principes qui encouragent la propagation de l'espèce.

CHAP. X-XV. *Population et conditions géographiques et économiques.* On trouve beaucoup d'enfants chez les peuples naissants, chez les gens qui ne possèdent absolument rien (mais peu chez les petits propriétaires trop souvent rançonnés), dans les ports de mer. Dans les campagnes, la population croît lorsque l'on passe des pays de pâturage aux terres à blé, puis aux vignobles et aux rizières. L'industrie, enfin, est nécessaire au développement démographique dans les pays où les terres sont inégalement distribuées.

15. DU NOMBRE DES HABITANTS PAR RAPPORT AUX ARTS[1]

Lorsqu'il y a une loi agraire, et que les terres sont également partagées, le pays peut être très peuplé, quoiqu'il y ait peu d'arts, parce que chaque citoyen trouve dans le travail de sa terre précisément de quoi se nourrir, et que tous les citoyens ensemble consomment tous les fruits du pays. Cela était ainsi dans quelques anciennes républiques.

Mais dans nos États d'aujourd'hui, les fonds de terre sont inégalement distribués; ils produisent plus de fruits que ceux qui les cultivent n'en peuvent consommer; et si l'on y néglige les arts, et qu'on ne s'attache qu'à l'agriculture, le pays ne peut être peuplé. Ceux qui cultivent ou font cultiver, ayant des fruits de reste, rien ne les engage à travailler l'année d'ensuite : les fruits ne seraient point consommés par les gens oisifs, car les gens oisifs[2] n'auraient pas de quoi les acheter. Il faut donc que les arts s'établissent, pour que les fruits soient consommés par les laboureurs et les artisans. En un mot, ces États ont besoin que beaucoup de gens cultivent au-delà de ce qui leur est nécessaire. Pour cela, il faut leur donner envie d'avoir le superflu; mais il n'y a que les artisans qui le donnent.

Ces machines, dont l'objet est d'abréger l'art, ne sont pas toujours utiles. Si un ouvrage est à un prix médiocre, et qui convienne également à celui qui l'achète, et à l'ouvrier qui l'a fait, les machines qui en simplifieraient la manufacture, c'est-à-dire, qui diminueraient le nombre des ouvriers, seraient pernicieuses[3]; et si les moulins à eau n'étaient pas partout établis, je ne les croirais pas aussi utiles qu'on le dit, parce qu'ils ont fait reposer une infinité de bras, qu'ils ont privé

1. Il s'agit des métiers d'artisans et des industries; 2. C'est par ce terme qu'on désigne dans l'Ancien Régime ceux que nous appelons les « chômeurs »; 3. Dans l'article *Commerce* de l'*Encyclopédie*, Forbonnais énumère quatre moyens de baisser les prix et de favoriser le commerce extérieur; parmi eux, l'« économie du travail des hommes », qui « consiste à le suppléer par celui des machines et des animaux, lorsqu'on le peut à moins de frais, ou que cela les conserve : c'est multiplier la population bien loin de la détruire ». L'accroissement du commerce extérieur pare au chômage.

bien des gens de l'usage des eaux, et ont fait perdre la fécondité à beaucoup de terres[1]. (1)

CHAP. XVI-XXIX. *Population et législation.* En règle générale, la petitesse de l'État favorise l'expansion démographique, son étendue la ruine. Ainsi, la législation des petites cités grecques a dû chercher à contrôler les naissances; à Rome, au contraire, il fallut encourager la natalité, en particulier sous Auguste, par la loi Papienne, « la plus belle partie des lois civiles des Romains », que Montesquieu analyse longuement; mais le stoïcisme et surtout le christianisme, en développant le goût de la vie spéculative, firent échouer cette entreprise. Avec l'éclatement de l'Empire et la féodalité, la population européenne se releva; mais, par suite des « perpétuelles réunions de plusieurs petits États », l'Europe a de nouveau besoin « de lois qui favorisent la propagation de l'espèce humaine ». Le mal est particulièrement grave dans « les pays désolés par le despotisme ou par les avantages excessifs du clergé sur les laïques ». Pour y remédier, réforme agraire et prudentes mesures sociales sont nécessaires.

29. DES HÔPITAUX

Un homme n'est pas pauvre parce qu'il n'a rien, mais parce qu'il ne travaille pas. Celui qui n'a aucun bien et qui travaille, est aussi à son aise que celui qui a cent écus de revenu sans travailler. Celui qui n'a rien, et qui a un métier, n'est pas plus pauvre que celui qui a dix arpents de terre en propre, et qui doit les travailler pour subsister. L'ouvrier qui a donné à ses enfants son art[2] pour héritage, leur a laissé un bien qui s'est multiplié à proportion de leur nombre. Il n'en est pas de

1. A Grosley, qui lui objecte l'utilité des moulins à eau, Montesquieu répond : « A l'égard des moulins, ils sont très utiles, surtout dans l'état présent. On peut entrer dans le détail; ce qu'on en a dit dépend de ce principe qui est presque toujours vrai : plus il y a de bras employés aux arts, plus il y en a nécessairement à l'agriculture »; 2. *Art :* métier.

QUESTIONS

1. SUR LE CHAPITRE 15. — Montrez que, pour Montesquieu, la terre constitue la richesse essentielle d'un pays. Quel rôle assigne-t-il à l'industrie? Comment ces conceptions se rattachent-elles au souci démographique de Montesquieu et à sa crainte de la dépopulation (voir *Lettres persanes*, 112-122)? — Comparez l'attitude de Montesquieu devant le machinisme avec celle des encyclopédistes (note 3, p. 89). Sous quel angle particulier Montesquieu considère-t-il les périls du machinisme et du chômage? Le problème se pose-t-il de nos jours dans les mêmes termes? Quelles nuances la réponse à Grosley (note 1) apporte-t-elle à ce chapitre?

même de celui qui a dix arpents de fonds pour vivre, et qui les partage à ses enfants. (2)

Dans les pays de commerce, où beaucoup de gens n'ont que leur art, l'État est souvent obligé de pourvoir aux besoins des vieillards, des malades et des orphelins. Un État bien policé tire cette subsistance du fonds des arts même; il donne aux uns les travaux dont ils sont capables; il enseigne les autres à travailler, ce qui fait déjà un travail.

Quelques aumônes que l'on fait à un homme nu dans les rues ne remplissent point les obligations de l'État, qui doit à tous les citoyens une subsistance assurée, la nourriture, un vêtement convenable, et un genre de vie qui ne soit point contraire à la santé[1]. (3)

Aureng-Zeb[2], à qui on demandait pourquoi il ne bâtissait point d'hôpitaux, dit : « Je rendrai mon empire si riche qu'il n'aura pas besoin d'hôpitaux. » Il aurait fallu dire : Je commencerai par rendre mon empire riche, et je bâtirai des hôpitaux.

Les richesses d'un État supposent beaucoup d'industrie. Il n'est pas possible que dans un si grand nombre de branches de commerce, il n'y en ait toujours quelqu'une qui souffre, et dont par conséquent les ouvriers ne soient dans une nécessité momentanée.

---

1. Un arrêt du parlement déclarait : « Le roi ne doit pas la subsistance à son peuple. » Necker s'en indignera aussi dans son *Essai sur la législation et le commerce des grains* (1775). « Le représentant de la société pourrait contraindre le peuple à exposer sa vie pour la défense de l'État, il pourrait le forcer à éteindre le feu qui menace la maison du riche, et il ne veillerait pas à sa subsistance, il n'établirait pas les lois qui peuvent l'assurer; il ne craindrait pas les écarts des prix; il ne les préviendrait pas s'il le pouvait; il ne modérerait pas l'abus de la propriété envers la faiblesse! »; 2. *Aureng-Zeb :* Grand Mogol de l'empire fondé dans l'Hindoustan au XVIe siècle. Il a régné de 1658 à 1707.

QUESTIONS

2. A quelles conditions la connaissance d'un métier peut-elle être considérée comme une richesse égale à un revenu? La fin du paragraphe ne laisse-t-elle pas percer plus de sympathie pour les petits paysans? Expliquez et appréciez cette attitude de Montesquieu.

3. Expliquez, dans la dernière phrase du paragraphe 3, qui désignent *les uns* et *les autres*. Quels établissements modernes sont annoncés à la fin du paragraphe 3? Quels avantages Montesquieu leur trouve-t-il? — Quels grands principes sociaux sont énoncés dans ce passage? Montrez comment l'expression de la pensée va en se précisant et s'enhardissant. Comparez avec le texte de Necker cité par la note 1.

C'est pour lors que l'État a besoin d'apporter un prompt secours, soit pour empêcher le peuple de souffrir, soit pour éviter qu'il ne se révolte : c'est dans ce cas qu'il faut des hôpitaux[1], ou quelque règlement équivalent, qui puisse prévenir cette misère.

Mais quand la nation est pauvre, la pauvreté particulière dérive de la misère générale; et elle est, pour ainsi dire, la misère générale[2]. Tous les hôpitaux du monde ne sauraient guérir cette pauvreté particulière; au contraire, l'esprit de paresse qu'ils inspirent, augmente la pauvreté générale, et par conséquent la particulière. **(4)**

Henri VIII, voulant réformer l'Église d'Angleterre, détruisit les moines, nation paresseuse elle-même, et qui entretenait la paresse des autres, parce que, pratiquant l'hospitalité, une infinité de gens oisifs, gentilshommes et bourgeois, passaient leur vie à courir de couvent en couvent[3]. Il ôta encore les hôpitaux où le bas peuple trouvait sa subsistance, comme les gentilshommes trouvaient la leur dans les monastères. Depuis ces changements, l'esprit de commerce et d'industrie s'établit en Angleterre.

A Rome, les hôpitaux font que tout le monde est à son aise, excepté ceux qui travaillent, excepté ceux qui ont de l'industrie, excepté ceux qui cultivent les arts, excepté ceux qui ont des terres, excepté ceux qui font le commerce[4]. **(5)**

---

1. Au XVIIIe siècle il n'y a pas de différence entre *hôpital* et *hospice ;* 2. Duclos évalue le nombre des mendiants à Paris, sous Louis XV, à 28 000 ou 30 000. Le recensement de 1791 comptera à Paris 118 884 indigents sur 650 000 habitants; 3. La Faculté de théologie censura ce passage; elle reprochait à Montesquieu de reproduire l'erreur de Wiclef, condamné par le concile de Constance, pour vouloir que les moines vivent exclusivement du travail de leurs mains. Dans ses *Réponses et explications*, Montesquieu affirme que Wiclef a été condamné pour un ensemble de propositions hérétiques, dont la condamnation de l'oisiveté des moines n'était qu'un aspect, mais que lui, Montesquieu, n'étudie ce problème que du point de vue de « la police de l'État » : « Qui peut douter, quoique les ordres monastiques soient établis par l'Église, que le prince ne puisse statuer à leur égard tout ce qui tient au bien de l'État et de la police extérieure : borner leur nombre, leur faculté d'acquérir; et, si le prince peut le faire, les écrivains politiques ne méritent pas d'être censurés pour avoir raisonné sur ces choses »; 4. Montesquieu pense aux hôpitaux rattachés aux nombreux couvents romains.

QUESTIONS

4. Expliquez, en vous appuyant en particulier sur le paragraphe 5, l'ordre d'urgence que pose Montesquieu dans sa réponse à Aureng-Zeb (§ 4). A quelles circonstances particulières réserve-t-il les hôpitaux? Commentez la distinction des deux utilités qu'il leur reconnaît en ces circonstances (§ 6). A quels *règlements équivalents* peut-il penser (voir dernier paragraphe du chapitre)? — Question 5 : voir page 93.

J'ai dit que les nations riches avaient besoin d'hôpitaux, parce que la fortune y était sujette à mille accidents : mais on sent que des secours passagers vaudraient bien mieux que des établissements perpétuels. Le mal est momentané : il faut donc des secours de même nature, et qui soient applicables à l'accident particulier. (6) (7)

LIVRE XXIV

DES LOIS DANS LE RAPPORT QU'ELLES ONT AVEC LA RELIGION ÉTABLIE DANS CHAQUE PAYS, CONSIDÉRÉE DANS SES PRATIQUES ET EN ELLE-MÊME

CHAP. II-VI. *Religion et société :* double mouvement du texte.

a) *Apologie de la religion chrétienne :* Montesquieu s'en prend à Bayle, tout en le qualifiant de « grand homme », et établit la supériorité morale et l'utilité sociale du christianisme : « Les principes du christianisme, bien gravés dans le cœur, seraient infiniment plus forts que ce faux honneur des monarchies, ces vertus humaines des républiques, et cette crainte servile des États despotiques. »

b) *Détermination des religions* en fonction de la nature du gouvernement ou du climat.

1. DES RELIGIONS EN GÉNÉRAL

Comme on peut juger parmi les ténèbres celles qui sont les moins épaisses, et parmi les abîmes ceux qui sont les moins profonds, ainsi l'on peut chercher entre les religions fausses

QUESTIONS

5. Comment les deux exemples choisis par Montesquieu *(Angleterre* et *Rome)* se complètent-ils? Les mesures que laisse entrevoir le paragraphe 8 ne paraissent-elles pas négatives et en retrait sur ce que promettaient certains passages précédents? — L'attaque contre les moines : comparez avec les *Lettres persanes*, 117, et appréciez l'argumentation de Montesquieu dans le texte cité par la note 3, p. 92. — L'esprit du paragraphe 9.

6. Précisez la nature de l'hésitation de Montesquieu; comment ce paragraphe, tout en corrigeant ce qui précède, s'y rattache-t-il et en particulier au paragraphe 9?

7. SUR L'ENSEMBLE DU CHAPITRE 29. — Peut-on dire, après la lecture de ce chapitre, comme Maxime Leroy *(Histoire des idées sociales en France)*, qu' « il y a plus qu'un certain socialisme, plus même qu'un vague étatisme à la moderne dans Montesquieu, dont on a trop rétréci la pensée »? Connaissez-vous d'autres passages de *l'Esprit des lois* qui pourraient — au moins apparemment — inciter aux mêmes conclusions?

celles qui sont les plus conformes au bien de la société; celles qui, quoiqu'elles n'aient pas l'effet de mener les hommes aux félicités de l'autre vie, peuvent le plus contribuer à leur bonheur dans celle-ci.

Je n'examinerai donc les diverses religions du monde, que par rapport au bien que l'on en tire dans l'état civil; soit que je parle de celle qui a sa racine dans le ciel, ou bien de celles qui ont la leur sur la terre.

Comme dans cet ouvrage je ne suis point théologien, mais écrivain politique, il pourrait y avoir des choses qui ne seraient entièrement vraies que dans une façon de penser humaine, n'ayant point été considérées dans le rapport avec des vérités plus sublimes.

A l'égard de la vraie[1] religion, il ne faudra que très peu d'équité pour voir que je n'ai jamais prétendu faire céder ses intérêts aux intérêts politiques, mais les unir : or, pour les unir, il faut les connaître[2].

La religion chrétienne, qui ordonne aux hommes de s'aimer, veut sans doute que chaque peuple ait les meilleures lois politiques et les meilleures lois civiles, parce qu'elles sont, après elle, le plus grand bien que les hommes puissent donner et recevoir. **(1)**

---

1. *Vraie* a été ajouté dans l'édition de 1757; **2.** Dedieu rapproche ces lignes d'un passage de Warburton (*Alliance between Church and State*, 1736, traduit en 1742 par Silhouette) : « Il faut qu'il y ait entre la politique et la religion, l'État et l'Église, une espèce d'union ou d'insertion artificielle, mais on ne peut les unir, les fondre ensemble que l'on n'ait une connaissance suffisante de leur nature. » Les thèses de Warburton s'opposaient à celles de Hobbes, pour qui l'Église n'était qu'un département de l'État, et à celles de Locke, partisan de la séparation des deux puissances. Il n'est pas certain que Montesquieu ait connu l'ouvrage de Warburton; mais le problème des rapports de l'Église et de l'État se posait en France aussi : aux ambitions de l'Église s'opposaient les solutions étatistes vigoureusement exprimées par Delpech de Mérinville, Roland Le Vayer de Boutigni, du Boulay (vers 1730-1740).

QUESTIONS

1. SUR LE CHAPITRE 1. — Montrez que l'auteur considère la religion comme un fait sociologique, susceptible d'une étude scientifique, et qu'il est amené par là à dissocier le vrai et le bien, le faux et le mal.

— Montrez aussi qu'il prétend traiter le problème des rapports de l'Église et de l'État : dans quel sens? Comparez en particulier le paragraphe 4 et le texte de Warburton cité en note.

— L'attitude de Montesquieu devant le christianisme : les diverses précautions prises trahissent-elles nécessairement une intention hostile? Le dernier paragraphe ne peut-il contredire ou chercher à atténuer certaines remarques antérieures (voir en particulier la fin du § 1)?

3. QUE LE GOUVERNEMENT MODÉRÉ CONVIENT MIEUX À LA RELIGION CHRÉTIENNE ET LE GOUVERNEMENT DESPOTIQUE À LA MAHOMÉTANE

La religion chrétienne est éloignée du pur despotisme : c'est que la douceur étant si recommandée dans l'Évangile, elle s'oppose à la colère despotique avec laquelle le prince se ferait justice et exercerait ses cruautés.

Cette religion défendant la pluralité des femmes, les princes y sont moins renfermés, moins séparés de leurs sujets, et par conséquent plus hommes; ils sont plus disposés à se faire des lois, et plus capables de sentir qu'ils ne peuvent pas tout.

Pendant que les princes mahométans donnent sans cesse la mort ou la reçoivent, la religion, chez les chrétiens, rend les princes moins timides, et par conséquent moins cruels. Le prince compte sur ses sujets, et les sujets sur le prince. Chose admirable! la religion chrétienne, qui ne semble avoir d'objet que la félicité de l'autre vie, fait encore notre bonheur dans celle-ci. **(2)**

C'est la religion chrétienne qui, malgré la grandeur de l'empire et le vice du climat, a empêché le despotisme de s'établir en Éthiopie, et a porté au milieu de l'Afrique les mœurs de l'Europe et ses lois. **(3)**

Le prince héritier d'Éthiopie[1] jouit d'une principauté, et donne aux autres sujets l'exemple de l'amour et de l'obéissance. Tout près de là on voit le mahométisme faire enfermer

---

1. L'Abyssinie, évangélisée au IVe siècle. Devenu hérétique au Ve siècle, professant le monophysisme d'Eutychès, qui ne reconnaît qu'une seule nature en Jésus-Christ, ce pays oriental et chrétien bénéficiait pourtant d'un grand prestige en Europe et servait en particulier de cadre à la légende du Prêtre-Jean.

QUESTIONS

2. Analysez les différents éléments de la religion chrétienne qui, selon Montesquieu, l'éloignent du despotisme. Comment le christianisme rend-il *les princes moins timides* (§ 3)? La dernière phrase du paragraphe 3 ne traduit-elle pas (naïvement ou ironiquement) l'absence du sentiment religieux chez Montesquieu?

3. Soulignez l'importance de ce passage pour expliquer l'idée que Montesquieu se fait de l'influence respective des causes physiques et des causes morales.

les enfants du roi de Sennar[1] : à sa mort, le Conseil les envoie égorger, en faveur de celui qui monte sur le trône.

Que, d'un côté, l'on se mette devant les yeux les massacres continuels des rois et des chefs grecs et romains, et, de l'autre, la destruction des peuples et des villes par ces mêmes chefs, Thimur et Gengiskan[2], qui ont dévasté l'Asie; et nous verrons que nous devons au christianisme, et dans le gouvernement un certain droit politique, et dans la guerre un certain droit des gens, que la nature humaine ne saurait assez reconnaître.

C'est ce droit des gens qui fait que, parmi nous, la victoire laisse aux peuples vaincus ces grandes choses : la vie, la liberté, les lois, les biens, et toujours la religion, lorsqu'on ne s'aveugle pas soi-même. (4)

On peut dire que les peuples de l'Europe ne sont pas aujourd'hui plus désunis que ne l'étaient dans l'empire romain, devenu despotique et militaire, les peuples et les armées, ou que ne l'étaient les armées entre elles : d'un côté, les armées se faisaient la guerre, et, de l'autre, on leur donnait le pillage des villes et le partage ou la confiscation des terres. (5) (6)

CHAP. VII-XIII. *Lois de la religion.* Elle « doit : donner beaucoup de conseils et peu de préceptes »; s'accorder avec la morale (même fausse, elle garantira ainsi la probité des hommes, comme le prouvent les exemples des Esséens, des stoïciens); ne pas donner aux hommes une vie trop contemplative; mesurer les pénitences; susciter chez le fidèle par l'espoir et la crainte une conscience inquiète de ses responsabilités morales.

1. *Sennar :* royaume musulman sur le territoire de la Nubie, détruit en 1820 par Ibrahim pacha; 2. *Thimur :* Tamerlan, conquérant tatar (1336-1405). — *Gengiskan :* Gengis khân, conquérant tatar, empereur des Mongols mort en 1227.

QUESTIONS

4. Le paragraphe 6 rend hommage au christianisme : montrez le caractère très laïque de cet hommage. Le paragraphe suivant n'est-il pas un peu plus retors? Expliquez *lorsqu'on ne s'aveugle pas soi-même.*

5. Expliquez ce que veut prouver ce dernier paragraphe, en le rattachant aux lignes qui précèdent. Quelle méthode d'exposé chère à Montesquieu apparaît ici?

6. SUR L'ENSEMBLE DU CHAPITRE 3. — Appréciez ce commentaire du critique janséniste des *Nouvelles ecclésiastiques :* « C'est dire aux princes mahométans qu'ils doivent éviter avec grand soin de se faire chrétiens, parce que la religion chrétienne ne serait propre qu'à renverser tous les principes de leur gouvernement. » Qu'est-ce qui peut justifier cette sévérité à propos d'un chapitre fort respectueux envers le christianisme?

Phot. Larousse.

Personnages au bord d'une rivière.

Miniature indienne.

6. AUTRE PARADOXE DE BAYLE[1]

Monsieur Bayle, après avoir insulté toutes les religions, flétrit la religion chrétienne : il ose avancer que de véritables chrétiens ne formeraient pas un État qui pût subsister[2]. Pourquoi non? Ce seraient des citoyens infiniment éclairés sur leurs devoirs, et qui auraient un très grand zèle pour les remplir; ils sentiraient très bien les droits de la défense naturelle; plus ils croiraient devoir à la religion, plus ils penseraient devoir à la patrie. Les principes du christianisme, bien gravés dans le cœur, seraient infiniment plus forts que ce faux honneur des monarchies, ces vertus humaines des républiques, et cette crainte servile des États despotiques. **(7)**

Il est étonnant qu'on puisse imputer à ce grand homme d'avoir méconnu l'esprit de sa propre religion; qu'il n'ait pas su distinguer les ordres pour l'établissement du christianisme d'avec le christianisme même, ni les préceptes de l'Évangile d'avec ses conseils. Lorsque le législateur, au lieu de donner des lois, a donné des conseils, c'est qu'il a vu que ses conseils, s'ils étaient ordonnés comme des lois, seraient contraires à l'esprit de ses lois. **(8) (9)**

---

1. Montesquieu a déjà réfuté au chapitre 2 de ce livre le paradoxe de Bayle selon lequel mieux vaut être athée qu'idolâtre; 2. Bayle, dit Montesquieu *(Défense de « l'Esprit des lois »)*, « alléguait pour cela l'ordre de l'Évangile de présenter l'autre joue quand on reçoit un soufflet, de quitter le monde, de se retirer dans les déserts, etc. ».

QUESTIONS

7. N'est-il pas étonnant de voir Montesquieu attribuer plus de poids politique aux principes du christianisme qu'aux principes dégagés par lui au livre III? Peut-on y voir, comme Dedieu, un souci de fonder l'union nécessaire entre Église et État? A quel type de gouvernement le christianisme semblerait-il s'accorder plus volontiers selon la troisième phrase? Est-ce en contradiction avec le chapitre 3 du livre XXIV?

8. Distinguez à l'aide d'exemples *préceptes* et *conseils.* De quel côté placer *les ordres pour l'établissement du christianisme?* Essayez, en vous appuyant sur la note 2, de présenter de façon plus détaillée et claire le raisonnement de Montesquieu. Sur quelle analogie repose-t-il (voir dernière phrase)? N'est-ce pas peut-être démontrer plus qu'il ne conviendrait?

9. SUR L'ENSEMBLE DU CHAPITRE 6. — Comparez avec les *Lettres persanes*, 25, et à la *Pensée* 1812 : « C'est une sottise de Bayle de dire qu'une république de bons chrétiens ne pourrait pas subsister; c'est qu'il ne peut pas y avoir une république de bons chrétiens. De même lorsqu'on dit qu'une république de philosophes ne pourrait pas subsister, c'est qu'il ne peut y avoir une république de philosophes. Tout est mêlé. »

Suite de la question 9 p. 99.

7. DES LOIS DE PERFECTION DANS LA RELIGION

Les lois humaines, faites pour parler à l'esprit, doivent donner des préceptes et point de conseils : la religion, faite pour parler au cœur, doit donner beaucoup de conseils, et peu de préceptes. **(10)**

Quand, par exemple, elle donne des règles, non pas pour le bien, mais pour le meilleur; non pas pour ce qui est bon, mais pour ce qui est parfait, il est convenable que ce soient des conseils et non pas des lois; car la perfection ne regarde pas l'universalité des hommes ni des choses. De plus, si ce sont des lois, il en faudra une infinité d'autres pour faire observer les premières. Le célibat fut un conseil du christianisme : lorsqu'on en fit une loi pour un certain ordre de gens, il en fallut chaque jour de nouvelles pour réduire les hommes à l'observation de celle-ci. Le législateur se fatigua, il fatigua la société, pour faire exécuter aux hommes par précepte, ce que ceux qui aiment la perfection auraient exécuté comme conseil. **(11)**

QUESTIONS

— Essayez de déterminer les sentiments de Montesquieu à l'égard de Bayle en vous aidant de cette réponse qu'il fait aux *Nouvelles ecclésiastiques*, qui lui avaient reproché d'avoir appelé Bayle « un grand homme » : « Il est vrai que l'auteur a appelé Bayle un grand homme; mais il a censuré ses opinions; s'il les a censurées, il ne les admet pas. Et puisqu'il a combattu ses opinions, il ne l'appelle pas un grand homme à cause de ses opinions. Tout le monde sait que Bayle avait un grand esprit, dont il a abusé; mais cet esprit dont il a abusé, il l'avait. » Quelle attitude intellectuelle apparaît derrière ces lignes?

10. Comparez ce paragraphe avec le dernier paragraphe du chapitre 6 : n'y a-t-il pas une contradiction?

11. Sur l'ensemble du chapitre 7. — Peut-on admettre, comme l'affirme Montesquieu dans sa *Défense de « l'Esprit des lois »*, que ce chapitre « n'a rien à faire avec Bayle »? N'est-il pas tentant de le confronter avec le chapitre précédent? Quelles conclusions tirer de ce rapprochement, quant au paradoxe de Bayle et au rôle politique de la religion? Rapprochez la distinction entre conseils et préceptes religieux de celle établie (XIX, 14) entre société et État; la religion, étant à la fois l'une et l'autre, ne peut-elle, aux yeux de Montesquieu, présenter un danger?

— Sur la question du célibat, comparer ce passage avec les *Lettres persanes*, 117, et ces lignes du chapitre 3 du livre XXV de *l'Esprit des lois :* « Je ne parlerai point ici des conséquences de la loi de célibat : on sent qu'elle pourrait devenir nuisible, à proportion que le corps du clergé serait trop étendu, et que par conséquent celui des laïques ne le serait pas assez. »

CHAP. XIV-XVIII. *Religion et lois civiles.*

a) *Nécessité d'un équilibre* entre les lois civiles et les préceptes de la religion.

b) *Action réciproque* : la loi civile peut pallier les dangers de certaines pratiques religieuses; « la religion peut soutenir l'État politique lorsque les lois se trouvent dans l'impuissance » (instauration de lieux sacrés ou de trêves en temps de guerre, adoucissement de certaines lois civiles ou de mœurs trop violentes).

14. COMMENT LA FORCE DE LA RELIGION S'APPLIQUE À CELLE DES LOIS CIVILES

Comme la religion et les lois civiles doivent tendre principalement à rendre les hommes bons citoyens, on voit que lorsqu'une des deux s'écartera de ce but, l'autre y doit tendre davantage : moins la religion sera réprimante, plus les lois civiles doivent réprimer. **(12)**

Ainsi, au Japon, la religion dominante n'ayant presque point de dogmes, et ne proposant point de paradis ni d'enfer, les lois, pour y suppléer, ont été faites avec une sévérité, et exécutées avec une ponctualité extraordinaires.

Lorsque la religion établit le dogme de la nécessité des actions humaines, les peines des lois doivent être plus sévères et la police plus vigilante, pour que les hommes, qui, sans cela, s'abandonneraient eux-mêmes, soient déterminés par ces motifs; mais si la religion établit le dogme de la liberté, c'est autre chose.

De la paresse de l'âme, naît le dogme de la prédestination mahométane; et du dogme de la prédestination naît la paresse de l'âme. On a dit : Cela est dans les décrets de Dieu, il faut donc rester en repos. Dans un cas pareil, on doit exciter par les lois les hommes endormis dans la religion.

Lorsque la religion condamne des choses que les lois civiles doivent permettre, il est dangereux que les lois civiles ne permettent de leur côté ce que la religion doit condamner; une

QUESTIONS

12. Au bénéfice de qui tourne finalement l'alliance de la religion et des lois civiles? Confirmez votre réponse par l'étude des exemples donnés par les paragraphes 2-4.

de ces choses marquant toujours un défaut d'harmonie et de justesse dans les idées, qui se répand sur l'autre.

Ainsi les Tartares de Gengiskan, chez lesquels c'était un péché, et même un crime capital, de mettre le couteau dans le feu, de s'appuyer contre un fouet, de battre un cheval avec sa bride, de rompre un os avec un autre, ne croyaient pas qu'il y eût de péché à violer la foi, à ravir le bien d'autrui, à faire injure à un homme, à le tuer. En un mot, les lois qui font regarder comme nécessaire ce qui est indifférent, ont cet inconvénient, qu'elles font considérer comme indifférent ce qui est nécessaire.

Ceux de Formose croient une espèce d'enfer; mais c'est pour punir ceux qui ont manqué d'aller nus en certaines saisons, qui ont mis des vêtements de toile et non pas de soie, qui ont été chercher des huîtres, qui ont agi sans consulter le chant des oiseaux; aussi ne regardent-ils point comme péché l'ivrognerie et le dérèglement avec les femmes; ils croient même que les débauches de leurs enfants sont agréables à leurs dieux. **(13)**

Lorsque la religion justifie pour une chose d'accident, elle perd inutilement le plus grand ressort qui soit parmi les hommes. On croit, chez les Indiens, que les eaux du Gange ont une vertu sanctifiante; ceux qui meurent sur ses bords, sont réputés exempts des peines de l'autre vie, et devoir habiter une région pleine de délices; on envoie, des lieux les plus reculés, des urnes pleines des cendres des morts, pour les jeter dans le Gange. Qu'importe qu'on vive vertueusement, ou non? on se fera jeter dans le Gange.

L'idée d'un lieu de récompense emporte nécessairement l'idée d'un séjour de peines; et quand on espère l'un sans craindre l'autre, les lois civiles n'ont plus de force. Des hommes qui croient des récompenses sûres dans l'autre vie échapperont au législateur; ils auront trop de mépris pour la mort. Quel moyen de contenir par les lois un homme qui croit être sûr

QUESTIONS

13. Déterminez, à l'aide des exemples que Montesquieu fournit, ce qu'il entend par *ce qui est indifférent*. Ne peut-on y voir une totale incompréhension du sentiment du sacré? Les rites que Montesquieu cite n'ont-ils pas pour la conscience primitive des fins précises? — La règle qu'il dégage dans la dernière phrase du paragraphe 6 vous paraît-elle juste dans ces conditions?

que la plus grande peine que les magistrats lui pourront infliger, ne finira dans un moment que pour commencer son bonheur? **(14) (15)**

CHAP. XIX-XXVI. *Dogmes et culte.*

a) *Vérité et utilité* sociale d'un dogme ne vont pas toujours de pair.

b) *Dangers* de dogmes portant sur des « choses indifférentes » (castes aux Indes) ou de cérémonies nuisant à l'économie du pays.

c) L'implantation locale des religions fait « qu'il y a très souvent beaucoup d'inconvénients à transporter une religion d'un pays dans un autre »; aussi une religion doit-elle avoir « des dogmes particuliers et un culte général ».

19. QUE C'EST MOINS LA VÉRITÉ OU LA FAUSSETÉ D'UN DOGME QUI LE REND UTILE OU PERNICIEUX AUX HOMMES DANS L'ÉTAT CIVIL, QUE L'USAGE OU L'ABUS QUE L'ON EN FAIT

Les dogmes les plus vrais et les plus saints peuvent avoir de très mauvaises conséquences, lorsqu'on ne les lie pas avec

QUESTIONS

14. Quel est, selon Montesquieu, *le plus grand ressort qui soit parmi les hommes?* — Montrez que le dernier paragraphe affirme nettement que le politique doit l'emporter sur le religieux, ou du moins qu'une même logique doit gouverner politique et religion.

15. SUR L'ENSEMBLE DU CHAPITRE 14. — Étudiez l'information et la méthode de Montesquieu dans ce chapitre; appréciez la part scientifique de cette réflexion. Qu'est-ce qui empêche toutefois Montesquieu de véritablement fonder une science des religions?

— Le christianisme n'apparaît-il pas en transparence derrière ce chapitre? Sous quel aspect?

— Sur l'intervention du pouvoir politique dans le domaine religieux, comparez Montesquieu avec Voltaire (*Dictionnaire philosophique*, article « Droit canonique »), Rousseau (*Du contrat social*, IV, 8 : « Il y a donc une profession de foi purement civile dont il appartient au souverain [au peuple] de fixer les articles, non pas précisément comme dogmes de religion, mais comme sentiments de sociabilité sans lesquels il est impossible d'être bon citoyen ni sujet fidèle. Sans pouvoir obliger personne à les croire, il peut bannir de l'État quiconque ne les croit pas. »), et Montesquieu lui-même expliquant au chapitre 12 du livre XXV quelle est la meilleure façon d'éliminer une religion : « Il faut éviter les lois pénales en fait de religion. [...] Il est plus sûr d'attaquer une religion par la faveur, par les commodités de la vie, par l'espérance de la fortune. [...] Règle générale : en fait de changement de religion, les invitations sont plus fortes que les peines. »

les principes de la société; et au contraire, les dogmes les plus faux en peuvent avoir d'admirables, lorsqu'on fait qu'ils se rapportent aux mêmes principes. **(16)**

La religion de Confucius[1] nie l'immortalité de l'âme; et la secte de Zénon[2] ne la croyait pas. Qui le dirait? ces deux sectes ont tiré de leurs mauvais principes des conséquences, non pas justes, mais admirables pour la société.

La religion des Tao[3] et des Foë[4] croit l'immortalité de l'âme; mais de ce dogme si saint, ils ont tiré des conséquences affreuses[5].

Presque par tout le monde, et dans tous les temps, l'opinion de l'immortalité de l'âme, mal prise, a engagé les femmes, les esclaves, les sujets, les amis, à se tuer, pour aller servir dans l'autre monde l'objet de leur respect ou de leur amour. Cela était ainsi dans les Indes occidentales; cela était ainsi chez les Danois; et cela est encore aujourd'hui au Japon, à Macassar[6], et dans plusieurs autres endroits de la terre. **(17)**

Ces coutumes émanent moins directement du dogme de l'immortalité de l'âme, que de celui de la résurrection des corps; d'où l'on a tiré cette conséquence, qu'après la mort

1. *Confucius :* philosophe chinois (551-479 av. J.-C.). Il ne niait sans doute pas l'immortalité de l'âme, à en juger par l'importance qu'il attachait au culte des ancêtres; **2.** *Zénon :* philosophe grec (fin IVe-début IIIe s. av. J.-C.), fondateur du stoïcisme; **3.** Le taoïsme, système philosophique et religieux de la Chine; on en attribue la fondation à Lao-tseu (VIe-Ve siècle av. J.-C.); **4.** Le bouddhisme; **5.** Un philosophe chinois argumente ainsi contre la doctrine des Foë : « Il est dit, dans un livre de cette secte, que notre corps est notre domicile, et l'âme l'hôtesse immortelle qui y loge : mais si le corps de nos parents n'est qu'un logement, il est naturel de le regarder avec le même mépris qu'on a pour un amas de boue et de terre. N'est-ce pas vouloir arracher du cœur la vertu de l'amour des parents? Cela porte de même à négliger le soin du corps, et à lui refuser la compassion et l'affection si nécessaires pour sa conservation : ainsi les disciples de Foë se tuent à milliers. » Ouvrage d'un philosophe chinois, dans le recueil du père du Halde (note de Montesquieu); **6.** *Macassar :* ville de l'île Célèbes. — Montesquieu renvoie en note, pour tout ce passage, à des mémoires et relations du temps. Des fouilles récentes, en Mésopotamie, ont permis de découvrir, autour de squelettes royaux, des restes de soldats, d'esclaves, etc.

QUESTIONS

16. A quel ordre de conséquences Montesquieu peut-il penser? *On ne les lie pas, on fait que :* quelle origine des dogmes ce langage laisse-t-il supposer? (voir XIX, 19).

17. Quelles précautions Montesquieu prend-il dans ces lignes, où il dénonce certaines conséquences du dogme de l'immortalité de l'âme? Le philosophe chinois cité par Montesquieu (voir note 5) argumente-t-il exactement contre l'immortalité de l'âme?

un même individu aurait les mêmes besoins, les mêmes sentiments, les mêmes passions. Dans ce point de vue, le dogme de l'immortalité de l'âme affecte[1] prodigieusement les hommes, parce que l'idée d'un simple changement de demeure est plus à la portée de notre esprit, et flatte plus notre cœur, que l'idée d'une modification nouvelle. **(18)**

Ce n'est pas assez pour une religion d'établir un dogme; il faut encore qu'elle le dirige. C'est ce qu'a fait admirablement bien la religion chrétienne à l'égard des dogmes dont nous parlons; elle nous fait espérer un état que nous croyions, non pas un état que nous sentions ou que nous connaissions; tout, jusqu'à la résurrection des corps, nous mène à des idées spirituelles. **(19) (20)**

24. DES LOIS DE RELIGION LOCALES

Il y a beaucoup de lois locales dans les diverses religions. Et quand Montésuma s'obstinait tant à dire que la religion des Espagnols était bonne pour leur pays, et celle du Mexique pour le sien, il ne disait pas une absurdité, parce qu'en effet les législateurs n'ont pu s'empêcher d'avoir égard à ce que la nature avait établi avant eux. **(21)**

L'opinion de la métempsycose[2] est faite pour le climat des Indes. L'excessive chaleur brûle toutes les campagnes; on

---

1. *Affecter :* ici, faire impression sur; 2. *Métempsycose :* passage d'une âme d'un corps dans un autre.

QUESTIONS

18. Religion et psychologie : montrez que ce paragraphe, derrière une certaine prudence, attribue des origines tout humaines à la religion.

19. Le rôle civique de la religion : quelle action doit-elle avoir sur les sentiments des hommes? A quoi tient la supériorité du christianisme? Cette comparaison qui tourne à son avantage n'est-elle pas, dans son principe même, dangereuse pour lui?

20. SUR L'ENSEMBLE DU CHAPITRE 19. — Montrez que ce chapitre intègre totalement la religion à la politique. Si Montesquieu parle, comme il le dit, en écrivain politique et non en théologien (XXIV, 1), laisse-t-il grande place au théologien?

21. Appréciez la « réponse et explication » que Montesquieu donne sur ce passage à la Faculté de théologie : « Je n'ai jamais pensé à dire autre chose, si ce n'est que Montézuma disait une fausseté, et non une absurdité. On sent aisément la différence. »

n'y peut nourrir que très peu de bétail; on est toujours en danger d'en manquer pour le labourage; les bœufs ne s'y multiplient que médiocrement; ils sont sujets à beaucoup de maladies : une loi de religion qui les conserve, est donc très convenable à la police du pays.

Pendant que les prairies sont brûlées, le riz et les légumes y croissent heureusement, par les eaux qu'on y peut employer : une loi de religion qui ne permet que cette nourriture est donc très utile aux hommes dans ces climats.

La chair des bestiaux n'y a pas de goût; et le lait et le beurre qu'ils en tirent fait une partie de leur subsistance : la loi qui défend de manger et de tuer des vaches n'est donc pas déraisonnable aux Indes[1]. **(22)**

Athènes avait dans son sein une multitude innombrable de peuple; son territoire était stérile : ce fut une maxime religieuse, que ceux qui offraient aux dieux de certains petits présents, les honoraient plus que ceux qui immolaient des bœufs. **(23) (24)**

1. Montesquieu s'appuie, pour y puiser des renseignements, sur des récits de voyages, en particulier sur celui de Bernier.

QUESTIONS

22. Relevez les différents critères sur lesquels Montesquieu s'appuie pour établir la concordance entre la métempsycose et les Indes; de quel ordre sont-ils? Montrez le souci de précision de Montesquieu dans ces appréciations. — Peut-on, comme le critique des *Nouvelles ecclésiastiques*, accuser Montesquieu d'être « un sectateur de la religion naturelle » qui « ramène tout à la nature »? Montrez que Montesquieu ne prêche pas du tout la soumission à la nature et au climat; mais son raisonnement et le vocabulaire même qu'il emploie ne réduisent-ils pas la religion à n'être qu'une modalité de la loi?

23. Quel contraste la lecture de ce paragraphe peut-elle suggérer à l'esprit du lecteur? — Quel effet Montesquieu obtient-il par la disproportion de l'importance accordée à chacune des deux lois locales étudiées dans le chapitre?

24. Sur l'ensemble du chapitre 24. — Quelle accusation principale un tel chapitre a-t-il pu faire naître dans les pays de la chrétienté? — Étudiez ces lignes de Montesquieu dans la *Défense de « l'Esprit des lois » :* « Je sais bien que la religion est indépendante par elle-même de tout effet physique quelconque; que celle qui est bonne dans un pays est bonne dans un autre, et qu'elle ne peut être mauvaise dans un pays sans l'être dans tous; mais je dis que, comme elle est pratiquée par les hommes et pour les hommes, il y a des lieux où une religion quelconque trouve plus de facilité à être pratiquée, soit en tout, soit en partie, dans de certains pays que dans d'autres, et dans de certaines circonstances que dans d'autres : et, dès que quelqu'un dira le contraire, il renoncera au bon sens. »

Problem of religious tolerance

LIVRE XXV

DES LOIS DANS LE RAPPORT QU'ELLES ONT AVEC L'ÉTABLISSEMENT DE LA RELIGION DE CHAQUE PAYS ET SA POLICE EXTÉRIEURE

CHAP. I-II. *Le sentiment religieux.* Montesquieu montre qu'une religion suscitera d'autant plus d'attachement chez ses fidèles qu'elle se conciliera « avec la façon de penser et de sentir des hommes ».

2. DU MOTIF D'ATTACHEMENT POUR LES DIVERSES RELIGIONS

Les diverses religions du monde ne donnent pas à ceux qui les professent des motifs égaux d'attachement pour elles : cela dépend beaucoup de la manière dont elles se concilient avec la façon de penser et de sentir des hommes. **(1)**

Nous sommes extrêmement portés à l'idolâtrie, et cependant nous ne sommes pas fort attachés aux religions idolâtres; nous ne sommes guère portés aux idées spirituelles, et cependant nous sommes très attachés aux religions qui nous font adorer un Être spirituel. C'est un sentiment heureux qui vient en partie de la satisfaction que nous trouvons en nous-mêmes, d'avoir été assez intelligents pour avoir choisi une religion qui tire la divinité de l'humiliation où les autres l'avaient mise. Nous regardons l'idolâtrie comme la religion des peuples grossiers; et la religion qui a pour objet un Être spirituel, comme celle des peuples éclairés[1]. **(2)**

---

1. *Défense de « l'Esprit des lois »*, 2e partie, *Erreur particulière du critique :* « L'auteur n'avait fait cet article que pour expliquer pourquoi les mahométans et les juifs, qui n'ont pas les mêmes grâces que nous, sont aussi invinciblement attachés à leur religion qu'on le sait par expérience; le critique l'entend autrement. « C'est à l'orgueil, « dit-il, que l'on attribue d'avoir fait passer les hommes de l'idolâtrie à l'unité d'un « Dieu. » Mais il n'est question ici, ni dans tout le chapitre, d'aucun passage d'une religion dans une autre; et, si un chrétien sent de la satisfaction à l'idée de la gloire et à la vue de la grandeur de Dieu, et qu'on appelle cela de l'orgueil, c'est un très bon orgueil. »

QUESTIONS

1. Quel est, pour un croyant orthodoxe, le motif de son attachement à sa religion? D'où vient la différence entre ce point de vue univoque et celui de Montesquieu?

Question 2 : voir page suivante.

Quand, avec l'idée d'un Être spirituel suprême, qui forme le dogme, nous pouvons joindre encore des idées sensibles qui entrent dans le culte, cela nous donne un grand attachement pour la religion, parce que les motifs dont nous venons de parler se trouvent joints à notre penchant naturel pour les choses sensibles[1]. Aussi les catholiques, qui ont plus de cette sorte de culte que les protestants, sont-ils plus invinciblement attachés à leur religion que les protestants ne le sont à la leur, et plus zélés pour sa propagation.

Lorsque le peuple d'Éphèse eut appris que les Pères du concile avaient décidé qu'on pouvait appeler la Vierge *Mère de Dieu*, il fut transporté de joie[2]; il baisait les mains des évêques, il embrassait leurs genoux; tout retentissait d'acclamations[3]. (3)

Quand une religion intellectuelle nous donne encore l'idée d'un choix fait par la Divinité, et d'une distinction de ceux qui la professent d'avec ceux qui ne la professent pas, cela nous attache beaucoup à cette religion. Les mahométans ne seraient pas si bons musulmans, si d'un côté il n'y avait pas de peuples idolâtres qui leur font penser qu'ils sont les vengeurs

---

1. Dedieu rapproche ces lignes d'un passage d'un livre de l'Anglais Mandeville, traduit en français en 1722, *Pensées libres sur la religion, l'Église et le bonheur de la nation*, dont Montesquieu a du reste recopié des extraits dans ses cahiers. Mandeville remarque que les intellectuels veulent une « religion intérieure », mais que « la masse générale des hommes, si elle est si peu susceptible de cette religion intérieure, c'est que le vulgaire et les gens incapables de réflexion n'y trouvent rien qui ait quelque relation avec leurs idées grossières et matérielles. Tout est spirituel dans cette religion, et elle n'a rien qui puisse faire la moindre impression sur les sens »; 2. Il s'agit du concile d'Éphèse, en 431; 3. Le manuscrit ajoutait : « On n'a point ces sortes de transports pour la simple découverte de la vérité. Il faut, pour une si grande joie, que cette vérité flatte beaucoup notre penchant naturel. »

QUESTIONS

2. Sur quels faits Montesquieu peut-il fonder cette supériorité des religions spirituelles sur les religions idolâtres? Montrez qu'il distingue en quelque sorte deux domaines religieux, dont l'un est postérieur et supérieur à l'autre et vit de la conscience de ces qualités.

3. Qu'entend Montesquieu par *des idées sensibles* (appuyez-vous sur le paragraphe 4 et la note 3)? — Comparez le point de vue de Montesquieu sur la force respective du catholicisme et du protestantisme avec celui qu'exprimait Usbek : « J'ose le dire : dans l'état présent où est l'Europe, il n'est pas probable que la religion catholique y subsiste cinq cents ans » (*Lettres persanes*, 117). — Comparez les paragraphes 2 et 3 avec le texte de Mandeville cité par la note 1.

de l'unité de Dieu, et de l'autre des chrétiens, pour leur faire croire qu'ils sont l'objet de ses préférences. **(4)**

Une religion chargée de beaucoup de pratiques attache plus à elle qu'une autre qui l'est moins : on tient beaucoup aux choses dont on est continuellement occupé; témoin l'obstination tenace des mahométans et des Juifs, et la facilité qu'ont de changer de religion les peuples barbares et sauvages, qui, uniquement occupés de la chasse ou de la guerre, ne se chargent guère de pratiques religieuses. **(5)**

Les hommes sont extrêmement portés à espérer et à craindre; et une religion qui n'aurait ni enfer ni paradis, ne saurait guère leur plaire. Cela se prouve par la facilité qu'ont eue les religions étrangères à s'établir au Japon, et le zèle et l'amour avec lesquels on les y a reçues[1].

Pour qu'une religion attache, il faut qu'elle ait une morale pure. Les hommes, fripons en détail, sont en gros de très honnêtes gens; ils aiment la morale; et si je ne traitais pas un sujet si grave, je dirais que cela se voit admirablement bien sur les théâtres : on est sûr de plaire au peuple par les sentiments que la morale avoue, et on est sûr de le choquer par ceux qu'elle réprouve. **(6)**

1. La religion chrétienne et les religions des Indes; celles-ci ont un enfer et un paradis, au lieu que la religion des Sintos [shintoïsme] n'en a point (Montesquieu). En fait, si le bouddhisme s'est vite implanté au Japon, le catholicisme, qui y est venu au XVIe siècle, a bientôt été persécuté; il n'y reparaîtra vraiment qu'au XIXe siècle. Du reste le chapitre 14 du livre XXV explique « pourquoi la religion chrétienne est si odieuse au Japon ».

QUESTIONS

4. Ce paragraphe ne pourrait-il fournir une justification à l'intolérance et, à un niveau plus profond, une condamnation de toute religion?

5. Quelle fonction Montesquieu attribue-t-il aux pratiques religieuses dans la vie psychique du croyant? — Ne se trompe-t-il pas sur les peuples sauvages, dont les ethnologues modernes ont montré la minutie extrême dans les rites religieux? D'où peut venir cette erreur (voir aussi XXIV, 14)?

6. Qu'est-ce que cette *morale* qu'aiment *en gros* les honnêtes gens? Le paragraphe 7 ne permet-il pas de l'éclairer? — Cherchez des exemples auxquels appliquer ce que dit Montesquieu du théâtre à la fin du paragraphe 8. Pourquoi la comparaison de l'attitude morale envers le théâtre et la religion pouvait-elle paraître particulièrement hardie? Montrez que des analogies profondes peuvent la justifier, au-delà même des intentions de Montesquieu. — L'importance accordée à la morale dans la religion ne laisse-t-elle pas entrevoir le déisme de Montesquieu? Comparez aux *Lettres persanes*, 46.

Lorsque le culte extérieur a une grande magnificence, cela nous flatte et nous donne beaucoup d'attachement pour la religion. Les richesses des temples et celles du clergé nous affectent beaucoup. Ainsi la misère même des peuples est un motif qui les attache à cette religion, qui a servi de prétexte à ceux qui ont causé leur misère[1]. (7) **(8)**

CHAP. III-VIII. *Les Eglises comme corps sociaux.* Le temple est naturel aux peuples sédentaires, mais le droit d'asile doit être limité aux seuls homicides involontaires. L'existence d'un clergé est rendue nécessaire par la multiplicité des cérémonies; mais le célibat des prêtres peut être nuisible si le clergé est trop nombreux; et les biens ecclésiastiques doivent être limités. Le culte doit proscrire la magnificence, et le pontificat se distinguer du pouvoir politique.

CHAP. IX-XV. *La tolérance.* Après avoir établi le principe de la tolérance, et ses limites, sur des motifs politiques, Montesquieu souligne les dangers d'un changement autoritaire de religion et de l'emploi des lois pénales en matière religieuse. La fin du livre appelle les chrétiens à la tolérance et explique les déboires du christianisme en Asie, où il a mis en conflit lois civiles et religieuses, et a menacé la tranquillité de l'État par des disputes de théologiens.

---

1. Dedieu rapproche ces lignes d'un passage où Mandeville reproche au catholicisme d'avoir introduit « l'idolâtrie, la superstition et tout ce qui a été inventé par un clergé ambitieux pour appauvrir les hommes ».

QUESTIONS

7. Luxe et religion : comparez ce que dit Montesquieu sur le luxe et la démocratie (V, 3); regarde-t-il les deux cas d'un même œil? Pourquoi? Montrez que le paragraphe contient une double attaque contre le catholicisme : sur un plan social et politique, d'une part, sur un plan religieux, de l'autre.

8. SUR L'ENSEMBLE DU CHAPITRE 2. — Récapitulez les différents motifs d'attachement à la religion que Montesquieu découvre; essayez de déterminer à quels niveaux de conscience ils se situent. Sont-ils tous purement psychologiques?

— Montrez la force, dans la méthode et l'analyse, de cet effort pour constituer le sentiment religieux en objet scientifique; essayez de préciser ses insuffisances en confrontant le chapitre avec ces lignes de R. Caillois (ouvrage cité) : « L'homme religieux est avant tout celui pour lequel existent deux milieux complémentaires : l'un où il peut agir sans angoisse ni tremblement, mais où son action n'engage que sa personne superficielle, l'autre où un sentiment de dépendance intime retient, contient, dirige chacun de ses élans et où il se voit compromis sans réserve. Ces deux mondes, celui du sacré et celui du profane, ne se définissent rigoureusement que l'un par l'autre. »

9. DE LA TOLÉRANCE EN FAIT DE RELIGION

Nous sommes ici politiques et non pas théologiens; et, pour les théologiens mêmes, il y a bien de la différence entre tolérer une religion et l'approuver[1].

Lorsque les lois d'un État ont cru devoir souffrir plusieurs religions, il faut qu'elles les obligent aussi à se tolérer entre elles. C'est un principe, que toute religion qui est réprimée, devient elle-même réprimante : car sitôt que, par quelque hasard, elle peut sortir de l'oppression, elle attaque la religion qui l'a réprimée, non pas comme une religion, mais comme une tyrannie.

Il est donc utile[2] que les lois exigent de ces diverses religions, non seulement qu'elles ne troublent pas l'État, mais aussi qu'elles ne se troublent pas entre elles. Un citoyen ne satisfait point aux lois, en se contentant de ne pas agiter le corps de l'État; il faut encore qu'il ne trouble pas quelque citoyen que ce soit. **(9)**

10. CONTINUATION DU MÊME SUJET

Comme il n'y a guère que les religions intolérantes qui aient un grand zèle pour s'établir ailleurs, parce qu'une religion qui peut tolérer les autres ne songe guère à sa propagation, ce sera une très bonne loi civile, lorsque l'État est satisfait

1. Dans le manuscrit, ce chapitre commençait par « Nous pouvons considérer Dieu comme un monarque qui a plusieurs nations dans son empire; elles viennent toutes lui porter leur tribut, et chacune lui parle sa langue »; **2.** Le texte de 1748 portait « Il faut ». Montesquieu a fait cette correction à la demande de Mgr Bottari, qui, en fait, aurait voulu une exception en faveur de la religion chrétienne.

QUESTIONS

9. SUR LE CHAPITRE 9. — Montrez que le point de vue que prend Montesquieu sur le problème de la tolérance est bien strictement politique; cela peut-il expliquer la suppression de la première phrase (voir note 1)? Comparez cette phrase avec certains textes de Voltaire, par exemple l'article « Dieu » du *Dictionnaire philosophique*.
— Comparez ce chapitre aux *Lettres persanes*, 85.

de la religion déjà établie, de ne point souffrir l'établissement d'une autre[1].

Voici donc le principe fondamental des lois politiques en fait de religion. Quand on est maître de recevoir dans un État une nouvelle religion, ou de ne la pas recevoir, il ne faut pas l'y établir; quand elle y est établie, il faut la tolérer. **(10)**

13. TRÈS HUMBLE REMONTRANCE AUX INQUISITEURS[2] D'ESPAGNE ET DE PORTUGAL

Une Juive[3] de dix-huit ans, brûlée à Lisbonne au dernier autodafé[4], donna occasion à ce petit ouvrage; et je crois que

---

1. Je ne parle point dans tout ce chapitre de la religion chrétienne, parce que, comme j'ai dit ailleurs, la religion chrétienne est le premier bien (Montesquieu). L'affirmation qui ouvre ce chapitre avait causé une vive émotion. Les jansénistes ne s'étaient pas montrés les derniers à s'indigner : « C'est, comme on le voit, donner gain de cause aux anciens et aux nouveaux persécuteurs de la religion chrétienne. C'est armer actuellement les princes infidèles contre le christianisme, et leur dire qu'ils ne doivent jamais souffrir que l'on vienne prêcher l'Évangile dans leurs États », écrivent les *Nouvelles ecclésiastiques ;* **2.** L'Inquisition était une juridiction religieuse créée au début du XIIIe siècle pour poursuivre les hérétiques et notamment les albigeois. Elle devint puissante en Espagne, grâce à l'appui du pouvoir temporel; les grands inquisiteurs jouèrent un rôle politique important. Elle subsista en Espagne et au Portugal jusqu'en 1820. Montesquieu a pu connaître plusieurs ouvrages qui dénonçaient la terreur inquisitoriale; **3.** A noter que le problème juif se posait à Bordeaux. La ville abritait des juifs portugais qui avaient presque les mêmes droits que les chrétiens, en vertu de lettres patentes accordées par Henri II en 1550; ces juifs portugais obtinrent du reste un arrêté d'expulsion à l'encontre des juifs du Nord-Est, attirés à Bordeaux par la prospérité de leurs coreligionnaires (1722). Mais, dans les autres villes de France, les juifs souffraient de beaucoup plus nombreuses restrictions; **4.** *Autodafé :* mot portugais qui signifie « acte de foi »; c'était une cérémonie au cours de laquelle on exécutait les sentences prononcées par l'Inquisition (voir *Candide*, VI). Celui-ci eut lieu en 1745.

QUESTIONS

10. SUR LE CHAPITRE 10. — Des commentateurs modernes ont fait grief à Montesquieu de cette restriction à la tolérance; appréciez cette remarque de Faguet : « Je ne vois pas trop ce qui a pu inspirer à Montesquieu ce principe fondamental, restrictif de la liberté. Il n'est pas rationnel, il n'est pas conforme à ses idées générales »; ne peut-on montrer que ce principe relève des mêmes considérations qui ont permis à Montesquieu de fonder la tolérance dans le chapitre précédent? L'autre objection de Faguet est-elle valide : « On ne reçoit pas une religion nouvelle. C'est quand elle est « établie » qu'on s'aperçoit de sa puissance »?

— Le souci affiché par ce chapitre et le précédent de contrôler sévèrement le pouvoir religieux par le pouvoir civil contredit-il quelque peu, comme le veut Dedieu, l'intention de les unir, affirmée par le livre précédent (en particulier chap. 1)?

c'est le plus inutile qui ait jamais été écrit. Quand il s'agit de prouver des choses si claires, on est sûr de ne pas convaincre.

L'auteur déclare que, quoiqu'il soit Juif, il respecte la religion chrétienne, et qu'il l'aime assez pour ôter aux princes qui ne seront pas chrétiens un prétexte plausible pour la persécuter.

« Vous vous plaignez, dit-il aux inquisiteurs, de ce que l'empereur du Japon fait brûler à petit feu tous les chrétiens qui sont dans ses États; mais il vous répondra : Nous vous traitons, vous qui ne croyez pas comme nous, comme vous traitez vous-mêmes ceux qui ne croient pas comme vous : vous ne pouvez vous plaindre que de votre faiblesse, qui vous empêche de nous exterminer, et qui fait que nous vous exterminons.

« Mais il faut avouer que vous êtes bien plus cruels que cet empereur. Vous nous faites mourir, nous qui ne croyons que ce que vous croyez, parce que nous ne croyons pas tout ce que vous croyez. Nous suivons une religion que vous savez vous-mêmes avoir été autrefois chérie de Dieu : nous pensons que Dieu l'aime encore, et vous pensez qu'il ne l'aime plus; et parce que vous jugez ainsi, vous faites passer par le fer et par le feu ceux qui sont dans cette erreur si pardonnable, de croire que Dieu aime encore ce qu'il a aimé[1].

« Si vous êtes cruels à notre égard, vous l'êtes bien plus à l'égard de nos enfants; vous les faites brûler, parce qu'ils suivent les inspirations que leur ont données ceux que la loi naturelle et les lois de tous les peuples leur apprennent à respecter comme des dieux.

« Vous vous privez de l'avantage que vous a donné sur les mahométans la manière dont leur religion s'est établie. Quand ils se vantent du nombre de leurs fidèles, vous leur dites que la force les leur a acquis, et qu'ils ont étendu leur religion par le fer : pourquoi donc établissez-vous la vôtre par le feu?

« Quand vous voulez nous faire venir à vous, nous vous objectons une source dont vous vous faites gloire de des-

1. C'est la source de l'aveuglement des Juifs, de ne pas sentir que l'économie de l'Évangile est dans l'ordre des desseins de Dieu, et qu'ainsi elle est une suite de son immutabilité même (note de Montesquieu).

cendre[1]. Vous nous répondez que votre religion est nouvelle, mais qu'elle est divine; et vous le prouvez parce qu'elle s'est accrue par la persécution des païens et par le sang de vos martyrs; mais aujourd'hui vous prenez le rôle des Dioclétiens[2], et vous nous faites prendre le vôtre.

« Nous vous conjurons, non pas par le Dieu puissant que nous servons, vous et nous, mais par le Christ que vous nous dites avoir pris la condition humaine pour vous proposer des exemples que vous puissiez suivre; nous vous conjurons d'agir avec nous comme il agirait lui-même s'il était encore sur la terre. Vous voulez que nous soyons chrétiens, et vous ne voulez pas l'être.

« Mais si vous ne voulez pas être chrétiens, soyez au moins des hommes : traitez-nous comme vous feriez, si, n'ayant que ces faibles lueurs de justice que la nature nous donne, vous n'aviez point une religion pour vous conduire, et une révélation pour vous éclairer.

« Si le Ciel vous a assez aimés pour vous faire voir la vérité, il vous a fait une grande grâce; mais est-ce aux enfants qui ont eu l'héritage de leur père, de haïr ceux qui ne l'ont pas eu?

« Que si vous avez cette vérité, ne nous la cachez pas par la manière dont vous nous la proposez. Le caractère de la vérité, c'est son triomphe sur les cœurs et les esprits, et non pas cette impuissance que vous avouez lorsque vous voulez la faire recevoir par des supplices.

« Si vous êtes raisonnables, vous ne devez pas nous faire mourir parce que nous ne voulons pas vous tromper. Si votre Christ est le fils de Dieu, nous espérons qu'il nous récompensera de n'avoir pas voulu profaner ses mystères; et nous croyons que le Dieu que nous servons, vous et nous, ne nous punira pas de ce que nous avons souffert la mort pour une religion qu'il nous a autrefois donnée, parce que nous croyons qu'il nous l'a encore donnée.

« Vous vivez dans un siècle où la lumière naturelle est plus vive qu'elle n'a jamais été, où la philosophie a éclairé les esprits, où la morale de votre Évangile a été plus connue, où les droits respectifs des hommes les uns sur les autres, l'empire

---

1. La Bible, origine commune du judaïsme et du christianisme; **2.** *Dioclétien :* empereur qui persécuta les chrétiens de 303 à 313.

Phot. Anderson-Giraudon

L'épreuve du feu.

Panneau d'un retable de l'église Saint-Thomas d'Ávila, peint par Pedro Berruguete. Musée du Prado.

qu'une conscience a sur une autre conscience, sont mieux établis. Si donc vous ne revenez pas de vos anciens préjugés, qui, si vous n'y prenez garde, sont vos passions, il faut avouer que vous êtes incorrigibles, incapables de toute lumière et de toute instruction; et une nation est bien malheureuse, qui donne de l'autorité à des hommes tels que vous.

« Voulez-vous que nous vous disions naïvement notre pensée? Vous nous regardez plutôt comme vos ennemis, que comme les ennemis de votre religion; car, si vous aimiez votre religion, vous ne la laisseriez pas corrompre par une ignorance grossière.

« Il faut que nous vous avertissions d'une chose : c'est que, si quelqu'un dans la postérité ose jamais dire que dans le siècle où nous vivons, les peuples d'Europe étaient policés, on vous citera pour prouver qu'ils étaient barbares; et l'idée que l'on aura de vous sera telle, qu'elle flétrira votre siècle, et portera la haine sur tous vos contemporains. » **(11)**

QUESTIONS

11. Sur le chapitre 13. — Relevez les différents arguments présentés par l'auteur supposé de cette remontrance; leur enchaînement vous semble-t-il linéaire? Montrez qu'on peut les ranger sous trois grandes rubriques : intérêt du christianisme, morale chrétienne, morale humaine; montrez que ces trois types d'arguments se retrouvent successivement dans chacun des trois mouvements dans lesquels on peut décomposer le texte de la remontrance (§ 3-5, 6-10, 11-15); comment cette composition circulaire contribue-t-elle à donner au texte son ampleur et sa force progressives?

— Pourquoi est-il habile, de la part de Montesquieu, d'avoir choisi, parmi les victimes des chrétiens, les juifs?

— Appréciez le procédé employé par Montesquieu pour présenter cet appel à la tolérance. Comparez-le avec celui qu'il a choisi pour combattre l'esclavage (XV, 5). Ne peut-on trouver entre les deux textes, malgré la différence de ton, des traits communs?

— Appréciez cette opinion de Dedieu : « Ces pages généreuses font de Montesquieu le premier grand publiciste qui, en glorifiant la tolérance, l'ait solidement fondée en raison. Elles donnent à sa philosophie religieuse un caractère original très accentué dans la vie des idées politiques au début du XVIIIe siècle. » Cette remontrance efface-t-elle les restrictions du chapitre 10?

LIVRE XXVI

DES LOIS DANS LE RAPPORT QU'ELLES DOIVENT AVOIR AVEC L'ORDRE DES CHOSES SUR LESQUELLES ELLES STATUENT

CHAP. I-II. *Les différents droits.* Montesquieu énumère les différents ordres de lois (droit naturel, droit divin, droit canonique, droit des gens, droit politique, droit de conquête, droit civil, droit domestique) et veut établir dans ce livre que « la sublimité de la raison humaine consiste à savoir bien auquel de ces ordres se rapportent principalement les choses sur lesquelles on doit statuer ». Une première distinction concerne les lois divines et les lois humaines : celles-là, statuent sur le meilleur (elles sont donc éternelles) et font appel à la croyance; celles-ci ne visent qu'au bien (elles sont donc soumises au changement) et doivent avoir recours à la crainte.

CHAP. III-VI. *Droit naturel et droit civil.* Les lois civiles doivent respecter les grandes lois naturelles (instinct de conservation, pudeur, maturité physique et morale, liberté, sentiment familial); mais l'ordre des successions relève du droit politique ou social, et non du droit naturel : « Maxime générale : nourrir ses enfants est une obligation du droit naturel; leur donner sa succession est une obligation du droit civil ou politique. »

CHAP. VII-XIV. *Religion et droits « laïques ».* Le droit naturel doit résister à certains abus de la religion (carême trop long, sabbat). Le droit civil ne peut accorder au droit canonique de punir plus lourdement le vol d'un objet sacré ou d'accepter une demande de divorce présentée par une femme. Dans certains cas (le tribunal de l'Inquisition, par exemple), il faut suivre la loi civile, qui permet, et non la loi de la religion, qui défend. Sur le problème des mariages, et en particulier des mariages entre parents, il convient de faire soigneusement le départ entre droit naturel, droit civil et religion.

CHAP. XV-XXV. *Droit civil, droit politique, droit domestique, droit des gens.*

a) Le droit politique, qui établit la liberté, ne doit pas menacer la propriété, garantie par le droit civil; inversement, les problèmes de succession au trône ne peuvent être réglés « par les mêmes maximes sur lesquelles on décide entre particuliers d'un droit pour une gouttière »; de même, certaines lois instaurant l'ostracisme ou le prêt des épouses sont à considérer sur un plan politique, et non civil.

b) Le droit civil ne peut intervenir dans des problèmes d'ordre purement domestique, ni dans des questions internationales : celles-ci relèvent du droit des gens, qui ne naît que du rapport des forces entre États. Le même droit des gens écarte dans certains cas le droit politique (exemple : l'immunité des ambassadeurs).

c) Une loi politique peut en détruire une autre, quand le salut du peuple est en jeu; le droit civil, lui, doit se distinguer de la simple police, pour les affaires mineures, et même subir d'apparentes violations, si elles sont exigées par la nature des choses (exemple : nullité des obligations civiles passées en mer entre matelots).

15. QU'IL NE FAUT POINT RÉGLER PAR LES PRINCIPES DU DROIT POLITIQUE LES CHOSES QUI DÉPENDENT DES PRINCIPES DU DROIT CIVIL

Comme les hommes ont renoncé à leur indépendance naturelle pour vivre sous des lois politiques, ils ont renoncé à la communauté naturelle des biens pour vivre sous des lois civiles[1].

Ces premières lois leur acquièrent la liberté; les secondes, la propriété. Il ne faut pas décider par les lois de la liberté, qui, comme nous avons dit, n'est que l'empire de la cité, ce qui ne doit être décidé que par les lois qui concernent la propriété. C'est un paralogisme de dire que le bien particulier doit céder au bien public : cela n'a lieu que dans les cas où il s'agit de l'empire de la cité, c'est-à-dire de la liberté du citoyen; cela n'a pas lieu dans ceux où il est question de la propriété des biens, parce que le bien public est toujours que chacun conserve invariablement la propriété que lui donnent les lois civiles.

Cicéron soutenait que les lois agraires étaient funestes, parce que la cité n'était établie que pour que chacun conservât ses biens.

Posons donc pour maxime que, lorsqu'il s'agit du bien public, le bien public n'est jamais que l'on prive un particulier de son bien, ou même qu'on lui en retranche la moindre partie par une loi ou un règlement politique. Dans ce cas, il faut

1. *Lettres persanes*, 94 : « Je n'ai jamais ouï parler du droit public qu'on n'ait commencé par rechercher soigneusement quelle est l'origine des sociétés, ce qui me paraît ridicule. Si les hommes n'en formaient point, s'ils se quittaient et se fuyaient les uns les autres, il faudrait en demander la raison et chercher pourquoi ils se tiennent séparés. Mais ils naissent tous liés les uns aux autres; un fils est né auprès de son père, et il s'y tient : voilà la société et la cause de la société. »

suivre à la rigueur la loi civile, qui est le palladium de la propriété.

Ainsi, lorsque le public a besoin du fonds d'un particulier, il ne faut jamais agir par la rigueur de la loi politique; mais c'est là que doit triompher la loi civile, qui, avec des yeux de mère, regarde chaque particulier comme toute la cité même.

Si le magistrat politique veut faire quelque édifice public, quelque nouveau chemin, il faut qu'il indemnise; le public est à cet égard, comme un particulier qui traite avec un particulier[1]. C'est bien assez qu'il puisse contraindre un citoyen de lui vendre son héritage, et qu'il lui ôte ce grand privilège qu'il tient de la loi civile, de ne pouvoir être forcé d'aliéner son bien.

Après que les peuples qui détruisirent les Romains eurent abusé de leurs conquêtes mêmes, l'esprit de liberté les rappela à celui d'équité; les droits les plus barbares, ils les exercèrent avec modération; et, si l'on en doutait, il n'y aurait qu'à lire l'admirable ouvrage de Beaumanoir[2], qui écrivait sur la jurisprudence dans le XIIe siècle.

On raccommodait de son temps les grands chemins, comme on fait aujourd'hui. Il dit que, quand un grand chemin ne pouvait être rétabli, on en faisait un autre, le plus près de l'ancien qu'il était possible; mais qu'on dédommageait les propriétaires aux frais de ceux qui tiraient quelque avantage du chemin. On se déterminait pour lors par la loi civile; on s'est déterminé de nos jours par la loi politique. **(1)**

---

1. L'ancien droit permettait de percer des chemins à travers les terres des particuliers sans les indemniser; 2. *Philippe de Beaumanoir :* jurisconsulte des pays de coutumes (XIIIe siècle).

QUESTIONS

1. SUR LE CHAPITRE 15. — Montesquieu admet-il dans le premier paragraphe l'idée d'un contrat social? Comparez avec le texte des *Lettres persanes* cité dans la note 1 p. 117.

— La thèse de Cicéron sur le rôle de la propriété dans la naissance de la société (§ 3) est-elle exactement identique à celle qui est posée par Montesquieu lui-même au début du chapitre?

— Liberté et propriété : le passage de l'indépendance à la liberté et celui de la communauté des biens à la propriété sont-ils nécessairement parallèles? Montrez que, si Montesquieu proclame la distinction du politique et du civil, il a soin pourtant d'associer étroitement la propriété à la liberté; pourquoi? Comparez avec la thèse de Rousseau dans le *Discours sur les origines de l'inégalité*. La notion d'équité (§ 7) : Montesquieu n'en fait-il pas le lien entre liberté et propriété?

Suite de la question 1 p. 119.

LIVRE XXVII

DE L'ORIGINE ET DES RÉVOLUTIONS DES LOIS DES ROMAINS SUR LES SUCCESSIONS

Montesquieu établit que les lois successorales des Romains reposent sur une loi politique : le partage des terres opéré par Romulus et le souci d'éviter que les biens d'une famille ne passent dans une autre (d'où l'élimination des parents par femmes).

Il étudie les conséquences (réglementation du droit de tester, en particulier) et les problèmes soulevés (contradiction avec la faculté indéfinie de tester résultant de la toute-puissance des parents sur leurs enfants).

Il analyse ensuite l'évolution historique de ces lois :

— La lutte contre le luxe inspire la loi Voconienne, qui interdit d'instituer une femme héritière;

— La dépopulation après la guerre civile amène à accroître les espoirs de succéder pour ceux qui se marient, d'où restrictions apportées à la loi Voconienne (lois Papiennes);

— La corruption des mœurs ruine la loi Voconienne;

— Enfin l'établissement de la monarchie et de son luxe fait changer tout le système successoral; Justinien supprime toute distinction entre mâles et femelles : « Il crut suivre la nature même, en s'écartant de ce qu'il appela les embarras de l'ancienne jurisprudence. »

[...] C'est un malheur de la condition humaine que les législateurs soient obligés de faire des lois qui combattent les sentiments naturels mêmes : telle fut la loi Voconienne. C'est que les législateurs statuent plus sur la société que sur le citoyen, et sur le citoyen que sur l'homme. La loi sacrifiait et le citoyen et l'homme, et ne pensait qu'à la République. Un homme

QUESTIONS

— L'ambiguïté de la position politique de Montesquieu : confrontez la fin du chapitre (§§ 7 et 8) avec l'article XVII de la *Déclaration des droits de l'homme et du citoyen :* « La propriété étant un droit inviolable et sacré, nul ne peut en être privé, si ce n'est lorsque la nécessité publique, légalement constatée, l'exige évidemment, et sous la condition d'une juste et préalable indemnité. » Commentez cette phrase de Louis Althusser en partant de ce problème précis : « Cet opposant de droite a servi dans la suite du siècle tous les opposants de gauche, avant de donner des armes dans l'avenir de l'histoire à tous les réactionnaires. » Comment expliquer ce paradoxe?

priait son ami de remettre sa succession à sa fille : la loi méprisait dans le testateur les sentiments de la nature; elle méprisait dans la fille la piété filiale; elle n'avait aucun égard pour celui qui était chargé de remettre l'hérédité, qui se trouvait dans de terribles circonstances. La remettait-il, il était un mauvais citoyen; la gardait-il, il était un malhonnête homme. Il n'y avait que les gens d'un bon naturel qui pensassent à éluder la loi; il n'y avait que les honnêtes gens qu'on pût choisir pour l'éluder : car c'est toujours un triomphe à remporter sur l'avarice et les voluptés; et il n'y a que les honnêtes gens qui obtiennent ces sortes de triomphes. Peut-être même y aurait-il de la rigueur à les regarder en cela comme de mauvais citoyens. Il n'est pas impossible que le législateur eût obtenu une grande partie de son objet, lorsque sa loi était telle, qu'elle ne forçait que les honnêtes gens à l'éluder.

Dans le temps que l'on fit la loi Voconienne, les mœurs avaient conservé quelque chose de leur ancienne pureté. On intéressa quelquefois la conscience publique en faveur de la loi, et l'on fit jurer qu'on l'observerait : de sorte que la probité faisait, pour ainsi dire, la guerre à la probité. Mais, dans les derniers temps, les mœurs se corrompirent au point que les fidéicommis durent avoir moins de force pour éluder la loi Voconienne, que cette loi n'en avait pour se faire suivre.

LIVRE XXVIII

DE L'ORIGINE ET DES RÉVOLUTIONS DES LOIS CIVILES CHEZ LES FRANÇAIS

CHAP. I-VIII. *Lois barbares et droit romain.* Montesquieu oppose les lois des Francs (Saliens et Ripuaires) et leur « simplicité admirable » à celles des autres Barbares (Bourguignons, Lombards et surtout Wisigoths), « puériles, gauches, idiotes ». Dans les rapports entre ces lois barbares et le droit romain, il établit deux faits : *a*) la personnalité des lois, principe selon lequel « chacun emporte avec soi, où qu'il aille s'établir, et quel que soit le souverain dont il dépend, le statut juridique de son groupe d'origine » (Halphen), et où Montesquieu voit un souvenir de la liberté originelle des tribus germaines; *b*) la disparition du droit romain là où les codes barbares établissaient, comme ceux des Francs, des distinctions entre Romains et

Barbares, l'avantage étant alors de passer sous la juridiction des envahisseurs; ainsi s'explique l'actuelle distinction entre pays de la France coutumière (ancien royaume des Francs) et pays de droit écrit (anciens royaumes des Burgondes et des Wisigoths).

CHAP. IX-XXXVI. *La juridiction féodale :* Montesquieu analyse comment la naissance de la féodalité en même temps qu'une baisse du niveau culturel en France (« on ne sut plus lire ni écrire ») entraînèrent la disparition des codes barbares comme du droit romain. D'où la naissance de coutumes, dont Montesquieu établit qu'elles ne se confondent pas avec les lois barbares. Il étudie longuement la preuve par le combat : il montre qu'elle est née comme une correction apportée à la pratique des preuves négatives (selon laquelle un serment avait valeur de preuve), acceptée par les lois des Barbares, sauf la loi salique; il cherche quelles justifications on peut trouver à cette preuve par le combat, puis examine son extension et ses conséquences sociologiques (point d'honneur, galanterie, littérature chevaleresque) et juridiques (détail des dispositions, en particulier à propos de l'appel, de la publicité des procès, des dépens, de la partie publique).

17. MANIÈRE DE PENSER DE NOS PÈRES

On sera étonné de voir que nos pères fissent ainsi dépendre l'honneur, la fortune et la vie des citoyens, de choses qui étaient moins du ressort de la raison que du hasard; qu'ils employassent sans cesse des preuves qui ne prouvaient point, et qui n'étaient liées ni avec l'innocence, ni avec le crime.

Les Germains, qui n'avaient jamais été subjugués, jouissaient d'une indépendance extrême[1]. Les familles se faisaient la guerre pour des meurtres, des vols, des injures[2]. On modifia cette coutume, en mettant ces guerres sous des règles; elles se firent par ordre et sous les yeux du magistrat[3]; ce qui était préférable à une licence générale de se nuire.

Comme aujourd'hui les Turcs, dans leurs guerres civiles, regardent la première victoire comme un jugement de Dieu

---

1. Cela paraît par ce que dit Tacite : *la Germanie*, IV (Montesquieu); **2.** Velleius Paterculus, II, 108, dit que les Germains décidaient toutes les affaires par le combat (Montesquieu). — Velleius, historien latin, vécut de 20 av. J.-C. à 49 apr. J.-C.; **3.** Montesquieu renvoie en note aux codes des lois des Barbares et, pour les temps plus modernes, à l'ouvrage de Beaumanoir (voir p. 118, note 2) sur la *Coutume de Beauvaisis*.

qui décide; ainsi, les peuples germains, dans leurs affaires particulières, prenaient l'événement du combat pour un arrêt de la Providence, toujours attentive à punir le criminel ou l'usurpateur[1].

Tacite dit que, chez les Germains, lorsqu'une nation voulait entrer en guerre avec une autre, elle cherchait à faire quelque prisonnier qui pût combattre avec un des siens; et qu'on jugeait par l'événement de ce combat, du succès de la guerre[2]. Des peuples qui croyaient que le combat singulier réglerait les affaires publiques, pouvaient bien penser qu'il pourrait encore régler les différends des particuliers.

Gondebaud, roi de Bourgogne, fut de tous les rois celui qui autorisa le plus l'usage du combat[3]. Ce prince rend raison de sa loi dans sa loi même : « C'est, dit-il, afin que nos sujets ne fassent plus de serment sur des faits obscurs, et ne se parjurent point sur des faits certains. » Ainsi, tandis que les ecclésiastiques déclaraient impie la loi qui permettait le combat[4], la loi des Bourguigons regardait comme sacrilège celle qui établissait le serment. **(1)**

La preuve par le combat singulier avait quelque raison fondée sur l'expérience. Dans une nation uniquement guerrière, la poltronnerie suppose d'autres vices; elle prouve qu'on a résisté à l'éducation qu'on a reçue, et que l'on n'a pas été sensible à l'honneur, ni conduit par les principes qui ont gou-

---

1. Les historiens modernes du droit corroborent cette explication de Montesquieu; **2.** Tacite, *la Germanie*, X : *Victoria hujus vel illius pro praejudicio accipitur* (« la victoire de l'un ou de l'autre est reçue comme une décision anticipée »); **3.** Montesquieu renvoie en note au titre XLV de la loi des Bourguignons. Cette loi, appelée par la suite « loi Gombette », fut publiée dans les premières années du VIe siècle, sous la direction de Gondebaud, roi de 480 à 516; **4.** Voyez les *Œuvres* d'Agobard (Montesquieu). Cet Agobard (779-840) était évêque de Lyon. En 855, le concile de Valence décrète que le vaincu d'un duel judiciaire sera considéré comme un suicidé et le vainqueur un meurtrier. En 867, Nicolas Ier interdit le duel aux clercs.

QUESTIONS

1. Montesquieu ne juxtapose-t-il pas, dans les paragraphes 2 et 3, deux explications différentes du jugement de Dieu? Montrez que si le paragraphe 4 cherche à établir un lien entre elles, il n'en demeure pas moins que : *a*) le combat singulier ne semble pas jouer un rôle aussi décisif dans la pratique publique que dans la pratique privée; *b*) il pèse une équivoque, dont Montesquieu ne paraît pas se soucier, sur la signification religieuse originelle de ce *jugement de Dieu.* Ce dernier problème ne se retrouve-t-il pas dans le paragraphe 5? Peut-il rendre compte de la contradiction que Montesquieu relève sans l'expliquer?

verné les autres hommes; elle fait voir qu'on ne craint point leur mépris, et qu'on ne fait point de cas de leur estime : pour peu qu'on soit bien né, on n'y manquera pas ordinairement de l'adresse qui doit s'allier avec la force, ni de la force qui doit concourir avec le courage; parce que, faisant cas de l'honneur, on se sera toute sa vie exercé à des choses sans lesquelles on ne peut l'obtenir. De plus, dans une nation guerrière, où la force, le courage et la prouesse sont en honneur, les crimes véritablement odieux sont ceux qui naissent de la fourberie, de la finesse et de la ruse, c'est-à-dire de la poltronnerie.

Quant à la preuve par le feu, après que l'accusé avait mis la main sur un fer chaud, ou dans l'eau bouillante, on enveloppait la main dans un sac que l'on cachetait : si, trois jours après, il ne paraissait pas de marque de brûlure, on était déclaré innocent. Qui ne voit que, chez un peuple exercé à manier des armes, la peau rude et calleuse ne devait pas recevoir assez l'impression du fer chaud ou de l'eau bouillante, pour qu'il y parût trois jours après? Et, s'il y paraissait, c'était une marque que celui qui faisait l'épreuve était un efféminé. Nos paysans, avec leurs mains calleuses, manient le fer chaud comme ils veulent. Et quant aux femmes, les mains de celles qui travaillaient, pouvaient résister au fer chaud. Les dames[1] ne manquaient point de champions pour les défendre, et, dans une nation où il n'y avait point de luxe, il n'y avait guère d'état moyen[2].

Par la loi des Thuringiens[3], une femme accusée d'adultère n'était condamnée à l'épreuve par l'eau bouillante, que lorsqu'il ne se présentait point de champion pour elle; et la loi des Ripuaires[4] n'admet cette épreuve que lorsqu'on ne trouve pas de témoins pour se justifier. Mais une femme qu'aucun de ses parents ne voulait défendre, un homme qui ne pouvait alléguer aucun témoignage de sa probité, étaient par cela même déjà convaincus.

Je dis donc que, dans les circonstances des temps où la preuve par le combat et la preuve par le fer chaud et l'eau

---

1. *Dame :* terme qui ne s'appliquait qu'aux personnes de condition noble; 2. Ces réflexions furent inspirées à Montesquieu, comme l'indique la *Pensée* 1953, par la lecture du livre de Legendre, *Mœurs et coutumes des Français* (1712); 3. *Thuringiens :* peuplade de l'Allemagne centrale; 4. Les Francs Ripuaires avaient envahi le massif rhénan de Mayence à Bonn et descendu le Rhin jusqu'à Cologne. Leur territoire, occupé par Clovis, devint ensuite une partie de l'Austrasie.

bouillante furent en usage, il y eut un tel accord de ces lois avec les mœurs, que ces lois produisirent moins d'injustices qu'elles ne furent injustes; que les effets furent plus innocents que les causes; qu'elles choquèrent plus l'équité qu'elles n'en violèrent les droits; qu'elles furent plus déraisonnables que tyranniques. (2) (3)

20. ORIGINE DU POINT D'HONNEUR

On trouve des énigmes dans les codes des lois des Barbares. La loi des Frisons[1] ne donne qu'un demi-sou de composition[2] à celui qui a reçu des coups de bâton; et il n'y a si petite blessure pour laquelle elle n'en donne davantage. Par la loi salique[3], si un ingénu[4] donnait trois coups de bâton à un ingénu, il

1. *Frisons :* peuplade occupant les actuelles provinces septentrionales des Pays-Bas; 2. *Composition :* indemnité versée par le coupable à la victime ou à sa famille et qui mettait fin à toutes poursuites. Les codes barbares fixent ces indemnités avec une minutie surprenante; exemple : « Avoir frappé quelqu'un à la tête de telle façon que le cerveau apparaisse et que les trois os qui le recouvrent soient à nu : 30 sous, etc. »; 3. La loi salique, c'est-à-dire le code des Francs Saliens (installés en Belgique et dans le nord de la France, avant les conquêtes de Clovis, à la fin du ve siècle), fut publiée vers 508; 4. *Ingénu :* homme né libre, par opposition à l'esclave et au serf devenu libre par affranchissement.

QUESTIONS

2. Relevez et classez les différentes raisons que Montesquieu trouve à ces trois anciennes pratiques judiciaires. Expliquez le dernier paragraphe : comment ces lois ont-elles pu être injustes et produire peu d'injustices? N'est-on pas en présence d'une double conception de la justice, l'une absolue et morale, l'autre historique et sociale? Montrez que cette dualité se retrouve à propos de la notion de raison et permet de comprendre : *a*) dans la dernière proposition *(qu'elles furent plus déraisonnables que tyranniques)*, l'opposition, surprenante sous la plume de Montesquieu, entre déraison et tyrannie; *b*) l'apparente contradiction entre cette proposition et la première phrase du paragraphe 6.

3. SUR L'ENSEMBLE DU CHAPITRE 17. — Quelle leçon de psychologie historique Montesquieu donne-t-il dans ce chapitre? Comparez avec ce texte de Voltaire : « Je n'entrerai point dans la discussion de l'ancien gouvernement des Francs, vainqueurs des Gaulois; dans ce chaos de coutumes toutes bizarres, toutes contradictoires; dans l'examen de cette barbarie, de cette anarchie qui a duré si longtemps et sur lesquelles il y a autant de sentiments différents que nous en avons en théologie. On n'a perdu que trop de temps à descendre dans ces abîmes de ruines; et l'auteur de *l'Esprit des lois* a dû s'y égarer comme les autres. »

— Montrez que Montesquieu reste pourtant encore partagé entre une attitude historique et des intentions normatives.

payait trois sous; s'il avait fait couler le sang, il était puni comme s'il avait blessé avec le fer, et il payait quinze sous : la peine se mesurait par la grandeur des blessures. La loi des Lombards[1] établit différentes compositions pour un coup, pour deux, pour trois, pour quatre. Aujourd'hui un coup en vaut cent mille.

La constitution de Charlemagne, insérée dans la loi des Lombards, veut que ceux à qui elle permet le duel, combattent avec le bâton. Peut-être que ce fut un ménagement pour le clergé[2]; peut-être que, comme on étendait l'usage des combats, on voulut les rendre moins sanguinaires. Le capitulaire[3] de Louis le Débonnaire donne le choix de combattre avec le bâton ou avec les armes. Dans la suite il n'y eut que les serfs qui combatissent avec le bâton.

Déjà je vois naître et se former les articles particuliers de notre point d'honneur. L'accusateur commençait par déclarer devant le juge qu'un tel avait commis une telle action; et celui-ci répondait qu'il en avait menti; sur cela, le juge ordonnait le duel. La maxime s'établit que, lorsqu'on avait reçu un démenti, il fallait se battre.

Quand un homme avait déclaré qu'il combattrait, il ne pouvait plus s'en départir; et s'il le faisait, il était condamné à une peine. De là suivit cette règle que, quand un homme s'était engagé par sa parole, l'honneur ne lui permettait plus de la rétracter.

Les gentilshommes se battaient entre eux à cheval et avec leurs armes; et les vilains se battaient à pied et avec le bâton. De là il suivit que le bâton était l'instrument des outrages[4], parce qu'un homme qui en avait été battu, avait été traité comme un vilain.

Il n'y avait que les vilains qui combattissent à visage découvert, ainsi il n'y avait qu'eux qui pussent recevoir des coups sur la face. Un soufflet devint une injure qui devait être lavée

1. *Lombards :* peuplade germanique qui envahit l'Italie à partir de 568 et y installa un royaume puissant, qui sera ruiné par les Francs; Charlemagne se fait couronner roi des Lombards en 774; 2. Voir XXVIII, 17, note 4; 3. Ajouté à la loi salique en l'an 819 (Montesquieu). — On désigne sous le nom de *capitulaire* une ordonnance émanant des rois mérovingiens et carolingiens. *Louis le Débonnaire*, fils de Charlemagne, régna de 814 à 840; 4. Chez les Romains, les coups de bâton n'étaient point infâmes (Montesquieu).

par le sang, parce qu'un homme qui l'avait reçu, avait été traité comme un vilain.

Les peuples germains n'étaient pas moins sensibles que nous au point d'honneur; ils l'étaient même plus. Ainsi les parents les plus éloignés prenaient une part très vive aux injures; et tous leurs codes sont fondés là-dessus. La loi des Lombards veut que celui qui, accompagné de ses gens, va battre un homme qui n'est point sur ses gardes, afin de le couvrir de honte et de ridicule, paie la moitié de la composition qu'il aurait due s'il l'avait tué; et que si, par le même motif, il le lie, il paie les trois quarts de la même composition[1].

Disons donc que nos pères étaient extrêmement sensibles aux affronts; mais que les affronts d'une espèce particulière, comme de recevoir des coups d'un certain intrument sur une certaine partie du corps, et donnés d'une certaine manière, ne leur étaient pas encore connus. Tout cela était compris dans l'affront d'être battu; et, dans ce cas, la grandeur des excès faisait la grandeur des outrages. **(4)**

22. DES MŒURS RELATIVES AUX COMBATS

Notre liaison avec les femmes est fondée sur le bonheur attaché au plaisir des sens, sur le charme d'aimer et d'être aimé, et encore sur le désir de leur plaire, parce que ce sont

1. Tout au long de ces sept paragraphes, de nombreuses notes de Montesquieu renvoient soit aux textes des lois barbares, soit à l'ouvrage de Beaumanoir (voir XXVI, 15, p. 118, note 2).

QUESTIONS

4. Sur le chapitre 20. — Quels sont les points d'honneur dont Montesquieu rend compte ici. Cherchez-en des exemples dans l'histoire et la littérature classiques.

— Montrez combien l'attitude de Montesquieu est historique (§§ 2-6); à quels domaines appartiennent les différents éléments qui déterminent par leurs combinaisons la naissance du sentiment féodal de l'honneur? Quelles différences voyez-vous entre l'honneur germain (§§ 1, 7, 8) et l'honneur féodal; à quelles différences économiques, politiques et morales renvoient-elles? Quand Montesquieu parle des *énigmes* des lois barbares, les tient-il vraiment pour telles (1re phrase du 1er paragraphe)?

— Montesquieu ruine-t-il par de telles analyses l'idée classique d'une nature humaine fixe et immuable (voir en particulier le début du § 7).

— Comment cette conception historique de l'honneur peut-elle s'accorder avec le rôle dévolu à l'honneur, principe de la monarchie, dans la typologie politique anhistorique des premiers livres de *l'Esprit des lois?*

des juges très éclairés sur une partie des choses qui constituent le mérite personnel. Ce désir général de plaire produit la galanterie, qui n'est point l'amour, mais le délicat, mais le léger, mais le perpétuel mensonge de l'amour.

Selon les circonstances différentes dans chaque nation et dans chaque siècle, l'amour se porte plus vers une de ces trois choses que vers les deux autres. Or je dis que, dans le temps de nos combats, ce fut l'esprit de galanterie qui dut prendre des forces.

Je trouve, dans la loi des Lombards, que, si un des champions avait sur lui des herbes propres aux enchantements, le juge les lui faisait ôter, et le faisait jurer qu'il n'en avait plus. Cette loi ne pouvait être fondée que sur l'opinion commune; c'est la peur, qu'on a dit avoir inventé tant de choses, qui fit imaginer ces sortes de prestiges. Comme dans les combats particuliers les champions étaient armés de toutes pièces, et qu'avec des armes pesantes, offensives et défensives, celles d'une certaine trempe et d'une certaine force donnaient des avantages infinis, l'opinion des armes enchantées de quelques combattants dut tourner la tête à bien des gens.

De là naquit le système merveilleux de la chevalerie. Tous les esprits s'ouvrirent à ces idées. On vit, dans les romans, des paladins, des négromants, des fées, des chevaux ailés ou intelligents, des hommes invisibles ou invulnérables, des magiciens qui s'intéressaient à la naissance ou à l'éducation des grands personnages, des palais enchantés et désenchantés; dans notre monde, un monde nouveau; et le cours ordinaire de la nature laissé seulement pour les hommes vulgaires.

Des paladins, toujours armés dans une partie du monde pleine de châteaux, de forteresses et de brigands, trouvaient de l'honneur à punir l'injustice et à défendre la faiblesse. De là encore, dans nos romans, la galanterie fondée sur l'idée de l'amour, jointe à celle de force et de protection.

Ainsi naquit la galanterie, lorsqu'on imagina des hommes extraordinaires, qui, voyant la vertu jointe à la beauté et à la faiblesse, furent portés à s'exposer pour elle dans les dangers, et à lui plaire dans les actions ordinaires de la vie.

Nos romans de chevalerie flattèrent ce désir de plaire, et donnèrent à une partie de l'Europe cet esprit de galanterie, que l'on peut dire avoir été peu connu par les Anciens.

Le luxe prodigieux de cette immense ville de Rome flatta l'idée des plaisirs des sens. Une certaine idée de tranquillité dans les campagnes de la Grèce, fit décrire les sentiments de l'amour[1]. L'idée des paladins, protecteurs de la vertu et de la beauté des femmes, conduisit à celle de la galanterie.

Cet esprit se perpétua par l'usage des tournois, qui, unissant ensemble les droits de la valeur et de l'amour, donnèrent encore à la galanterie une grande importance. (5)

CHAP. XXXVII-XLV. *Naissance du droit moderne.* Montesquieu analyse le code promulgué par Saint Louis; il montre : *a*) son habileté dans son effort pour réprimer les abus sans heurter de front les seigneurs des pays « hors l'obéissance le roi » (« inviter quand il ne faut pas contraindre; conduire quand il ne faut pas commander, c'est l'habileté suprême »); *b*) son importance historique : ces *Etablissements* de Saint Louis « changèrent moins la jurisprudence qu'ils ne donnèrent les moyens de la changer ». Ce changement se traduira un peu plus tard par la suprématie juridique donnée au parlement, par une rénovation de la juridiction (d'abord sur le modèle du droit canonique, puis sous l'influence du droit romain renaissant), par une substitution progressive de la justice du bailli à celle du seigneur. Le couronnement en sera l'établissement de registres d'état civil et surtout la rédaction, et par là même la simplification, des coutumes.

1. On peut voir les romans grecs du Moyen Age (note de Montesquieu).

QUESTIONS

5. SUR LE CHAPITRE 22. — Distinguez et articulez les différentes étapes de l'analyse de Montesquieu : rapports entre combat judiciaire et croyance à la magie, passage de la magie à la littérature (romans de chevalerie), découverte dans la femme d'un objet privilégié de la chevalerie (naissance de la galanterie), éclosion d'un esprit général hors de la littérature (§§ 3-7).

— Les trois formes de rapports entre hommes et femmes et leurs expressions littéraires : confrontez à ce sujet les paragraphes 1 et 8; cherchez des exemples dans les littératures grecque et latine; la littérature fantastique et chevaleresque de tradition celtique, si importante aux XIIe-XIVe siècles, n'est-elle pas souvent plus proche de l'amour-passion que de la galanterie? Pourquoi Montesquieu néglige-t-il cette influence celtique? Ne veut-il pas dresser un système trop linéaire?

— Soulignez l'originalité de cette étude des rapports de la littérature avec les institutions sociales. Montrez que Montesquieu établit une réciprocité d'influences entre littérature et société.

LIVRE XXIX

DE LA MANIÈRE DE COMPOSER LES LOIS

CHAP. I. Avant tout, recherchez la modération : « Le bien politique [...] se trouve toujours entre deux limites. » Cette recherche doit s'appuyer sur une analyse du contexte où s'inscrit la loi.

CHAP. II-XIV. *Les lois et leur contexte.* Des lois peuvent atteindre leurs fins en paraissant s'en écarter; des lois peuvent sembler identiques et chercher des fins différentes, ou obéir à des motifs différents; des lois peuvent paraître contraires et dériver du même esprit. Une loi ne doit jamais être jugée isolément, mais dans son rapport avec les autres lois, avec son objet, avec les circonstances de sa naissance.

11. DE QUELLE MANIÈRE DEUX LOIS DIVERSES PEUVENT ÊTRE COMPARÉES[1]

En France, la peine contre les faux témoins est capitale; en Angleterre, elle ne l'est point. Pour juger laquelle de ces deux lois est la meilleure, il faut ajouter : en France, la question contre les criminels est pratiquée; en Angleterre elle ne l'est point; et dire encore : en France, l'accusé ne produit point ses témoins, et il est très rare qu'on y admette ce que l'on appelle les faits justificatifs[2]; en Angleterre, l'on reçoit les témoignages de part et d'autre. Les trois lois françaises forment un système très lié et très suivi; les trois lois anglaises en forment un qui ne l'est pas moins. La loi d'Angleterre, qui ne connaît point la question contre les criminels, n'a que peu d'espérance de tirer de l'accusé la confession de son crime; elle appelle donc de tous côtés les témoignages étrangers, et elle n'ose les décourager par la crainte d'une peine capitale. La loi française, qui a une ressource de plus, ne craint pas tant d'intimider les témoins; au contraire, la raison demande qu'elle les intimide : elle n'écoute que les témoins d'une part[3]; ce sont ceux

---

1. Dans l'édition de 1748, ce chapitre était intitulé : « Comment il faut juger de la différence des lois »; 2. *Faits justificatifs :* faits qui, sans contredire la réalité du crime, justifient l'acte de l'accusé et empêchent sa condamnation: la légitime défense, par exemple; 3. Par l'ancienne jurisprudence française, les témoins étaient ouïs des deux parts. Aussi voit-on dans les *Etablissements de Saint Louis*, I, 7, que la peine contre les faux témoins en justice était pécuniaire (Montesquieu).

que produit la partie publique; et le destin de l'accusé dépend de leur seul témoignage. Mais, en Angleterre, on reçoit les témoins des deux parts, et l'affaire est, pour ainsi dire, discutée entre eux. Le faux témoignage y peut donc être moins dangereux; l'accusé y a une ressource contre le faux témoignage, au lieu que la loi française n'en donne point. Ainsi, pour juger lesquelles de ces lois sont les plus conformes à la raison, il ne faut pas comparer chacune de ces lois à chacune; il faut les prendre toutes ensemble, et les comparer toutes ensemble[1]. **(1)**

13. QU'IL NE FAUT POINT SÉPARER LES LOIS DE L'OBJET POUR LEQUEL ELLES SONT FAITES. DES LOIS ROMAINES SUR LE VOL

Lorsque le voleur était surpris avec la chose volée avant qu'il l'eût portée dans le lieu où il avait résolu de la cacher, cela était appelé chez les Romains un vol manifeste; quand le voleur n'était découvert qu'après, c'était un vol non manifeste.

1. Dans son *Commentaire du livre XXIX de « l'Esprit des lois »*, Condorcet (1743-1794) écrit : « Pour que le principe établi dans ce chapitre fût vrai, il faudrait qu'un système de lois, où il en entrerait d'injustes, pût être bon. Autrement il est beaucoup plus simple de juger séparément chaque loi, de voir si elle ne choque pas la justice, le droit naturel. Si elle y est contraire, alors il faut la rejeter; et dans le cas où elle aurait une utilité locale, la remplacer par une autre loi, qui aurait les mêmes effets sans blesser la justice. [...] Qu'on nous permette seulement d'être un peu surpris que la barbarie de la torture, le refus injuste et tyrannique d'admettre à la preuve des faits justificatifs et la loi équivoque et peut-être trop rigoureuse contre les faux témoins soient présentés par Montesquieu comme formant un système de législation dont il faille examiner l'ensemble. Si c'est un persiflage, il n'est pas assez marqué. »

QUESTIONS

1. SUR LE CHAPITRE 11. — Montrez l'extrême cohérence de la démonstration de Montesquieu (voir en particulier note 3, p. 129). Quelle conception de la loi positive établit-elle?

— Dégagez les différentes objections de Condorcet; montrez qu'il méconnaît l'intention de Montesquieu, qui est d'abord d'expliquer. Montesquieu s'interdit-il pour autant de juger (voir VI, 17 et dernière phrase du chapitre)? Sa méthode vous semble-t-elle préférable à celle que propose Condorcet? Si chaque loi s'intègre dans un système rationnel, comme le montre Montesquieu, peut-on encore, au nom de la raison, lui en préférer une autre? Comparez avec XXVIII, 17. Quelles différences peut-on relever entre les conceptions que se font de la raison Montesquieu et Condorcet?

La loi des Douze Tables[1] ordonnait que le voleur manifeste fût battu de verges, et réduit en servitude s'il était pubère; ou seulement battu de verges s'il était impubère : elle ne condamnait le voleur non manifeste qu'au payement du double de la chose volée.

Lorsque la loi Porcia eut aboli l'usage de battre de verges les citoyens, et de les réduire en servitude, le voleur manifeste fut condamné au quadruple, et on continua à punir du double le voleur non manifeste[2].

Il paraît bizarre que ces lois missent une telle différence dans la qualité de ces deux crimes, et dans la peine qu'elles infligeaient : en effet, que le voleur fût surpris avant ou après avoir porté le vol dans le lieu de sa destination, c'était une circonstance qui ne changeait point la nature du crime[3]. Je ne saurais douter que toute la théorie des lois romaines sur le vol ne fût tirée des institutions lacédémoniennes. Lycurgue, dans la vue de donner à ses citoyens de l'adresse, de la ruse, et de l'activité, voulut qu'on exerçât les enfants au larcin, et qu'on fouettât rudement ceux qui s'y laisseraient surprendre : cela établit chez les Grecs, et ensuite chez les Romains, une grande différence entre le vol manifeste et le vol non manifeste.

Chez les Romains, l'esclave qui avait volé était précipité de la roche Tarpéienne. Là il n'était point question des institutions lacédémoniennes; les lois de Lycurgue sur le vol n'avaient point été faites pour les esclaves; c'était les suivre que de s'en écarter en ce point.

A Rome, lorsqu'un impubère avait été surpris dans le vol, le préteur le faisait battre de verges à sa volonté, comme on faisait à Lacédémone. Tout ceci venait de plus loin. Les Lacédémoniens avaient tiré ces usages des Crétois; et Platon, qui veut prouver que les institutions des Crétois étaient faites pour la guerre, cite celle-ci : « La faculté de supporter la douleur dans les combats particuliers, et dans les larcins qui obligent de se cacher. »

---

1. La *loi des Douze Tables* (451-449) est le premier recueil publié des lois civiles de Rome. Son texte ne nous est pas parvenu; **2.** La *loi Porcia* (ou *Portia*) interdisait de mettre à mort un citoyen romain. La distinction que mentionne ici Montesquieu dura jusqu'à Justinien (publication du code Justinien en 527); **3.** Commentaire de Condorcet : « La différence de la peine peut n'avoir eu d'autre motif que la certitude de l'un de ces vols, et la difficulté de prouver l'autre. [...] C'est une jurisprudence assez naturelle chez un peuple encore à demi sauvage, qui regarde la punition des crimes plus comme un acte de vengeance réglé par la loi que comme un acte de justice. »

Comme les lois civiles dépendent des lois politiques, parce que c'est toujours pour une société qu'elles sont faites, il serait bon que, quand on veut porter une loi civile d'une nation chez une autre, on examinât auparavant si elles ont toutes les deux les mêmes institutions et le même droit politique.

Ainsi, lorsque les lois sur le vol passèrent des Crétois aux Lacédémoniens, comme elles y passèrent avec le gouvernement et la constitution même, ces lois furent aussi sensées chez un de ces peuples qu'elles l'étaient chez l'autre. Mais, lorsque de Lacédémone elles furent portées à Rome, comme elles n'y trouvèrent pas la même constitution, elles y furent toujours étrangères, et n'eurent aucune liaison avec les autres lois civiles des Romains. (2)

CHAP. XV-XIX. *Composition des lois.* Il faut prévenir tous les excès que pourrait entraîner une mauvaise interprétation de la loi. Un style concis, simple; la proscription des exceptions ou limitations équivoques ou vagues, et des conventions particulières qui permettraient de déroger à la loi : « Les lois ne doivent point être subtiles; elles sont faites pour des gens de médiocre entendement : elles ne sont point un art de logique, mais la raison simple d'un père de famille. » Lorsqu'elles présentent leurs motifs, qu'ils soient sérieux et raisonnables. Laisser la moindre place possible à l'estimation personnelle du juge et surtout ne pas choquer la nature des choses, et se garder de toute arrière-pensée : « Il faut dans les lois une certaine candeur. » Enfin, le législateur se gardera de l'uniformité et, autant que possible, de ses passions.

QUESTIONS

2. SUR LE CHAPITRE 13. — Montrez qu'il s'agit ici non pas de justifier à tout prix la loi romaine malgré son apparence bizarre, mais d'expliquer d'où provient cette bizarrerie. Analysez les différentes étapes du raisonnement. Comparez cette démarche avec celle du chapitre 11; montrez qu'elle est à la fois symétrique et inverse, et procède des mêmes principes; ne retrouve-t-on pas un écho du chapitre 11 à la fin des paragraphes 4 et 6?

— La réussite de Montesquieu est-elle égale dans ce chapitre à celle du chapitre 11? Montrez que, malgré des précautions certaines (§ 5), la méthode est ici moins rigoureuse; s'agit-il d'une véritable induction?

— Appréciez l'objection de Condorcet; ne présente-t-elle pas de fortes présomptions de vraisemblance (note 3)? Montrez toutefois la supériorité de Montesquieu dans les deux derniers paragraphes.

— Peut-on concilier l'attitude qu'adopte ici Montesquieu avec la thèse qu'il soutenait dans les *Lettres persanes*, 82 : « La Justice est un rapport de convenance qui se trouve réellement entre deux choses; ce rapport est toujours le même, quelque être qui le considère. »

18. DES IDÉES D'UNIFORMITÉ

Il y a de certaines idées d'uniformité qui saisissent quelquefois les grands esprits (car elles ont touché Charlemagne[1]), mais qui frappent infailliblement les petits. Ils y trouvent un genre de perfection qu'ils reconnaissent, parce qu'il est impossible de ne le pas découvrir : les mêmes poids dans la police, les mêmes mesures dans le commerce, les mêmes lois dans l'État, la même religion dans toutes ses parties. Mais cela est-il toujours à propos sans exception? Le mal de changer est-il toujours moins grand que le mal de souffrir? Et la grandeur du génie ne consisterait-elle pas mieux à savoir dans quel cas il faut l'uniformité, et dans quel cas il faut des différences[2]?

A la Chine, les Chinois sont gouvernés par le cérémonial chinois, et les Tartares par le cérémonial tartare : c'est pourtant le peuple du monde qui a le plus la tranquillité pour objet. Lorsque les citoyens suivent les lois, qu'importe qu'ils suivent la même[3]? (3)

---

1. Condorcet considère que citer le « grand esprit » de Charlemagne dans une discussion philosophique au XVIIIe siècle est une « plaisanterie »; **2.** Condorcet : « La grandeur du génie est une de ces phrases vagues qui frappent les petits esprits et qui les séduisent, qui plaisent aux hommes corrompus et sont adoptées par eux »; **3.** Le manuscrit ajoutait, se référant au principe de la personnalité des lois, établi par le chapitre 2 du livre XXVIII : « Nous avons dit qu'après l'invasion de l'Empire romain chacun vécut dans la paix sous les lois du peuple qu'il choisissait. » Condorcet commente en ces termes la fin de ce chapitre : « Il importe qu'ils suivent de bonnes lois; et comme il est difficile que deux lois différentes soient également justes, également utiles, il importe encore qu'ils suivent la meilleure, il importe enfin qu'ils suivent la même, par la raison que c'est un moyen de plus d'établir de l'égalité entre les hommes. Quel rapport le cérémonial tartare ou chinois peut-il avoir avec les lois? Cet article semble annoncer que Montesquieu regardait la législation comme un jeu, où il est indifférent de suivre telle ou telle règle, pourvu qu'on suive la règle établie, quelle qu'elle puisse être. »

QUESTIONS

3. SUR LE CHAPITRE 18. — A quels aspects de la législation de l'Ancien Régime Montesquieu pense-t-il ici? L'énumération (l. 5-7) ne met-elle pas sur le même plan des éléments dissemblables? Quel bénéfice Montesquieu tire-t-il de ce procédé assez sophistique?

— Le principal argument en faveur du « conservatisme »; comparez avec Montaigne, *Essais*, I, 23 : « Il y a grand doute s'il se peut trouver aussi évident profit au changement d'une loi reçue, telle qu'elle soit, qu'il y a de mal à la remuer : d'autant qu'une police, c'est comme un bâtiment de diverses pièces jointes ensemble, d'une telle liaison, qu'il est impossible d'en ébranler une, que tout le corps ne s'en sente. »

— Relevez les principaux reproches de Condorcet, tant sur la méthode que sur les conclusions de Montesquieu. Quelles conceptions se heurtent ici sur les rapports entre droit naturel et droit positif?

LIVRE XXX

THÉORIE DES LOIS FÉODALES CHEZ LES FRANCS DANS LE RAPPORT QU'ELLES ONT AVEC L'ÉTABLISSEMENT DE LA MONARCHIE

CHAP. I-II. *Objet et sources.* Les lois féodales, qui représentent un événement unique dans l'histoire, s'expliquent à partir des mœurs des Germains, comme le prouve la confrontation des codes barbares avec les textes de César et de Tacite.

CHAP. III-IV. *Origines du vasselage.* Les princes germains étaient entourés de vassaux, liés à eux par l'honneur, mais ne recevant d'eux aucune terre : « Les fiefs étaient des chevaux de bataille, des armes, des repas. » Les princes les consultaient avant chaque expédition : « La monarchie avait son allure par des ressorts qu'il fallait toujours remonter. »

CHAP. V-XI. *Origines des servitudes.* Montesquieu démontre que les Barbares n'ont pas usurpé les terres des Romains pour y établir, par un système de fiefs et de servitudes, un régime qui « aurait eu une puissance aussi arbitraire que celle du Sultan l'est en Turquie » :

1° Il y eut partage des terres entre Romains et Barbares;

2° La servitude de la glèbe était déjà instaurée dans l'Empire romain;

3° Les Romains propriétaires restèrent libres (réfutation des thèses de Boulainvilliers).

Si les servitudes étaient si nombreuses sous les premiers Capétiens, c'est par suite de la multiplication des guerres civiles entre les Francs.

CHAP. XII-XXII. *Origines des droits seigneuriaux.* Montesquieu réfute maintenant la thèse de l'abbé Dubos, selon laquelle les rois francs auraient reconduit le « census » romain, dont les droits fiscaux des seigneurs auraient ensuite dérivé par usurpation :

1° Les Francs qui n'étaient point serfs ne payaient pas de tribut; les impôts des Romains et des Gaulois furent convertis en obligations militaires; ce qu'on a appelé par analogie « census » consistait en droits économiques et non fiscaux, privés et non publics, dus par les serfs;

2° Quand les rois donnèrent à leurs vassaux (appelés « leudes » ou « antrustions ») des fiefs (d'abord amovibles, puis héréditaires), que ceux-ci répartirent entre des arrière-vassaux, des droits judiciaires et fiscaux y étaient inhérents, puisque, selon les coutumes des Germains, le droit de justice était attaché à la puissance militaire.

14. DE CE QU'ON APPELAIT CENSUS

Lorsque les Barbares sortirent de leur pays, ils voulurent rédiger par écrit leurs usages; mais comme on trouva de la difficulté à écrire des mots germains avec des lettres romaines, on donna ces lois en latin.

Dans la confusion de la conquête et de ses progrès, la plupart des choses changèrent de nature; il fallut, pour les exprimer, se servir des anciens mots latins qui avaient le plus de rapport aux nouveaux usages. Ainsi, ce qui pouvait réveiller d'idée de l'ancien cens des Romains, on le nomma *census*, *tributum;* et, quand les choses n'y eurent aucun rapport quelconque, on exprima, comme on put, les mots germains avec des lettres romaines : ainsi on forma le mot *fredum*, dont je parlerai beaucoup dans les chapitres suivants[1].

Les mots *census* et *tributum* ayant été ainsi employés d'une manière arbitraire, cela a jeté quelque obscurité dans la signification qu'avaient ces mots dans la première et dans la seconde race : et des auteurs modernes, qui avaient des systèmes particuliers[2], ayant trouvé ce mot dans les écrits de ces temps-là, ils ont jugé que ce qu'on appelait *census* était précisément le cens des Romains; et ils en ont tiré cette conséquence, que nos rois des deux premières races s'étaient mis à la place des empereurs romains, et n'avaient rien changé à leur administration[3]. Et comme de certains droits levés dans la seconde race[4] ont été, par quelques hasards et par de certaines modifications, convertis en d'autres, ils en ont conclu que ces droits étaient le cens des Romains : et, comme depuis les règlements modernes ils ont vu que le domaine de la couronne était absolument inaliénable, ils ont dit que ces droits, qui représentaient

1. Le *fredum* est un droit payé en échange de la protection qu'assure le code contre le droit de vengeance; 2. M. l'abbé Dubos et ceux qui l'ont suivi (note de Montesquieu). L'abbé Dubos (1670-1742) est l'auteur de l'*Histoire critique de l'établissement de la monarchie française dans les Gaules* (1734); 3. La thèse de Dubos est exagérée; mais il est certain que les Mérovingiens et les Carolingiens ont essayé de percevoir les impôts romains. Ils furent incapables de tenir à jour les registres. On ne sait pas si les Francs étaient tenus d'acquitter ces impôts; 4. *La seconde race :* les Carolingiens, qui succèdent en 751 aux Mérovingiens.

le cens des Romains, et qui ne forment pas une partie de ce domaine, étaient de pures usurpations. Je laisse les autres conséquences.

Transporter dans les siècles reculés toutes les idées du siècle où l'on vit, c'est des sources de l'erreur celle qui est la plus féconde. A ces gens qui veulent rendre modernes tous les siècles anciens, je dirai ce que les prêtres d'Égypte dirent à Solon : « O Athéniens! vous n'êtes que des enfants. » **(1)**

CHAP. XXIII-XXV. *Réfutation de deux thèses de l'abbé Dubos.* Montesquieu s'appuie sur force textes pour nier que les Francs aient été appelés par les Romains et qu'il n'y eût pas de noblesse chez les Francs.

25. DE LA NOBLESSE FRANÇAISE

Monsieur l'abbé Dubos[1] soutient que, dans les premiers temps de notre monarchie, il n'y avait qu'un seul ordre de citoyens parmi les Francs. Cette prétention injurieuse au sang de nos premières familles, ne le serait pas moins aux trois grandes maisons qui ont successivement régné sur nous. L'origine de leur grandeur n'irait donc point se perdre dans l'oubli, la nuit, et le temps? L'histoire éclairerait des siècles où elles auraient été des familles communes; et, pour que Chilpéric, Pépin et Hugues Capet fussent gentilshommes il faudrait aller chercher leur origine parmi les Romains ou les Saxons, c'est-à-dire parmi les nations subjuguées?

M. l'abbé Dubos fonde son opinion sur la loi salique. Il est clair, dit-il, par cette loi, qu'il n'y avait point deux ordres de citoyens chez les Francs. Elle donnait deux cents sous de composition[2] pour la mort de quelque Franc que ce fût; mais elle distinguait, chez les Romains, le Convive du roi, pour la mort duquel elle donnait trois cents sous de composition,

1. *Abbé Dubos :* voir page 135, note 2; **2.** *Composition :* amende fixée par les codes barbares en punition d'un crime.

QUESTIONS

1. SUR LE CHAPITRE 14. — Appréciez cette leçon de méthode historique. Rapprochez de ce texte cette phrase d'Augustin Thierry : « Le grand précepte qu'il faut donner aux historiens, c'est distinguer au lieu de confondre » *(Lettres sur l'histoire de France).*

du Romain Possesseur à qui elle en donnait cent, et du Romain Tributaire à qui elle n'en donnait que quarante-cinq. Et, comme la différence des compositions faisait la distinction principale, il conclut que, chez les Francs, il n'y avait qu'un ordre de citoyens, et qu'il y en avait trois chez les Romains.

Il est surprenant que son erreur même ne lui ait pas fait découvrir son erreur. En effet, il eût été bien extraordinaire que les nobles Romains qui vivaient sous la domination des Francs, y eussent eu une composition plus grande, et y eussent été des personnages plus importants que les plus illustres des Francs, et leurs plus grands capitaines. Quelle apparence que le peuple vainqueur eût si peu de respect pour lui-même, et qu'il en eût eu tant pour le peuple vaincu? De plus, M. l'abbé Dubos cite les lois des autres nations barbares, qui prouvent qu'il y avait parmi eux divers ordres de citoyens. Il serait bien extraordinaire que cette règle générale eût précisément manqué chez les Francs. Cela aurait dû lui faire penser qu'il entendait mal, ou qu'il appliquait mal les textes de la loi salique : ce qui lui est effectivement arrivé.

On trouve, en ouvrant cette loi, que la composition pour la mort d'un antrustion[1], c'est-à-dire d'un fidèle ou vassal du roi, était de six cents sous, et que celle pour la mort d'un Romain, convive du roi, n'était que de trois cents. On y trouve que la composition pour la mort d'un simple Franc était de deux cents sous, et que celle pour la mort d'un Romain d'une condition ordinaire, n'était que de cent. On payait encore pour la mort d'un Romain tributaire, espèce de serf ou d'affranchi, une composition de quarante-cinq sous; mais je n'en parlerai point, non plus que de celle pour la mort du serf Franc, ou de l'affranchi Franc : il n'est point ici question de ce troisième ordre de personnes[2].

Que fait M. l'abbé Dubos? Il passe sous silence le premier ordre de personnes chez les Francs, c'est-à-dire, l'article qui concerne les antrustions; et ensuite, comparant le Franc ordinaire pour la mort duquel on payait deux cents sous de composition, avec ceux qu'il appelle des trois ordres chez les Romains, et pour la mort desquels on payait des compositions différentes,

---

1. *Antrustion :* volontaire qui suivait les chefs francs dans leurs expéditions; **2.** Les historiens modernes abondent dans le sens de Montesquieu.

il trouve qu'il n'y avait qu'un seul ordre de citoyens chez les Francs, et qu'il y en avait trois chez les Romains.

Comme, selon lui, il n'y avait qu'un seul ordre de personnes chez les Francs, il eût été bon qu'il n'y en eût eu qu'un aussi chez les Bourguignons, parce que leur royaume forma une des principales pièces de notre monarchie. Mais il y a dans leurs codes trois sortes de compositions : l'une pour le noble Bourguignon ou Romain, l'autre pour le Bourguignon ou Romain d'une condition médiocre, la troisième pour ceux qui étaient d'une condition inférieure dans les deux nations. M. l'abbé Dubos n'a point cité cette loi. **(2)**

Il est singulier de voir comment il échappe aux passages qui le pressent de toutes parts. Lui parle-t-on des grands, des seigneurs, des nobles? Ce sont, dit-il, de simples distinctions, et non pas des distinctions d'ordre; ce sont des choses de courtoisie, et non pas des prérogatives de la loi : ou bien, dit-il, les gens dont on parle étaient du conseil du roi; ils pouvaient même être des Romains; mais il n'y avait toujours qu'un seul ordre de citoyens chez les Francs. D'un autre côté, s'il est parlé de quelque Franc d'un rang inférieur, ce sont des serfs; et c'est de cette manière qu'il interprète le décret de Childebert[1]. Il est nécessaire que je m'arrête sur ce décret. M. l'abbé Dubos l'a rendu fameux, parce qu'il s'en est servi pour prouver deux choses : l'une, que toutes les compositions que l'on trouve dans les lois des Barbares, n'étaient que des intérêts civils ajoutés aux peines corporelles, ce qui renverse de fond en comble tous les anciens monuments; l'autre, que tous les hommes libres étaient jugés directement et immédiatement par le roi, ce qui est contredit par une infinité de passages et d'autorités qui nous font connaître l'ordre judiciaire de ces temps-là.

Il est dit dans ce décret, fait dans une assemblée de la nation, que si le juge trouve un voleur fameux, il le fera lier pour

1. Édit de Childebert (596); sur ce point aussi les historiens donnent raison à Montesquieu.

QUESTIONS

2. Analysez et appréciez la méthode critique de Montesquieu : étude de la cohérence de l'hypothèse de Dubos, appel à la logique, retour aux textes, souci de tenir compte de la totalité des textes, etc. Le préjugé nobiliaire n'est-il pourtant pas à l'origine de cette critique (§ 1)?

être envoyé devant le roi, si c'est un Franc *(Francus)* ; mais si c'est une personne plus faible *(debilior persona)*, il sera pendu sur le lieu. Selon M. l'abbé Dubos, *Francus* est un homme libre, *debilior persona* est un serf. J'ignorerai pour un moment ce que peut signifier ici le mot *Francus;* et je commencerai par examiner ce qu'on peut entendre par ces mots : *une personne plus faible*. Je dis que, dans quelque langue que ce soit, tout comparatif suppose nécessairement trois termes, le plus grand, le moindre, et le plus petit. S'il n'était ici question que des hommes libres et des serfs, on aurait dit *un serf*, et non pas *un homme d'une moindre puissance*. Ainsi *debilior persona* ne signifie point là un serf, mais une personne au-dessous de laquelle doit être le serf. Cela supposé, *Francus* ne signifiera pas un homme libre, mais un homme puissant : et *Francus* est pris ici dans cette acception, parce que, parmi les Francs, étaient toujours ceux qui avaient dans l'État une plus grande puissance, et qu'il était plus difficile au juge ou au comte de corriger. Cette explication s'accorde avec un grand nombre de capitulaires, qui donnent les cas dans lesquels les criminels pouvaient être renvoyés devant le roi, et ceux où ils ne le pouvaient pas.

On trouve dans la *Vie de Louis le Débonnaire*, écrite par Tégan[1], que les évêques furent les principaux auteurs de l'humiliation de cet empereur, surtout ceux qui avaient été serfs, et ceux qui étaient nés parmi les Barbares. Tégan apostrophe ainsi Hébon, que ce prince avait tiré de la servitude, et avait fait archevêque de Reims : « Quelle récompense l'empereur a-t-il reçu de tant de bienfaits! Il t'a fait libre, et non pas noble; il ne pouvait pas te faire noble après t'avoir donné la liberté. »

Ce discours, qui prouve si formellement deux ordres de citoyens, n'embarrasse point M. l'abbé Dubos. Il répond ainsi : « Ce passage ne veut point dire que Louis le Débonnaire n'eût pas pu faire entrer Hébon dans l'ordre des nobles. Hébon, comme archevêque de Reims, eût été du premier ordre, supérieur à celui de la noblesse. » Je laisse au lecteur à décider si ce passage ne le veut point dire; je lui laisse à juger s'il est

1. *Tégan :* archevêque de Trêves, qui écrivit en 835 une *Vita Hludowici imperatoris*. — Louis le Débonnaire, qui succéda à Charlemagne en 814, fut, en 833, jugé, condamné et déposé par ses fils, mais rétabli en 835.

ici question d'une préséance du clergé sur la noblesse. « Ce passage prouve seulement, continue M. l'abbé Dubos, que les citoyens nés libres étaient qualifiés de nobles hommes : dans l'usage du monde, noble homme, et homme né libre, ont signifié longtemps la même chose. » Quoi! sur ce que, dans nos temps modernes, quelques bourgeois ont pris la qualité de nobles hommes, un passage de la *Vie de Louis le Débonnaire* s'appliquera à ces sortes de gens! « Peut-être aussi, ajoute-t-il encore, qu'Hébon n'avait point été esclave dans la nation des Francs, mais dans la nation saxonne, ou dans une autre nation germanique, où les citoyens étaient divisés en plusieurs ordres. » Donc, à cause du *peut-être* de M. l'abbé Dubos, il n'y aura point eu de noblesse dans la nation des Francs. Mais il n'a jamais plus mal appliqué de *peut-être*. On vient de voir que Tégan distingue les évêques qui avaient été opposés à Louis le Débonnaire, dont les uns avaient été serfs, et les autres étaient d'une nation barbare. Hébon était des premiers, et non pas des seconds. D'ailleurs, je ne sais comment on peut dire qu'un serf tel qu'Hébon aurait été Saxon ou Germain : un serf n'a point de famille, ni par conséquent de nation. Louis le Débonnaire affranchit Hébon; et, comme les serfs affranchis prenaient la loi de leur maître, Hébon devint Franc, et non pas Saxon ou Germain. **(3)**

Je viens d'attaquer, il faut que je me défende. On me dira que le corps des antrustions formait bien dans l'État un ordre distingué de celui des hommes libres, mais que, comme les fiefs furent d'abord amovibles, et ensuite à vie, cela ne pouvait pas former une noblesse d'origine, puisque les prérogatives n'étaient point attachées à un fief héréditaire. C'est cette objection qui a sans doute fait penser à M. de Valois[1] qu'il n'y avait qu'un seul ordre de citoyens chez les Francs : sentiment que M. l'abbé Dubos a pris de lui, et qu'il a seulement gâté à force de mauvaises preuves. Quoi qu'il en soit, ce n'est

1. Adrien de Valois, érudit français (1607-1692).

QUESTIONS

3. Des deux déductions tirées par Dubos du décret de Childebert, à laquelle s'intéresse exclusivement Montesquieu? Pourquoi? Quelle conception de la noblesse entend-il sauvegarder? — Montrez la rigueur et la simplicité du raisonnement (en particulier § 8). Quel principe relatif à l'étude des temps et des lieux éloignés, souvent affirmé par Montesquieu, Dubos se voit-il reprocher d'avoir violé (§ 10)?

point M. l'abbé Dubos qui aurait pu faire cette objection. Car, ayant donné trois ordres de noblesse romaine, et la qualité de Convive du roi pour le premier, il n'aurait pas pu dire que ce titre marquât plus une noblesse d'origine que celui d'antrustion. Mais il faut une réponse directe. Les antrustions ou fidèles n'étaient pas tels, parce qu'ils avaient un fief; mais on leur donnait un fief, parce qu'ils étaient antrustions ou fidèles. On se ressouvient de ce que j'ai dit dans les premiers chapitres de ce livre : ils n'avaient pas pour lors, comme ils eurent dans la suite, le même fief; mais s'ils n'avaient pas celui-là, ils en avaient un autre, et parce que les fiefs se donnaient à la naissance, et parce qu'ils se donnaient souvent dans les assemblées de la nation, et enfin parce que, comme il était de l'intérêt des nobles d'en avoir, il était aussi de l'intérêt du roi de leur en donner. Ces familles étaient distinguées par leur dignité de fidèles, et par la prérogative de pouvoir se recommander pour un fief. Je ferai voir dans le livre suivant comment, par les circonstances des temps, il y eut des hommes libres qui furent admis à jouir de cette grande prérogative, et par conséquent à entrer dans l'ordre de la noblesse. Cela n'était point ainsi du temps de Gontran et de Childebert, son neveu; et cela était ainsi du temps de Charlemagne. Mais quoique, dès le temps de ce prince, les hommes libres ne fussent pas incapables de posséder des fiefs, il paraît, par le passage de Tégan rapporté ci-dessus, que les serfs affranchis en étaient absolument exclus. M. l'abbé Dubos, qui va en Turquie pour nous donner une idée de ce qu'était l'ancienne noblesse française, nous dira-t-il qu'on se soit jamais plaint en Turquie de ce qu'on y élevait aux honneurs et aux dignités des gens de basse naissance, comme on s'en plaignait sous les règnes de Louis le Débonnaire et de Charles le Chauve? On ne s'en plaignait pas du temps de Charlemagne, parce que ce prince distingua toujours les anciennes familles d'avec les nouvelles; ce que Louis le Débonnaire et Charles le Chauve ne firent pas. **(4)**

QUESTIONS

4. Quelles conceptions opposées des rapports du roi et de la noblesse découlent de l'affirmation de la priorité de la noblesse et de celle de la possession du fief? Montrez (cf. Documentation thématique, t. I) que c'est le cœur du débat. Montrez comment la fin du paragraphe cherche à lier la popularité de la monarchie au sort qu'elle réserve à la noblesse. Montesquieu vous paraît-il, d'après ce passage, partisan d'un retour pur et simple aux origines de la monarchie?

Le public ne doit pas oublier qu'il est redevable à M. l'abbé Dubos de plusieurs compositions excellentes. C'est sur ces beaux ouvrages qu'il doit le juger, et non pas sur celui-ci. M. l'abbé Dubos y est tombé dans de grandes fautes, parce qu'il a plus eu devant les yeux M. le Comte de Boulainvilliers[1], que son sujet. Je ne tirerai de toutes mes critiques que cette réflexion : Si ce grand homme a erré, que ne dois-je pas craindre? **(5)**

LIVRE XXXI

THÉORIE DES LOIS FÉODALES CHEZ LES FRANCS, DANS LE RAPPORT QU'ELLES ONT AVEC LES RÉVOLUTIONS DE LEUR MONARCHIE

CHAP. I-XV. *Abaissement des Mérovingiens.* La corruption des principes s'amorce sous les régences de Frédégonde et de Brunehaut, où les fiefs et les offices se donnent contre de l'argent et se retirent au gré des caprices et des intérêts. Malgré les efforts de Clotaire II, la situation s'aggrave à cause de : 1° la *pratique de l'élection de maires*, détenteurs du pouvoir réel (Montesquieu montre que cette pratique remonte aux Germains, qui, selon Tacite, choisissaient les rois par la noblesse et les chefs par le courage : les rois ont d'abord été chefs, puis ont nommé des chefs, un seul ensuite, et finalement ont été soumis au chef); 2° l'*amovibilité des offices et des fiefs*, dont beaucoup sont déjà héréditaires; les maires doivent s'appuyer sur la

1. *M. de Boulainvilliers :* auteur de l'*Histoire de l'ancien gouvernement de la France* (1727). Voir la Documentation thématique, t. I.

QUESTIONS

5. SUR L'ENSEMBLE DU CHAPITRE 25. — Montrez l'importance que Montesquieu attache aux « assemblées de la nation »; n'y a-t-il pas là possibilité d'un compromis entre la thèse aristocratique et la thèse parlementaire (cf. Doc. thématique, t. I)? Montesquieu semble-t-il pourtant disposé à privilégier, par intérêt de classe, comme on l'en accuse fréquemment, la noblesse de robe?

— Montesquieu contre Dubos : dégagez par des exemples précis la vivacité et la vigueur du ton; montrez qu'elles vont en s'échauffant. Montrez comment Montesquieu sait concilier le « bon sens » de l' « honnête homme » et l'érudition du spécialiste.

Phot. Archives photographiques.

Prince franc entre deux ecclésiastiques.

Miniature de la seconde moitié du IXe siècle, extraite du *Sacramentaire* de Metz. Bibliothèque nationale.

noblesse; les hommes libres, pour bénéficier des avantages des vassaux, changent leurs alleux en fiefs; les fiefs se multiplient en particulier grâce aux récupérations effectuées par Charles Martel sur les biens acquis par le clergé : « Le clergé recevait tant qu'il faut que dans les trois races on lui ait donné plusieurs fois tous les biens du royaume. [...] Le clergé a toujours acquis, il a toujours rendu et il acquiert encore. » Il obtiendra en compensation l'établissement des dîmes par Charlemagne et une plus grande autonomie interne.

CHAP. XVI-XXXI. *Les Carolingiens et la ruine du pouvoir monarchique.*

a) *Rapports avec la noblesse et le clergé :* les Carolingiens, qui prennent tout naturellement le pouvoir, établissent d'abord un savant équilibre grâce à Charlemagne, mais Louis le Débonnaire ruine l'autorité royale en mécontentant à la fois la noblesse et le clergé, et en divisant le royaume; quand les Carolingiens se rapprocheront du clergé, devant les menaces normandes, celui-ci les aura trop affaiblis pour que le salut soit encore possible.

b) *Hérédité et multiplication des fiefs et arrière-fiefs :* les nouveaux vassaux sortent de la juridiction civile et gagnent une plus grande liberté; les arrière-vassaux échappent au pouvoir direct du roi, dont le pouvoir est encore amoindri par l'hérédité des offices et la puissance des comtes; ainsi s'explique que l'Allemagne, qui, pour diverses raisons, s'engage plus tardivement dans cette voie, hérite l'empire de Charlemagne.

18. CHARLEMAGNE

Charlemagne songea à tenir le pouvoir de la noblesse dans ses limites, et à empêcher l'oppression du clergé et des hommes libres. Il mit un tel tempérament dans les ordres de l'État, qu'ils furent contrebalancés, et qu'il resta le maître. Tout fut uni par la force de son génie. Il mena continuellement la noblesse d'expédition en expédition; il ne lui laissa pas le temps de former des desseins, et l'occupa tout entière à suivre les siens. L'empire se maintint par la grandeur du chef : le prince était grand, l'homme l'était davantage. Les rois ses enfants furent ses premiers sujets, les instruments de son pouvoir, et les modèles de l'obéissance. Il fit d'admirables règlements; il fit plus, il les fit exécuter. Son génie se répandit sur toutes les parties de l'empire. On voit, dans les lois de ce prince, un esprit de prévoyance qui comprend tout, et une certaine force qui entraîne tout. Les prétextes pour éluder les devoirs sont ôtés; les négligences corrigées, les abus réformés ou prévenus.

Il savait punir; il savait encore mieux pardonner. Vaste dans ses desseins, simple dans l'exécution, personne n'eut à un plus haut degré l'art de faire les plus grandes choses avec facilité, et les difficiles avec promptitude. Il parcourait sans cesse son vaste empire, portant la main partout où il allait tomber. Les affaires renaissaient de toutes parts, il les finissait de toutes parts. Jamais prince ne sut mieux braver les dangers; jamais prince ne les sut mieux éviter. Il se joua de tous les périls, et particulièrement de ceux qu'éprouvent presque toujours les grands conquérants : je veux dire les conspirations[1]. Ce prince prodigieux était extrêmement modéré; son caractère était doux, ses manières simples; il aimait à vivre avec les gens de sa cour. Il fut peut-être trop sensible au plaisir des femmes; mais un prince qui gouverna toujours par lui-même, et qui passa sa vie dans les travaux, peut mériter plus d'excuses. Il mit une règle admirable dans sa dépense : il fit valoir ses domaines avec sagesse, avec attention, avec économie; un père de famille pourrait apprendre dans ses lois à gouverner sa maison. On voit dans ses *Capitulaires* la source pure et sacrée d'où il tira ses richesses. Je ne dirai plus qu'un mot : il ordonnait qu'on vendît les œufs des basses-cours de ses domaines, et les herbes inutiles de ses jardins, et il avait distribué à ses peuples toutes les richesses des Lombards, et les immenses trésors de ces Huns qui avaient dépouillé l'univers[2]. **(1)**

---

1. En fait, Charlemagne se heurta à de nombreuses conspirations; 2. Les historiens modernes portent sur Charlemagne un jugement beaucoup plus nuancé. Sans doute, il a su organiser le royaume sur une pyramide de fidélités personnelles, contrôlées, du reste, par un renforcement du pouvoir central (les *missi dominici*). Mais il n'a pas hésité à parer son pouvoir des prestiges — et des protections — de la divinité, allant jusqu'à obliger ses sujets à jurer sur des reliques une fidélité absolue.

QUESTIONS

1. Sur le chapitre 18. — Les qualités politiques de Charlemagne : montrez qu'elles parviennent à réaliser un équilibre des corps sociaux; les modalités et la fin en sont-elles pourtant identiques à celles de la séparation des pouvoirs? Montesquieu ne souligne-t-il pas la fragilité du système en insistant sur les qualités personnelles de Charlemagne? Montrez que cet éloge de Charlemagne est comme un écho inversé de la critique de Louis XIV (VIII, 6-7) : respect des fonctions naturelles des corps sociaux, justice, clémence, affection des sujets, économie, etc.

— L'art du portrait : montrez qu'il procède par juxtaposition de touches successives. Peut-on pourtant trouver un ordre dans l'analyse du personnage? Relevez les recherches stylistiques (antithèses, asyndètes, etc.), mais aussi les signes d'un sentiment sincère (même s'il n'est pas tout à fait gratuit) d'admiration.

CHAP. XXXII-XXXIV. *Conséquences de l'hérédité des fiefs :*

a) La couronne passe à un des plus puissants vassaux (Hugues Capet);

b) Diverses dispositions juridiques : droit d'aînesse, droit de rachat, droit de lods et de ventes, droit de succession des filles, garde-noble (en cas de minorité), apparition de l'hommage, intégration des fiefs dans le droit civil (ordre des successions, mariage des filles, retrait lignager).

DOCUMENTATION THÉMATIQUE

réunie par la Rédaction des Nouveaux Classiques Larousse.

1. Montesquieu et la critique :

    1.1. L'opinion de Voltaire;

    1.2. Quelques exemples d'attaques contre *l'Esprit des lois;*

    1.3. La défense de Montesquieu.

2. Les philosophes et le luxe :

    2.0. Situation du problème;

    2.1. Voltaire;

    2.2. *L'Encyclopédie;*

    2.3. Diderot, *Entretiens avec Catherine II.*

1. MONTESQUIEU ET LA CRITIQUE

1.1. L'OPINION DE VOLTAIRE

Ce dernier écrit, dans *le Siècle de Louis XIV* (Catalogue...) [texte en orthographe originale] :

> MONTESQUIEU (Charles de Secondat), président au parlement de Bordeaux, né en 1689, donna à l'âge de trente-deux ans les *Lettres persanes,* ouvrage de plaisanterie, plein de traits qui annoncent un esprit plus solide que son livre. C'est une imitation du *Siamois* de Dufresny et de *l'Espion turc,* mais imitation qui fait voir comment ces originaux devaient être écrits. Ces ouvrages, d'ordinaire, ne réussissent qu'à la faveur de l'air étranger ; on met avec succès dans la bouche d'un Asiatique la satire de notre pays, qui serait moins bien accueillie dans la bouche d'un compatriote : ce qui est commun par soi-même devient alors singulier. Le génie qui règne dans les *Lettres persanes* ouvrit au président de Montesquieu les portes de l'Académie française, quoique l'Académie fût maltraitée dans son livre ; mais, en même temps la liberté avec laquelle il parle du gouvernement, et des abus de la religion, lui attira une exclusion de la part du cardinal Fleury. Il prit un tour très adroit pour mettre le ministre dans ses intérêts ; il fit faire en peu de jours une nouvelle édition de son livre, dans laquelle on retrancha ou on adoucit tout ce qui pouvait être condamné par un cardinal et par un ministre. M. de Montesquieu porta lui-même l'ouvrage au cardinal, qui ne lisait guère, et qui en lut une partie. Cet air de confiance, soutenu par l'empressement de quelques personnes de crédit, ramena le cardinal, et Montesquieu entra dans l'Académie.
>
> Il donna ensuite le traité sur *la Grandeur et la décadence des Romains,* matière usée qu'il rendit neuve par des réflexions très fines et des peintures très fortes : c'est une histoire politique de l'empire romain. Enfin on vit son *Esprit des lois.* On a trouvé dans ce livre beaucoup plus de génie que dans Grotius et dans Puffendorf. On se fait quelques violences pour lire ces auteurs ; on lit *l'Esprit des lois* autant pour son plaisir que pour son instruction. Ce livre est écrit avec autant de liberté que les *Lettres persanes,* et cette liberté n'a pas peu servi au succès ; elle lui attira des ennemis, qui augmentèrent sa réputation par la haine qu'ils inspiraient contre eux : ce sont ces hommes, nourris dans les factions obscures des querelles ecclésiastiques, qui regardent leurs opinions comme sacrées, et ceux qui les méprisent comme sacrilèges. Ils écrivirent

violemment contre le président de Montesquieu; ils engagèrent la Sorbonne à examiner son livre; mais le mépris dont ils furent couverts arrêta la Sorbonne. Le principal mérite de *l'Esprit des lois* est l'amour des lois qui règne dans cet ouvrage; et cet amour des lois est fondé sur l'amour du genre humain. Ce qu'il y a de plus singulier, c'est que l'éloge qu'il fait du gouvernement anglais est ce qui a plu davantage en France. La vive et piquante ironie qu'on y trouve contre l'Inquisition a charmé tout le monde, hors les inquisiteurs. Ses réflexions, presque toujours profondes, sont appuyées d'exemples tirés de l'histoire de toutes les nations. Il est vrai qu'on lui a reproché de prendre trop souvent des exemples dans de petites nations sauvages et presque inconnues, sur les relations trop suspectes des voyageurs. Il ne cite pas toujours avec beaucoup d'exactitude; il fait dire, par exemple, à l'auteur du *Testament politique* attribué au cardinal de Richelieu, que *s'il se trouve dans le peuple quelque malheureux honnête homme, il ne faut pas s'en servir.* Le *Testament politique* dit seulement, à l'endroit cité, qu'il vaut mieux se servir des hommes riches et bien élevés parce qu'ils sont moins corruptibles. Montesquieu s'est trompé dans d'autres citations, jusqu'à dire que François Ier (qui n'était pas né lorsque Christophe Colomb découvrit l'Amérique) avait refusé les offres de Christophe Colomb. Le défaut continuel de méthode dans cet ouvrage, la singulière affectation de ne mettre souvent que trois ou quatre lignes dans un chapitre, et encore de ne faire de ces quatre lignes qu'une plaisanterie, ont indisposé beaucoup de lecteurs : on s'est plaint de trouver trop souvent des saillies où l'on attendait des raisonnements; on a reproché à l'auteur d'avoir trop donné d'idées douteuses pour des idées certaines. Mais, s'il n'instruit pas toujours son lecteur, il le fait toujours penser, et c'est là un très grand mérite. Ses expressions vives et ingénieuses, dans lesquelles on trouve l'imagination de Montaigne, son compatriote, ont contribué surtout à la grande réputation de *l'Esprit des lois;* les mêmes choses dites par un homme savant, et même plus savant que lui, n'auraient pas été lues. Enfin, il n'y a guère d'ouvrages où il y ait plus d'esprit, plus d'idées profondes, plus de choses hardies, et où l'on trouve plus à s'instruire, soit en approuvant ses opinions, soit en les combattant. On doit le mettre au rang des livres originaux qui ont illustré le siècle de Louis XIV, et qui n'ont aucun modèle dans l'antiquité.

Il est mort en 1755, en philosophe, comme il avait vécu.

1.2. QUELQUES EXEMPLES D'ATTAQUES CONTRE *L'ESPRIT DES LOIS*

1.2.1. Le *Journal de Trévoux* (1749).

◆ Le problème du libre arbitre : « La liberté philosophique consiste dans l'exercice de la volonté ou du moins (s'il faut parler dans tous les systèmes) dans l'opinion où l'on est que l'on exerce sa volonté. » Ne direz-vous pas : 1° que le simple exercice de la volonté ne suffit pas pour faire que nous soyons libres et qu'il faut pour cela l'exercice de la puissance élective de la volonté ; 2° que s'il y avait un système qui se contentât pour la liberté de « l'opinion où l'on pourrait être que l'on exerce sa volonté », ce serait un système totalement condamnable.

◆ La question du suicide : « Il tient à l'état physique de la machine... et l'on ne peut punir l'homicide de soi-même en Angleterre. » Le climat et la constitution des corps furent les mêmes en Angleterre il y a trois ou quatre cents ans : alors la pratique du suicide s'y remarquait-elle plus qu'ailleurs ? N'est-ce pas une sorte de mode qui s'y est établie ou par vanité, comme on dit qu'il règne chez les Japonais, ou plutôt par principe d'irréligion ?

◆ La tolérance :

• L'auteur convient qu'il y a une véritable religion ; que cette véritable religion est la religion chrétienne ; que la religion chrétienne serait la plus propre à faire de bons citoyens. Cependant, selon les maximes que l'on lit ici, jamais cette religion ne se serait établie dans le monde. Les Juifs étaient contents de leur religion, quand Jésus-Christ annonça son Evangile. Les Romains, les Grecs, les Barbares se portaient pour être contents de leur religion quand les Apôtres les invitent à la Foi... et si l'auteur eût été appelé en conseil de l'Empereur Constantin, il l'aurait bien détourné de protéger les chrétiens.

• « Il faut honorer la Divinité et ne la venger jamais... » Avec le principe de l'Auteur, comment justifierait-on tant d'ordonnances des Princes et des Magistrats qui décernent des peines contre les blasphémateurs et les blasphèmes ?

1.2.2. Les *Nouvelles ecclésiastiques* (1744).

◆ Les fondements de la monarchie : Qui l'aurait cru que pour rendre parfait le gouvernement monarchique, il fallût que les membres de l'Etat fussent destitués de vertu et remplis de vanité ? A ce compte, on devrait bannir la religion chrétienne, elle déteste les hommes vains.

◆ La relativité des lois, innovation mise en cause : Les lois, des rapports ? Cela se conçoit-il ?... Chez lui, il n'est pas question de péché originel. Ne sachant pas comment les hommes ont été formés, il aime mieux imaginer avec les païens un temps où ils ont vécu en sauvages. [...]
Il convient que la Loi qui prescrit ses devoirs envers Dieu est la plus importante, mais il nie qu'elle soit la première. Il prétend que la première loi de la nature, c'est la Paix.

◆ La « religion naturelle » : Il ne faut pas beaucoup de pénétration pour apercevoir que le livre de l'*Esprit des lois* est fondé sur le système de la religion naturelle. [Or] on a montré que le système de la religion naturelle rentre dans celui de Spinosa. [...]
Chez les partisans du système, toutes les religions, sans en excepter la religion chrétienne, ne sont regardées que comme choses de police. [...] En France, vous serez catholique, en Angleterre, protestant, à Constantinople, musulman.

1.3. LA DÉFENSE DE MONTESQUIEU

1.3.1. D'un point de vue général (*Défense de « l'Esprit des lois »*, I)

[texte en orthographe originale] :

> Quoique *l'Esprit des lois* soit un ouvrage de pure politique et de pure jurisprudence, l'auteur a eu souvent occasion d'y parler de la religion chrétienne : il l'a fait de manière à en faire sentir toute la grandeur ; et, s'il n'a pas eu pour objet de travailler à la faire croire, il a cherché à la faire aimer.
> Cependant, dans deux feuilles périodiques qui ont paru coup sur coup, on lui a fait les plus affreuses imputations. Il ne s'agit pas moins que de savoir s'il est spinosiste et déiste ; et, quoique ces deux accusations soient par elles-mêmes contradictoires, on le mène sans cesse de l'une à l'autre. Toutes les deux étant incompatibles ne peuvent pas le rendre plus coupable qu'une seule ; mais toutes les deux peuvent le rendre plus odieux.
> Il est donc spinosiste, lui qui, dès le premier article de son livre, a distingué le monde matériel d'avec les intelligences spirituelles.
> Il est donc spinosiste, lui qui, dans le second article, a attaqué l'athéisme : « Ceux qui ont dit qu'une fatalité aveugle a produit tous les effets que nous voyons dans le monde, ont dit une grande absurdité : car, quelle plus grande absurdité qu'une fatalité aveugle qui a produit des êtres intelligents ? »
> Il est donc spinosiste, lui qui a continué par ces paroles :

« Dieu a du rapport à l'univers comme créateur et comme conservateur; les lois selon lesquelles il a créé, sont celles selon lesquelles il conserve; il agit selon ces règles, parce qu'il les connoît; il les connoît, parce qu'il les a faites; il les a faites, parce qu'elles ont du rapport avec sa sagesse et sa puissance. »

Il est donc spinosiste, lui qui a ajouté : « Comme nous voyons que le monde formé par le mouvement de la matière et privé d'intelligence subsiste toujours, etc. »

Il est donc spinosiste, lui qui a démontré contre Hobbes et Spinosa, « que les rapports de justice et d'équité étoient antérieurs à toutes les lois positives ».

Il est donc spinosiste, lui qui a dit au commencement du chapitre second : « Cette loi qui en imprimant dans nous-mêmes l'idée d'un créateur nous porte vers lui, est la première des lois naturelles par son importance. »

Il est donc spinosiste, lui qui a combattu de toutes ses forces le paradoxe de Bayle, qu'il vaut mieux être athée qu'idolâtre? paradoxe dont les athées tireroient les plus dangereuses conséquences.

Que dit-on, après des passages si formels? Et l'équité naturelle demande que le degré de preuve soit proportionné à la grandeur de l'accusation.

PREMIÈRE OBJECTION

« L'auteur tombe dès le premier pas. Les lois, dans la signification la plus étendue, dit-il, sont les rapports nécessaires qui dérivent de la nature des choses. Les lois, des rapports! Cela se conçoit-il?... Cependant l'auteur n'a pas changé la définition ordinaire des lois, sans dessein. Quel est donc son but? le voici. Selon le nouveau système, il y a entre tous les êtres qui forment ce que Pope appelle le Grand Tout un enchaînement si nécessaire, que le moindre dérangement porteroit la confusion jusqu'au trône du premier Etre. C'est ce qui fait dire à Pope que les choses n'ont pu être autrement qu'elles ne sont, et que tout est bien comme il est. Cela posé, on entend la signification de ce langage nouveau, que les lois sont les rapports nécessaires qui dérivent de la nature des choses. A quoi l'on ajoute que, dans ce sens, tous les êtres ont leurs lois : la Divinité a ses lois; le monde matériel a ses lois; les intelligences supérieures à l'homme ont leurs lois; les bêtes ont leurs lois; l'homme a ses lois. »

RÉPONSE

Les ténèbres mêmes ne sont pas plus obscures que ceci. Le critique a ouï dire que Spinosa admettoit un principe aveugle et nécessaire qui gouvernoit l'univers : il ne lui en faut pas davantage : dès qu'il trouvera le mot nécessaire, ce sera du spinosisme. L'auteur a dit que les lois étoient un rapport nécessaire : voilà donc du spinosisme, parce que voilà du nécessaire. Et ce qu'il y a de surprenant, c'est que l'auteur, chez le critique, se trouve spinosiste à cause de cet article, quoique cet article combatte expressément les systèmes dangereux. L'auteur a eu en vue d'attaquer le système de Hobbes, système terrible, qui, faisant dépendre toutes les vertus et tous les vices de l'établissement des lois que les hommes se sont faites, et voulant prouver que les hommes naissent tous en état de guerre, et que la première loi naturelle est la guerre de tous contre tous, renverse, comme Spinosa, et toute religion et toute morale. Sur cela l'auteur a établi premièrement, qu'il y avoit des lois de justice et d'équité avant l'établissement des lois positives : il a prouvé que tous les êtres avoient des lois ; que, même avant leur création, ils avoient des lois possibles ; que Dieu lui-même avoit des lois, c'est-à-dire les lois qu'il s'étoit faites. Il a démontré qu'il étoit faux que les hommes naquissent en état de guerre ; il a fait voir que l'état de guerre n'avoit commencé qu'après l'établissement des sociétés ; il a donné là-dessus des principes clairs. Mais il en résulte toujours que l'auteur a attaqué les erreurs de Hobbes, et les conséquences de celles de Spinosa, et qu'il lui est arrivé qu'on l'a si peu entendu, que l'on a pris pour des opinions de Spinosa les objections qu'il fait contre le spinosisme. Avant d'entrer en dispute, il faudroit commencer par se mettre au fait de l'état de la question, et savoir du moins si celui qu'on attaque est ami ou ennemi.

SECONDE OBJECTION

Le critique continue : « Sur quoi l'auteur cite Plutarque, qui dit que la loi est la reine de tous les mortels et immortels. Mais est-ce d'un païen, etc. »

RÉPONSE

Il est vrai que l'auteur a cité Plutarque, qui dit que la loi est la reine de tous les mortels et immortels.

TROISIÈME OBJECTION

L'auteur a dit que « la création, qui paroît être un acte arbitraire, suppose des règles aussi invariables que la fatalité des athées ». De ces termes, le critique conclut que l'auteur admet la fatalité des athées.

RÉPONSE

Un moment auparavant, il a détruit cette fatalité par ces paroles : « Ceux qui ont dit qu'une fatalité aveugle gouverne l'univers, ont dit une grande absurdité; car quelle plus grande absurdité qu'une fatalité aveugle qui a produit des êtres intelligents ? » De plus, dans le passage qu'on censure, on ne peut faire parler l'auteur que de ce dont il parle. Il ne parle point des causes, et il ne compare point les causes; mais il parle des effets, et il compare les effets. Tout l'article, celui qui le précède et celui qui le suit, font voir qu'il n'est question ici que des règles du mouvement, que l'auteur dit avoir été établies par Dieu : elles sont invariables ces règles, et toute la physique le dit avec lui; elles sont invariables, parce que Dieu a voulu qu'elles fussent telles, et qu'il a voulu conserver le monde. Il n'en dit ni plus ni moins.
Je dirai toujours que le critique n'entend jamais le sens des choses, et ne s'attache qu'aux paroles. Quand l'auteur a dit que la création, qui paroissoit être un acte arbitraire, supposoit des règles aussi invariables que la fatalité des athées, on n'a pas pu l'entendre, comme s'il disoit que la création fût un acte nécessaire comme la fatalité des athées, puisqu'il a déjà combattu cette fatalité. De plus, les deux membres d'une comparaison doivent se rapporter; ainsi il faut absolument que la phrase veuille dire : la création qui paroît d'abord devoir produire des règles de mouvement variables, en a d'aussi invariables que la fatalité des athées. Le critique, encore une fois, n'a vu et ne voit que les mots.

1.3.2. L'esprit de la critique, selon Montesquieu (*Ibid.*, III) [texte en orthographe originale] :

On a vu, dans les deux premières parties, que tout ce qui résulte de tant de critiques amères est ceci, que l'auteur de *l'Esprit des lois* n'a point fait son ouvrage suivant le plan et les vues de ses critiques; et que si ses critiques avoient fait un ouvrage sur le même sujet, ils y auroient mis un très grand nombre de choses qu'ils savent. Il en résulte encore qu'ils sont théologiens et que l'auteur est jurisconsulte; qu'ils se croient en état de faire son métier, et que lui ne se sent pas propre à faire le leur. Enfin il en résulte qu'au lieu de l'attaquer avec tant d'aigreur, ils auroient mieux fait de sentir eux-mêmes le prix des choses qu'il a dites en faveur de la religion, qu'il a également respectée et défendue. Il me reste à faire quelques réflexions.

Cette manière de raisonner n'est pas bonne, qui, employée contre quelque bon livre que ce soit, peut le faire paroître aussi mauvais que quelque mauvais livre que ce soit; et qui, pratiquée contre quelque mauvais livre que ce soit, peut le faire paroître aussi bon que quelque bon livre que ce soit.

Cette manière de raisonner n'est pas bonne, qui, aux choses dont il s'agit en rappelle d'autres qui ne sont point accessoires, et qui confond les diverses sciences, et les idées de chaque science.

Il ne faut point argumenter sur un ouvrage fait sur une science, par des raisons qui pourroient attaquer la science même.

Quand on critique un ouvrage, et un grand ouvrage, il faut tâcher de se procurer une connaissance particulière de la science qui y est traitée, et bien lire les auteurs approuvés qui ont déjà écrit sur cette science, afin de voir si l'auteur s'est écarté de la manière reçue et ordinaire de la traiter.

Lorsqu'un auteur s'explique par ses paroles ou par ses écrits, qui en sont l'image, il est contre la raison de quitter les signes extérieurs de ses pensées, pour chercher ses pensées; parce qu'il n'y a que lui qui sache ses pensées. C'est bien pis, lorsque ses pensées sont bonnes, et qu'on lui en attribue de mauvaises.

Quand on écrit contre un auteur et qu'on s'irrite contre lui, il faut prouver les qualifications par les choses, et non pas les choses par les qualifications.

Quand on voit dans un auteur une bonne intention générale, on se trompera plus rarement, si, sur certains endroits qu'on croit équivoques, on juge suivant l'intention générale, que si on lui prête une mauvaise intention particulière.

Dans les livres faits pour l'amusement, trois ou quatre pages donnent l'idée du style ou des agréments de l'ouvrage : dans les livres de raisonnement, on ne tient rien, si on ne tient toute la chaîne.

Comme il est très difficile de faire un bon ouvrage, et très aisé de le critiquer, parce que l'auteur a eu tous les défilés à garder, et que le critique n'en a qu'un à forcer, il ne faut point que celui-ci ait tort : et s'il arrivoit qu'il eût continuellement tort, il seroit inexcusable.

D'ailleurs, la critique pouvant être considérée comme une ostentation de sa supériorité sur les autres, et son effet ordinaire étant de donner des moments délicieux pour l'orgueil humain, ceux qui s'y livrent méritent bien toujours de l'équité, mais rarement de l'indulgence.

Et comme, de tous les genres d'écrire, elle est celui dans lequel il est plus difficile de montrer un bon naturel, il faut avoir attention à ne point augmenter par l'aigreur des paroles la tristesse de la chose.

Quand on écrit sur les grandes matières, il ne suffit pas de consulter son zèle, il faut encore consulter ses lumières; et, si le ciel ne nous a pas accordé de grands talents, on peut y suppléer par la défiance de soi-même, l'exactitude, le travail et les réflexions.

Cet art de trouver dans une chose qui naturellement a un bon sens, tous les mauvais sens qu'un esprit qui ne raisonne pas juste peut lui donner, n'est point utile aux hommes : ceux qui le pratiquent ressemblent aux corbeaux, qui fuient les corps vivants et volent de tous côtés pour chercher des cadavres.

Une pareille manière de critiquer produit deux grands inconvénients. Le premier, c'est qu'elle gâte l'esprit des lecteurs, par un mélange du vrai et du faux, du bien et du mal : ils s'accoutument à chercher un mauvais sens dans les choses qui naturellement en ont un très bon, d'où il leur est aisé de passer à cette disposition, de chercher un bon sens dans les choses qui naturellement en ont un mauvais : on leur fait perdre la faculté de raisonner juste, pour les jeter dans les subtilités d'une mauvaise dialectique. Le second mal est, qu'en rendant par cette façon de raisonner les bons livres suspects, on n'a point d'autres armes pour attaquer les mauvais ouvrages : de sorte que le public n'a plus de règle pour les distinguer. Si l'on traite de spinosistes et de déistes ceux qui ne le sont pas, que dira-t-on à ceux qui le sont?

Quoique nous devions penser aisément que les gens qui écrivent contre nous, sur des matières qui intéressent tous les hommes, y sont déterminés par la force de la charité chrétienne; cependant, comme la nature de cette vertu est de ne pouvoir guère se cacher, qu'elle se montre en nous malgré nous, et qu'elle éclate et brille de toutes parts; s'ils arrivoit que, dans deux écrits faits contre la même personne, coup sur coup, on n'y trouvât aucune trace de cette charité, qu'elle n'y parût dans aucune phrase, dans aucun tour, aucune parole, aucune expression, celui qui auroit écrit de pareils ouvrages auroit un juste sujet de craindre de n'y avoir pas été porté par la charité chrétienne.

Et, comme les vertus purement humaines sont en nous l'effet de ce que l'on appelle un bon naturel; s'il étoit impossible d'y découvrir aucun vestige de ce bon naturel, le public pourroit en conclure que ces écrits ne seroient pas même l'effet des vertus humaines.

Aux yeux des hommes, les actions sont toujours plus sincères que les motifs; et il leur est plus facile de croire que l'action de dire des injures atroces est un mal, que de se persuader que le motif qui les a fait dire est un bien. Quand un homme tient à un état qui fait respecter la religion et que la religion fait respecter, et qu'il attaque, devant les gens du monde, un homme qui vit dans le monde, il est essentiel qu'il maintienne, par sa manière d'agir, la supériorité de son caractère. Le monde est très corrompu : mais il y a de certaines passions qui s'y trouvent très contraintes; il y en a de favorites, qui défendent aux autres de paroître. Considérez les gens du monde entre eux; il n'y a rien de si timide : c'est l'orgueil qui n'ose pas dire ses secrets, et qui, dans les égards qu'il a pour les autres, se quitte pour se reprendre. Le christianisme nous donne l'habitude de soumettre cet orgueil; le monde nous donne l'habitude de le cacher. Avec le peu de vertu que nous avons, que deviendrions-nous, si toute notre âme se mettoit en liberté, et si nous n'étions pas attentifs aux moindres paroles, aux moindres signes, aux moindres gestes? Or, quand des hommes d'un caractère respecté manifestent des emportements que les gens du monde n'oseroient mettre au jour, ceux-ci commencent à se croire meilleurs qu'ils ne sont en effet : ce qui est un très grand mal.

Nous autres gens du monde sommes si foibles, que nous méritons extrêmement d'être ménagés. Ainsi, lorsqu'on nous fait voir toutes les marques extérieures des passions violentes, que veut-on que nous pensions de l'intérieur? Peut-on espérer que nous, avec notre témérité ordinaire de juger, ne jugions pas?

On peut avoir remarqué, dans les disputes et les conversations, ce qui arrive aux gens dont l'esprit est dur et difficile : comme ils ne combattent pas pour s'aider les uns les autres, mais pour se jeter à terre, ils s'éloignent de la vérité, non pas à proportion de la grandeur ou de la petitesse de leur esprit, mais de la bizarrerie ou de l'inflexibilité plus ou moins grande de leur caractère. Le contraire arrive à ceux à qui la nature ou l'éducation ont donné de la douceur : comme leurs disputes sont des secours mutuels, qu'ils concourent au même objet, qu'ils ne pensent différemment que pour parvenir à penser de même, ils trouvent la vérité à proportion de leurs lumières : c'est la récompense d'un bon naturel .

Quand un homme écrit sur les matières de religion, il

ne faut pas qu'il compte tellement sur la piété de ceux qui le lisent, qu'il dise des choses contraires au bon sens; parce que, pour s'accréditer auprès de ceux qui ont plus de piété que de lumières, il se décrédite auprès de ceux qui ont plus de lumières que de piété.

Et comme la religion se défend beaucoup par elle-même, elle perd plus lorsqu'elle est mal défendue, que lorsqu'elle n'est point du tout défendue.

S'il arrivoit qu'un homme, après avoir perdu ses lecteurs, attaquât quelqu'un qui eût quelque réputation, et trouvât par là le moyen de se faire lire, on pourroit peut-être soupçonner que, sous prétexte de sacrifier cette victime à la religion, il la sacrifieroit à son amour-propre.

La manière de critiquer, dont nous parlons, est la chose du monde la plus capable de borner l'étendue, et de diminuer, si j'ose me servir de ce terme, la somme du génie national. La théologie a ses bornes, elle a ses formules; parce que les vérités qu'elle enseigne étant connues, il faut que les hommes s'y tiennent; et on doit les empêcher de s'en écarter : c'est là qu'il ne faut pas que le génie prenne l'essor : on le circonscrit, pour ainsi dire, dans une enceinte. Mais c'est se moquer du monde, de vouloir mettre cette enceinte autour de ceux qui traitent les sciences humaines. Les principes de la géométrie sont très vrais; mais, si on les appliquoit à des choses de goût, on feroit déraisonner la raison même. Rien n'étouffe plus la doctrine que de mettre à toutes les choses une robe de docteur : les gens qui veulent toujours enseigner, empêchent beaucoup d'apprendre; il n'y a point de génie qu'on ne rétrécisse, lorsqu'on l'enveloppera d'un million de scrupules vains. Avez-vous les meilleures intentions du monde? on vous forcera vous-même d'en douter. Vous ne pouvez plus être occupé à bien dire, quand vous êtes sans cesse effrayé par la crainte de dire mal, et qu'au lieu de suivre votre pensée, vous ne vous occupez que des termes, qui peuvent échapper à la subtilité des critiques. On vient nous mettre un béguin sur la tête, pour nous dire à chaque mot : « Prenez garde de tomber; vous voulez parler comme vous, je veux que vous parliez comme moi. » Va-t-on prendre l'essor? ils vous arrêtent par la manche. A-t-on de la force et de la vie? on vous l'ôte à coups d'épingle. Vous élevez-vous un peu? voilà des gens qui prennent leur pied, ou leur toise, lèvent la tête, et vous crient de descendre pour vous mesurer. Courez-vous dans votre carrière? ils voudront que vous regardiez toutes les pierres que les fourmis ont mises sur votre chemin. Il n'y a ni science ni littérature qui puisse résister à ce pédantisme. Notre siècle a formé des Académies; on voudra nous faire rentrer dans les écoles des siècles ténébreux. Descartes est bien propre à rassurer ceux qui, avec un génie infiniment moindre que le sien, ont d'aussi bonnes intentions que lui : ce grand homme fut sans cesse accusé d'athéisme; et l'on n'emploie pas aujourd'hui contre les athées de plus forts arguments que les siens.

Du reste, nous ne devons regarder les critiques comme personnelles, que dans les cas où ceux qui les font ont voulu les rendre telles. Il est très permis de critiquer les ouvrages qui ont été donnés au public; parce qu'il seroit ridicule que ceux qui ont voulu éclairer les autres, ne voulussent pas être éclairés eux-mêmes. Ceux qui nous avertissent sont les compagnons de nos travaux. Si le critique et l'auteur cherchent la vérité, ils ont le même intérêt; car la vérité est le bien de tous les hommes : ils seront des confédérés, et non pas des ennemis.

C'est avec grand plaisir que je quitte la plume : on auroit continué à garder le silence, si, de ce qu'on le gardoit, plusieurs personnes n'avoient conclu qu'on y étoit réduit.

2. LES PHILOSOPHES ET LE LUXE

2.0. SITUATION DU PROBLÈME

« On a déclamé contre le luxe depuis deux mille ans, en vers et en prose, et on l'a toujours aimé », écrit Voltaire, en tête de l'article LUXE du *Dictionnaire philosophique* (1769), où il défend le luxe des accusations de corruption qu'on porte contre lui et vante ses bienfaits matériels et intellectuels. Réponse à Rousseau, qui écrivait : « Le luxe corrompt tout, et le riche qui en jouit, et le misérable qui le convoite... Le luxe peut être nécessaire pour donner du pain au pauvre; mais s'il n'y avait point de luxe, il n'y aurait point de pauvres. »

Le problème n'a pas seulement partagé ces deux grands hommes, mais leur siècle tout entier. Dans sa célèbre *Fable des abeilles* (1706; avec un Commentaire, en 1714, et une seconde édition augmentée en 1723), l'Anglais Mandeville décrit une société d'abeilles où règnent la vanité, l'injustice, la friponnerie, l'ambition, l'hypocrisie : elle jouit d'une grande prospérité; quand elle veut réformer ses mœurs, elle connaît ruine et malheur. C'est donc que vertu individuelle et utilité publique ne se confondent pas; les vices peuvent être des biens s'ils concourent à développer l'activité. C'est précisément cet avantage que

Melon (avocat bordelais, qui fut secrétaire de Law, puis du Régent) trouve au luxe, dans son *Essai politique sur le commerce* (1736) : « Le luxe est, en quelque sorte, le destructeur de la paresse et de l'oisiveté. L'homme somptueux verrait bientôt la fin de ses richesses s'il ne travaillait pas pour les conserver et pour en acquérir de nouvelles. » En 1771, Butel-Dumont veut montrer, dans sa *Théorie du luxe,* que « le luxe est un ressort non seulement utile, mais même indispensablement nécessaire à la prospérité des Etats » ; c'est du reste un signe de la perfectibilité de l'homme ; et alors que Melon soulignait que le luxe ne pouvait concerner qu'une faible proportion des habitants (ce qui diminuait, à ses yeux, les risques de corruption), Butel-Dumont montre que « le luxe entre pour tout ou presque tout dans un grand nombre de choses où l'on ne soupçonne pas qu'il existe » (il donne l'exemple du pain blanc).

Ces contradictions traduisent assez le manque de netteté du concept. Plus précise est l'analyse de Hume (*Essai sur le luxe,* 1752). Il veut montrer que « les siècles de luxe et de délicatesse sont les plus heureux et les plus vertueux ; puis que ce luxe cesse d'être utile à la société lorsqu'il n'est pas modéré, et que, porté trop loin, il devient pernicieux à la société politique, bien qu'il y ait des vices qui lui soient encore plus nuisibles ». Il étudie le lien entre le développement des arts mécaniques et celui des arts libéraux rattachés à l'adoucissement des mœurs ; surtout, il établit un rapport entre l'industrie et la liberté : tandis que les peuples agricoles se prêtent plus facilement à la servitude, le luxe et l'industrie font naître dans les villes une classe « moyenne entre les grands propriétaires et les cultivateurs », qui « ne désire que le maintien et la conservation des lois qui assurent la propriété et la mettent à l'abri de la tyrannie, soit monarchique, soit aristocratique ».

Nuancée aussi la position de Franklin, dans ses *Réflexions sur le luxe,* en 1784 : il condamne le luxe stérile, mais hésite à aller plus loin : « Je n'ai point encore eu l'idée d'un remède contre le luxe ; il n'est point certain que dans un grand Etat le luxe soit susceptible de remède, ni que le mal soit en lui-même toujours aussi grand qu'on le représente. »

L'abbé de Saint-Pierre était beaucoup plus radical : partisan des lois somptuaires, il n'admettait que les dépenses productives : « Faire travailler une grande quantité d'ouvriers pour la plus grande utilité publique : voilà où doit se placer la magnificence pour mériter les louanges. »

De nombreux philosophes et économistes sont sensibles, à travers la question du luxe, plus qu'au problème de la naissance de l'industrie, à celui de l'inégalité sociale. Si Helvétius, en rejetant sur la trop grande inégalité sociale les mauvais effets attribués au luxe, défend celui-ci, si Senac de Meilhan explique par elle l'existence du luxe et veut l'atténuer — sans détruire le commerce et l'industrie — par l'établissement de taxes et d'un impôt progressif, Mably veut combattre luxe et inégalité en même temps, et le programme de Morelly est encore plus vaste dans son *Code de la nature;* le voici, résumé par son éditeur Villegardelle : « Maintenir l'unité indivisible du fonds et de la demeure commune ; établir l'usage commun des instruments de travail et des productions ; distribuer les travaux selon les forces, les produits selon les besoins ; [...] réunir mille personnes au moins, afin que chacun, travaillant selon ses forces et ses facultés, consommant selon ses besoins et ses goûts, il s'établisse sur un nombre suffisant d'individus une moyenne de consommation qui ne dépasse pas les ressources communes, et une résultante de travail qui les rend toujours assez abondantes ; n'accorder d'autre privilège au talent que celui de diriger les travaux dans l'intérêt commun... »

D'un tout autre côté, enfin, le luxe était aussi attaqué : par les physiocrates. Considérant l'agriculture seule « productive », c'est-à-dire se résolvant en un accroissement de matière, ils sont peu favorables à l'industrie. Ainsi, Mirabeau père, dans *l'Ami des hommes ou Traité de la population* (1756), dénonce dans le luxe un « superflu de dépenses préjudiciables à la reproduction », et il attaque vigoureusement ces propriétaires qui dépensent à des fins somptuaires les produits de leur sol, au lieu de les réinvestir dans la culture.

2.1. VOLTAIRE

◆ « *Le Mondain.* »

Regrettera qui veut le bon vieux temps,
Et l'âge d'or et le règne d'Astrée,
Et les beaux jours de Saturne et de Rhée,
Et le jardin de nos premiers parents ;
Moi, je rends grâce à la Nature sage,
Qui, pour mon bien, m'a fait naître en cet âge
Tant décrié par nos pauvres docteurs :
Ce temps profane est tout fait pour mes mœurs.
J'aime le luxe, et même la mollesse,
Tous les plaisirs, les arts de toute espèce,
La propreté, le goût, les ornements :

Tout honnête homme a de tels sentiments.
Il est bien doux pour mon cœur très immonde
De voir ici l'abondance à la ronde,
Mère des arts et des heureux travaux,
Nous apporter de sa source féconde,
Et des besoins et des plaisirs nouveaux.
L'or de la terre et les trésors de l'onde,
Leurs habitants et les peuples de l'air,
Tout sert au luxe, aux plaisirs de ce monde.
Ah! le bon temps que ce siècle de fer!
Le superflu, chose très nécessaire,
A réuni l'un et l'autre hémisphère.
Voyez-vous pas ces agiles vaisseaux
Qui du Texel, de Londres, de Bordeaux,
S'en vont chercher, par un heureux échange,
De nouveaux biens, nés aux sources du Gange,
Tandis qu'au loin, vainqueurs des musulmans,
Nos vins de France enivrent les sultans?
Quand la nature était dans son enfance,
Nos bons aïeux vivaient dans l'innocence,
Ne connaissant ni le tien ni le mien.
Qu'auraient-ils pu connaître? Ils n'avaient rien,
Ils étaient nus; et c'est chose très claire
Que qui n'a rien n'a nul partage à faire.

Sobres étaient. Ah! je le crois encor;
Martialo n'est point du siècle d'or.
D'un bon vin frais ou la mousse ou la sève
Ne gratta point le triste gosier d'Eve.
La soie et l'or ne brillaient point chez eux :
Admirez-vous pour cela nos aïeux?
Il leur manquait l'industrie et l'aisance :
Est-ce vertu? C'était pure ignorance.
Quel idiot, s'il avait eu pour lors
Quelque bon lit, aurait couché dehors?
Mon cher Adam, mon gourmand, mon bon père,
Que faisais-tu dans les recoins d'Eden?
Travaillais-tu pour ce sot genre humain?
Caressais-tu madame Eve, ma mère?
Avouez-moi que vous aviez tous deux
Les ongles longs, un peu noirs et crasseux,
La chevelure assez mal ordonnée,
Le teint bruni, la peau bise et tannée.
Sans propreté l'amour le plus heureux
N'est plus l'amour : c'est un besoin honteux.
Bientôt lassés de leur belle aventure,
Dessous un chêne ils soupent galamment
Avec de l'eau, du millet et du gland;

Ce repas fait, ils dorment sur la dure :
Voilà l'état de la pure nature.

Or, maintenant, voulez-vous, mes amis,
Savoir un peu, dans nos jours tant maudits,
Soit à Paris, soit dans Londre ou dans Rome,
Quel est le train des jours d'un honnête homme ?
Entrez chez lui : la foule des Beaux-Arts,
Enfants du goût, se montre à vos regards.
De mille mains l'éclatante industrie.
De ces dehors orna la symétrie.
L'heureux pinceau, le superbe dessin
Du doux Corrège et du savant Poussin
Sont encadrés dans l'or d'une bordure ;
C'est Bouchardon qui fit cette figure,
Et cet argent fut poli par Germain.
Des Gobelins l'aiguille et la teinture
Dans ces tapis égalent la peinture.
Tous ces objets sont encore répétés,
Dans des trumeaux tout brillants de clartés.
De ce salon je vois par la fenêtre,
Dans des jardins, des myrtes en berceaux ;
Je vois jaillir les bondissantes eaux.
Mais du logis j'entends sortir le maître :
Un char commode, avec grâces orné,
Par deux chevaux rapidement traîné,
Paraît aux yeux une maison roulante,
Moitié dorée et moitié transparente :
Nonchalamment je l'y vois promené ;
De deux ressorts la liante souplesse
Sur le pavé le porte avec mollesse.
Il court au bain : les parfums les plus doux
Rendent sa peau plus fraîche et plus polie.
Le plaisir presse : il vole au rendez-vous ;
Chez Camargo, chez Gaussin, chez Julie,
Le tendre amour l'enivre de faveurs.
Il faut se rendre à ce palais magique,
Où les beaux vers, la danse, la musique,
L'art de tromper les yeux par les couleurs,
L'art plus heureux de séduire les cœurs
De cent plaisirs font un plaisir unique.
Il va siffler quelque opéra nouveau,
Ou, malgré lui, court admirer Rameau.
Allons souper ! Que ces brillants services,
Que ces ragoûts ont pour moi de délices !
Qu'un cuisinier est un mortel divin !
Eglé, Cloris, me versent de leur main
Un vin d'Aï dont la mousse pressée,

De la bouteille avec force élancée,
Comme un éclair fait voler le bouchon;
Il part, on rit, il frappe le plafond.
De ce vin frais l'écume pétillante
De nos Français est l'image brillante.
Le lendemain donne d'autres désirs,
D'autres soupers et de nouveaux plaisirs.
Or, maintenant, Monsieur du *Télémaque,*
Vantez-nous bien votre petite Ithaque,
Votre Salente et ces murs malheureux
Où vos Crétois, tristement vertueux,
Pauvres d'effet et riches d'abstinence,
Manquent de tout pour avoir l'abondance :
J'admire fort votre style flatteur
Et votre prose, encor qu'un peu traînante;
Mais, mon ami, je consens de grand cœur
D'être fessé dans vos murs de Salente
Si je vais là pour chercher mon bonheur.
Et vous, jardin de ce premier bonhomme,
Jardin fameux par le Diable et sa pomme,
C'est bien en vain que, tristement séduits,
Huet, Calmet, dans leur savante audace,
Du Paradis ont recherché la place :
Le Paradis terrestre est où je suis.

◆ *Défense du « Mondain ».*

A table, hier, par un triste hasard,
J'étais assis près d'un maître cafard,
Lequel me dit : « Vous avez bien la mine
D'aller un jour échauffer la cuisine
De Lucifer; et moi, prédestiné,
Je rirai bien quand vous serez damné.
— Damné? Comment! pourquoi! — Pour vos folies.
Vous avez dit en vos œuvres non pies,
Dans certain conte en rimes barbouillé,
Qu'au paradis Adam était mouillé
Lorsqu'il pleuvait sur notre premier père;
Qu'Eve avec lui buvait de belle eau claire;
Qu'ils avaient, même avant d'être déchus,
La peau tannée et les ongles crochus.
Vous avancez, dans votre folle ivresse,
Prêchant le luxe et vantant la mollesse,
Qu'il vaut mieux, — ô blasphèmes maudits! —
Vivre à présent qu'avoir vécu jadis.
Par quoi, mon fils, votre Muse pollue
Sera rôtie, et c'est chose conclue. »
Disant ces mots, son gosier altéré
Humait un vin qui, d'ambre coloré,

Sentait encor la grappe parfumée
Dont fut pour nous la liqueur exprimée.
Mille rubis éclataient sur son teint.
Lors je lui dis : « Pour Dieu, Monsieur le Saint,
Quel est ce vin? D'où vient-il, je vous prie?
D'où l'avez-vous? — Il vient de Canarie;
C'est un nectar, un breuvage d'élu :
Dieu nous le donne et Dieu veut qu'il soit bu.
— Et ce café, dont, après cinq services,
Votre estomac goûte encor les délices?

— Par le Seigneur il me fut destiné.
— Bon : mais avant que Dieu vous l'ait donné,
Ne faut-il pas que l'humaine industrie
L'aille ravir aux champs de l'Arabie?
La porcelaine et la frêle beauté
De cet émail à la Chine empâté
Par mille mains fut pour vous préparée,
Cuite, recuite, et peinte, et diaprée;
Cet argent fin, ciselé, godronné,
En plats, en vase, en soucoupe tourné,
Fut arraché de la terre profonde
Dans le Potose, au sein d'un Nouveau Monde.
Tout l'univers a travaillé pour vous,
Afin qu'en paix, dans votre heureux courroux,
Vous insultiez, pieux atrabilaire,
Au monde entier épuisé pour vous plaire.
O faux dévot! véritable Mondain,
Connaissez-vous; et dans votre prochain
Ne blâmez plus ce que votre indolence
Souffre chez vous avec tant d'indulgence.
Sachez surtout que le luxe enrichit
Un grand Etat, s'il en perd un petit.
Cette splendeur, cette pompe mondaine,
D'un règne heureux est la marque certaine.

Le riche est né pour beaucoup dépenser;
Le pauvre est fait pour beaucoup amasser.
Dans ces jardins, regardez ces cascades,
L'étonnement et l'amour des naïades;
Voyez ces flots, dont les nappes d'argent
Vont inonder ce marbre blanchissant;
Les humbles prés s'abreuvent de cette onde;
La terre en est plus belle et plus féconde.
Mais de ces eaux si la source tarit,
L'herbe est séchée et la fleur se flétrit.
Ainsi l'on voit en Angleterre, en France,
Par cent canaux circuler l'abondance.

Le goût du luxe entre dans tous les rangs;
Le pauvre y vit des vanités des grands;
Et le travail, gagé par la mollesse,
S'ouvre à pas lents la route à la richesse.
J'entends d'ici des pédants à rabats,
Tristes censeurs des plaisirs qu'ils n'ont pas,
Qui, me citant Denys d'Halicarnasse,
Dion, Plutarque, et même un peu d'Horace,
vont criaillant qu'un certain Curius,
Cincinnatus et des consuls en *us*,
Bêchaient la terre au milieu des alarmes,
Qu'ils maniaient la charrue et les armes,
Et que les blés tenaient à grand honneur
D'être semés par la main d'un vainqueur.
C'est fort bien dit, mes Maîtres; je veux croire
Des vieux Romains la chimérique histoire.
Mais, dites-moi, si les Dieux, par hasard,
Faisaient combattre Auteuil et Vaugirard,
Faudrait-il pas, au retour de la guerre,
Que le vainqueur vînt labourer la terre?
L'auguste Rome, avec tout son orgueil,
Rome, jadis, était ce qu'est Auteuil.
Quand ces enfants de Mars et de Silvie,
Pour quelque pré signalant leur furie,
De leur village allaient au Champ de Mars,
Ils arboraient du foin pour étendards.
Leur Jupiter, au temps du bon roi Tulle,
Etait de bois; il fut d'or sous Luculle.
N'allez donc pas, avec simplicité,
Nommer vertu ce qui fut pauvreté.

Oh! que Colbert était un esprit sage!
Certain butor conseillait, par ménage,
Qu'on abolît ces travaux précieux,
Des Lyonnais ouvrage industrieux.
Du conseiller l'absurde prud'homie
Eût tout perdu par pure économie;
Mais le ministre, utile avec éclat,
Sut par le luxe enrichir notre Etat.
De tous nos arts il agrandit la source;
Et du midi, du levant et de l'Ourse,
Nos fiers voisins, de nos progrès jaloux,
Payaient l'esprit qu'ils admiraient en nous.
Je veux ici vous parler d'un autre homme,
Tel que n'en vit Paris, Pékin, ni Rome :
C'est Salomon, ce sage fortuné,
Roi philosophe, et Platon couronné,
Qui connut tout du cèdre jusqu'à l'herbe;

Vit-on jamais un luxe plus superbe?
Il faisait naître, au gré de ses désirs,
L'or et l'argent, mais surtout les plaisirs.
Mille beautés servaient à son usage.
Mille? On le dit : c'est beaucoup pour un sage.
Qu'on m'en donne une, et c'est assez pour moi
Qui n'ai l'honneur d'être Sage ni Roi. »

Parlant ainsi je vis que les convives
Aimaient assez mes peintures naïves :
Mon doux béat très peu me répondait,
Riait beaucoup et beaucoup plus buvait;
Et tout chacun présent à cette fête
Fit son profit de mon discours honnête.

◆ *Dictionnaire philosophique :* LUXE.

On a déclamé contre le luxe depuis deux mille ans, en vers et en prose, et on l'a toujours aimé.

Que n'a-t-on pas dit des premiers Romains, quand ces brigands ravagèrent et pillèrent les moissons de leurs voisins, quand, pour augmenter leur pauvre village, ils détruisirent les pauvres villages des Volsques et des Samnites; c'étaient des hommes désintéressés et vertueux! Ils n'avaient pu encore voler ni or, ni argent, ni pierreries, parce qu'il n'y en avait point dans les bourgs qu'ils saccagèrent. Leurs bois ni leurs marais ne produisaient ni perdrix ni faisans, et on loue leur tempérance.

Quand de proche en proche ils eurent tout pillé, tout volé, du fond du golfe Adriatique à l'Euphrate, et qu'ils eurent assez d'esprit pour jouir du fruit de leurs rapines pendant sept à huit cents ans; quands ils cultivèrent tous les arts, qu'ils goûtèrent tous les plaisirs, et qu'ils les firent même goûter aux vaincus, ils cessèrent alors, dit-on, d'être sages et gens de bien.

Toutes ces déclamations se réduisent à prouver qu'un voleur ne doit jamais ni manger le dîner qu'il a pris, ni porter l'habit qu'il a dérobé, ni se parer de la bague qu'il a volée. Il fallait, dit-on, jeter tout cela dans la rivière, pour vivre en honnêtes gens; dites plutôt qu'il ne fallait pas voler. Condamnez les brigands quand ils pillent, mais ne les traitez pas d'insensés quand ils jouissent. De bonne foi[1], lorsqu'un grand nombre de marins anglais se sont enrichis à la prise de Pondichéry et de La Havane, ont-ils

1. *Le pauvre d'esprit que nous avons déjà cité, ayant lu ce passage dans une mauvaise édition où il y avait un point après ce mot* bonne foi, *crut que l'auteur voulait dire que les voleurs jouissaient de bonne foi. Nous savons bien que ce pauvre d'esprit est méchant, mais, de bonne foi, il ne peut être dangereux.* (Note de Voltaire, ajoutée en 1765, éd. Varberg.)

eu tort d'avoir ensuite du plaisir à Londres pour prix de la peine qu'ils avaient eue au fond de l'Asie et de l'Amérique?

Les déclamateurs voudraient-ils qu'on enfouît les richesses qu'on aurait amassées par le sort des armes, par l'agriculture, par le commerce et par l'industrie? Ils citent Lacédémone ; que ne citent-ils aussi la république de Saint-Marin? Quel bien Sparte fit-elle à la Grèce? Eut-elle jamais des Démosthène, des Sophocle, des Apelle et des Phidias? Le luxe d'Athènes a fait de grands hommes en tout genre; Sparte a eu quelques capitaines, et encore en moins grand nombre que les autres villes. Mais à la bonne heure qu'une aussi petite république que Lacédémone conserve sa pauvreté. On arrive à la mort aussi bien en manquant de tout qu'en jouissant de ce qui peut rendre la vie agréable. Le sauvage du Canada subsiste et atteint la vieillesse comme le citoyen d'Angleterre qui a cinquante mille guinées de revenu. Mais qui comparera jamais le pays des Iroquois à l'Angleterre?

Que la république de Raguse et le canton de Zug fassent des lois somptuaires : ils ont raison, il faut que le pauvre ne dépense point au delà de ses forces; mais j'ai lu quelque part :

> Sachez surtout que le luxe enrichit
> Un grand Etat, s'il en perd un petit.

Si par luxe vous entendez l'excès, on sait que l'excès est pernicieux en tout genre : dans l'abstinence comme dans la gourmandise, dans l'économie comme dans la libéralité. Je ne sais comment il est arrivé que dans mes villages, où la terre est ingrate, les impôts lourds, la défense d'exporter le blé qu'on a semé intolérable, il n'y a guère pourtant de colon qui n'ait un bon habit de drap et qui ne soit bien chaussé et bien nourri. Si ce colon laboure avec son bel habit, avec du linge blanc, les cheveux frisés et poudrés, voilà certainement le plus grand luxe, et le plus impertinent; mais qu'un bourgeois de Paris ou de Londres paraisse au spectacle vêtu comme ce paysan, voilà la lésine la plus grossière et la plus ridicule.

> *Est modus in rebus, sunt certi denique fines,*
> *Quos ultra citraque nequit consistere rectum.*

Lorsqu'on inventa les ciseaux, qui ne sont certainement pas de l'antiquité la plus haute, que ne dit-on pas contre les premiers qui se rognèrent les ongles, et qui coupèrent une partie des cheveux qui leur tombaient sur le nez? On les traita sans doute de petits-maîtres et de prodigues, qui achetaient chèrement un instrument de la vanité, pour gâter l'ouvrage du Créateur. Quel péché énorme d'accourcir la corne que Dieu fait naître au bout de nos doigts ! C'était un outrage à la Divinité. Ce fut bien pis quand on inventa les chemises et les chaussons. On sait avec quelle fureur les vieux conseillers, qui n'en avaient jamais porté, crièrent contre les jeunes magistrats qui donnèrent dans ce luxe funeste.

◆ *Questions sur l'* « *Encyclopédie* » (1771).

Dans un pays où tout le monde allait pieds nus, le premier qui se fit faire une paire de souliers avait-il du luxe ? N'était-ce pas un homme très-sensé et très-industrieux ? N'en est-il pas de même de celui qui eut la première chemise ? Pour celui qui la fit blanchir et repasser, je le crois un génie plein de ressources, et capable de gouverner un Etat.

Cependant ceux qui n'étaient pas accoutumés à porter des chemises blanches le prirent pour un riche efféminé qui corrompait la nation.

« Gardez-vous du luxe, disait Caton aux Romains : vous avez subjugué la province du Phase ; mais ne mangez jamais de faisans. Vous avez conquis le pays où croît le coton ; couchez sur la dure. Vous avez volé à main armée l'or, l'argent et les pierreries de vingt nations ; ne soyez jamais assez sots pour vous en servir. Manquez de tout après avoir tout pris. Il faut que les voleurs de grand chemin soient vertueux et libres. »

Lucullus lui répondit : « Mon ami, souhaite plutôt que Crassus, Pompée, César, et moi, nous dépensions tout en luxe. Il faut bien que les grands voleurs se battent pour le partage des dépouilles. Rome doit être asservie, mais elle le sera bien plus tôt et bien plus sûrement par l'un de nous si nous faisons valoir comme toi notre argent que si nous le dépensons en superfluités et en plaisirs. Souhaite que Pompée et César s'appauvrissent assez pour n'avoir pas de quoi soudoyer des armées. »

Il n'y a pas longtemps qu'un homme de Norvège reprochait le luxe à un Hollandais. « Qu'est devenu, disait-il, cet heureux temps où un négociant, partant d'Amsterdam pour les Grandes-Indes, laissait un quartier de bœuf fumé dans sa cuisine, et le retrouvait à son retour ? Où sont vos cuillères de bois et vos fourchettes de fer ? N'est-il pas honteux pour un sage Hollandais de coucher dans un lit de damas ?

— Va-t'en à Batavia, lui répondit l'homme d'Amsterdam ; gagne comme moi dix tonnes d'or, et vois si l'envie ne te prendra pas d'être bien vêtu, bien nourri, et bien logé. »

Depuis cette conversation, on a écrit vingt volumes sur le luxe, et ces livres me l'ont ni diminué ni augmenté.

2.2. L' « ENCYCLOPÉDIE » (EXTRAIT DE L'ARTICLE « LUXE »)

Luxe, c'est l'usage qu'on fait des richesses et de l'industrie pour se procurer une existence agréable.

Le *luxe* a pour cause première ce mécontentement de notre état; ce désir d'être mieux, qui est et doit être dans tous les hommes. Il est en eux la cause de leurs passions, de leurs vertus et de leurs vices. Ce désir doit nécessairement leur faire aimer et rechercher les richesses; le désir de s'enrichir entre donc et doit entrer dans le nombre des ressorts de tout gouvernement qui n'est pas fondé sur l'égalité et la communauté des biens; or l'objet principal de ce désir doit être le *luxe;* il y a donc du *luxe* dans tous les états, dans toutes les sociétés : le sauvage a son hamac qu'il achète pour des peaux de bêtes; l'européen a son canapé, son lit; nos femmes mettent du rouge et des diamants, les femmes de la Floride mettent du bleu et des boules de verre.

Le *luxe* a été de tout temps le sujet des déclamations des Moralistes, qui l'ont censuré avec plus de morosité que de lumière.

[...] Voyons ce que doit être l'esprit national d'un peuple qui rassemble chez lui tous les objets possibles du plus grand *luxe,* mais que sait maintenir dans l'ordre un gouvernement sage et vigoureux, également attentif à conserver les véritables richesses de l'état et les mœurs.

Ces richesses et ces mœurs sont le fruit de l'aisance du grand nombre, et surtout de l'attention extrême de la part du gouvernement à diriger toutes ses opérations pour le bien général, sans acceptions ni de classes ni de particuliers, et de se parer sans cesse aux yeux du public de ces intentions vertueuses.

Partout ce grand nombre est ou doit être composé des habitants de la campagne, des cultivateurs; pour qu'ils soient dans l'aisance, il faut qu'ils soient laborieux; pour qu'ils soient laborieux, il faut qu'ils aient l'espérance que leur travail leur procurera un état agréable; il faut aussi qu'ils en aient le désir. Les peuples tombés dans le découragement, se contentent volontiers du simple nécessaire, ainsi que les habitants de ces contrées fertiles où la nature donne tout, et où tout languit, si le législateur ne sait point introduire la vanité et à la suite un peu de *luxe.*

Il faut qu'il y ait dans les villages, dans les plus petits bourgs, des manufactures d'ustensiles, d'étoffes, etc. nécessaires à l'entretien et même à la parure grossière des habitants de la campagne : ces manufactures y augmenteront encore l'aisance et la population. C'était le projet du grand Colbert, qu'on a trop accusé d'avoir voulu faire des Français une nation seulement commerçante.

Lorsque les habitants de la campagne sont bien traités, insensiblement le nombre des propriétaires s'augmente parmi eux : on y voit diminuer l'extrême distance et la vile dépendance du pauvre au riche ; de là ce peuple a des sentiments élevés, du courage, de la force d'âme, des corps robustes, l'amour de la patrie, du respect, de l'attachement pour des magistrats, pour un prince, un ordre, des lois auxquels il doit son bien-être et son repos : il tremble moins devant son seigneur, mais il craint sa conscience, la perte de ses biens, de son honneur et de sa tranquillité. Il vendra chèrement son travail aux riches, et on ne verra pas le fils de l'honorable laboureur quitter si facilement le noble métier de ses pères pour aller se souiller des livrées et du mépris de l'homme opulent. [...]

Puisque le désir de s'enrichir et celui de jouir de ses richesses sont dans la nature humaine dès qu'elle est en société ; puisque ces désirs soutiennent, enrichissent, vivifient toutes les grandes sociétés ; puisque le *luxe* est un bien, et que par lui-même il ne fait aucun mal, il ne faut donc ni comme philosophe ni comme souverain attaquer le *luxe* en lui-même.

Le souverain corrigera les abus qu'on peut en faire et l'excès où il peut être parvenu, quand il réformera dans l'administration ou dans la constitution les fautes ou les défauts qui ont amené cet excès ou ces abus.

Dans un pays où les richesses se seraient entassées en masse dans une capitale, et ne se partageraient qu'entre un petit nombre de citoyens chez lesquels régnerait sans doute le plus grand *luxe*, ce serait une grande absurdité de mettre tout à coup les hommes opulents dans la nécessité de diminuer leur *luxe* ; ce serait fermer les canaux par où les richesses peuvent revenir du riche au pauvre ; et vous réduiriez au désespoir une multitude innombrable de citoyens que le *luxe* fait vivre ; ou bien ces citoyens, étant des artisans moins attachés à leur patrie que l'agriculture, ils passeraient en foule chez l'étranger.

Avec un commerce aussi étendu, une industrie aussi universelle, une multitude d'arts perfectionnés, n'espérez pas aujourd'hui ramener l'Europe à l'ancienne simplicité ; ce serait la ramener à la faiblesse et à la barbarie. Je prouverai ailleurs combien le *luxe* ajoute au bonheur de l'humanité ; je me flatte qu'il résulte de cet article que le *luxe* contribue à la grandeur et à la force des états, et qu'il faut l'encourager, l'éclairer et le diriger.

2.3. DIDEROT, *ENTRETIENS AVEC CATHERINE II* (V, Du luxe)

Je ne sais pourquoi cette question s'est si étrangement compliquée dans la tête des penseurs et dans les écrits des politiques et des philosophes.

Melon attaque le luxe en général; la secte des économistes amplifie les raisons de Melon. Je crois qu'ils ont tort, et que le luxe en général n'est ni une bonne ni une mauvaise chose.

Survient Voltaire, qui fait en vers l'apologie de notre luxe; ces vers sont charmants, mais sa pièce est l'apologie de la fièvre d'un agonisant, fièvre que je ne prendrai jamais pour une bonne chose, quoique peut-être la fièvre de ce malade venant à cesser, il mourra.

Helvétius noie les vrais principes sur le luxe dans un si prodigieux luxe de détails qu'il ne me paraît pas en avoir eu des idées bien nettes.

Cependant l'histoire du luxe est écrite sur toutes les portes des maisons de la capitale, et en si gros caractères que je ne conçois pas comment, avec d'aussi bons yeux, ces écrivains ne l'ont pas lue tout courant.

Il s'établit, par mille funestes moyens qu'il est inutile d'exposer, une incroyable inégalité de fortune entre des concitoyens.

Il s'y forme un centre d'opulence réelle; autour de ce centre d'opulence, il existe une immense et vaste misère.

Chez une nation, par un concours de mille circonstances, le mérite, la bonne éducation, les lumières et la vertu ne mènent à rien.

L'or mène à tout. L'or qui mène à tout est devenu le Dieu de la nation.

Il n'y a qu'un vice, c'est la pauvreté. Il n'y a qu'une vertu, c'est la richesse. Il faut être riche ou méprisé.

Si l'on est effectivement riche, on montre sa richesse par tous les moyens imaginables. Si l'on n'est pas riche, on veut le devenir par toutes les voies imaginables. Il n'y en a point de déshonnête.

Si l'on n'est pas riche, il n'y a rien qu'on ne fasse pour cacher son indigence.

Voilà donc une espèce de luxe, signe d'une opulence réelle dans un petit nombre de citoyens, et masque de la misère qu'il accroît dans la multitude.

Ce centre d'opulence réelle donne la loi à toutes les conditions.

Il inspire une immense émulation aux conditions supérieures, et l'exemple des uns et des autres entraîne le reste de la nation.

Cette nation serait parfaitement représentée par trois animaux symboliques qui, s'efforçant de garder entre eux une certaine proportion de volume, s'enfleraient successivement et à l'envi les uns des autres et finiraient par crever tous les trois.

Je m'arrête ici pour interroger tous les philosophes et tous les politiques, et leur demander si ce n'est pas là une peinture très fidèle de leur malheureux état. Je ne crois pas qu'il y en ait un seul qui ose le nier.

La première conséquence de ce court exposé, c'est qu'ils ont tous vu le luxe où il n'est pas, au centre de l'opulence réelle.

« Mais c'est là qu'il y a des équipages, des chevaux, des statues, des tableaux, des vins de toutes les contrées, des parcs, des châteaux, les chefs-d'œuvre des Gobelins et de la Savonnerie. »

Tant mieux ; où voulez-vous donc qu'ils soient ? Que voulez-vous que ces gens fassent de leur or ? S'ils ne dépensent pas au delà de leurs revenus, ils sont sages ; mais vous, de quelque état que vous soyez, qui, pauvres ou moins opulents, les prenez pour vos modèles, vous êtes fous. Eh ! permettez à tous ces insectes faméliques qui entourent ces corps bouffis d'embonpoint de s'y attacher, de les piquer, de les sucer et d'en répandre goutte à goutte une petite portion de ce sang dont ils ont épuisé les veines de leurs concitoyens.

L'ivresse de l'or leur tourne la tête, et dans ce vertige leur fortune passe plus rapidement encore qu'elle ne s'est acquise ; on en peut nommer plusieurs à qui, de vingt millions, il ne reste qu'un million ou deux de dettes ; tant mieux. Ce vertige sauve la nation.

Mais quel est l'effet de ce luxe sur les mœurs, sur les beaux-arts, sur les sciences et sur les arts mécaniques ?

Les mœurs sont perdues dans tous les états, au centre de la richesse par la richesse même, mère des vices ; dans l'état supérieur à ce centre, par la bassesse ; dans les états inférieurs, par la prostitution et la mauvaise foi ; dans tous, par l'indifférence sur le choix des moyens ou d'acquérir plus qu'on n'a, ou de masquer son indigence.

C'est là qu'on voit le grand seigneur faire sa cour à la courtisane du souverain étranger.

C'est là qu'on voit la fille de boutique, qui gagne douze sols par jour, se promener aux Tuileries en robe de soie et la montre d'or à son côté.

C'est là que tous les états ou se confondent ou se précipitent dans les plus effroyables et les plus extravagantes dépenses pour se distinguer.

C'est là qu'une courtisane passe entre des colonnes pour entrer dans son palais.

C'est là que le lieutenant de police s'interpose pour empêcher une danseuse ou une chanteuse de se montrer à Longchamp avec des harnais couverts de stras.

C'est là que le commerçant a une campagne où il oublie ses affaires dans la dissipation, la joie et la débauche. Les savants quittent leurs cabinets pour fréquenter les antichambres. Ils promènent de tables en tables leurs bonnes ou mauvaises productions. Ils se font gens du monde. Ils perdent leurs talents et leur temps. Destinés à atteindre la dernière période de leur art, ils restent médiocres.

Les beaux-arts trouvent plus d'avantages à travailler beaucoup qu'à travailler bien. Vien ne fait plus que des dessus de portes. Boucher peint des ordures pour le boudoir d'un grand. Vernet est occupé pour la salle à manger d'une actrice. Le petit peuple court en foule sur le pont Notre-Dame chercher des copies ou de sottes compositions faites par les élèves de l'école ou clandestinement par quelques maîtres de l'Académie. Il y a de la peinture depuis Versailles jusqu'au fond du faubourg Saint-Marceau, mais pas un bon tableau.

Les arts mécaniques dégénèrent. Une petite fille va chez le marchand de soie et lui dit : « Monsieur, une jolie étoffe, bien voyante, bien légère, bien gaie et surtout qui ne me coûte guère. »

Chez l'horloger : « Une montre, monsieur. Je ne me soucie pas du mouvement, que la boîte soit marquée ou non, cela ne me fait rien, pas plus qu'elle soit de Paris ou de Genève. Mais que le bouton soit plat, afin qu'on la croie à répétition, et qu'elle ne soit pas trop grosse. » Et ainsi des autres arts.

C'est là qu'une grande dame a vingt robes et six chemises, beaucoup de dentelles et point de linge de corps. Toute la société est pleine d'avares fastueux. On loue une première loge à l'Opéra et l'on emprunte le livret. On garde deux ou trois équipages et l'on néglige l'éducation de ses enfants. On a un bon cocher, un excellent cuisinier et un mauvais précepteur. On veut que la table soit somptueuse et l'on ne marie pas ses filles. La société est inondée de célibataires, de filles et de femmes dissolues. Si le ministère crée des rentes viagères, on y jette tous ses fonds, afin de doubler son revenu, c'est-à-dire qu'il n'y a plus ni pères, ni mères, ni parents, ni amis. On force son fils à se faire ecclésiastique, sa fille à entrer au couvent. Les parents sont étrangers à leur famille.

La famille attend la mort des parents. Le détail de cette corruption ne finirait point.

Helvétius conclut de là qu'il n'y avait qu'un remède : c'est l'invasion de la nation par une puissance étrangère. Je ne suis pas de son avis. Le royaume de France est une terrible machine et il faut travailler longtemps avant de la déranger.

Me voilà couronné par les mains de Votre Majesté Impériale, et le philosophe Denis proclamé par Melchior Grimm. Voyons comment il s'y prendrait pour rendre l'éclat, les mœurs et la vie à sa pauvre nation, ou faire renaître une autre sorte de luxe qui ne soit pas le masque de la misère, mais le signe de l'aisance publique et du bonheur général :

1° Je vends mes domaines, parce que je ne sais ce que c'est que des propriétés particulières à celui qui est censé maître de tout et dont la bourse est dans la poche de ses sujets. Les domaines du souverain sont toujours mal administrés. Aliénés, ils ne tardent pas à être mis en valeur. Ils coûtent énormément. Ils ne rendent rien. Vendus, on en reçoit le prix, et ils rentrent sous la loi générale de l'impôt.

2° Je n'ai plus cinq mille chevaux dans mes écuries qui coûtaient chacun une pistole par jour à mon prédécesseur. J'en ai cent, cent cinquante, deux cents, c'est beaucoup. Je ne veux pas que M. le grand écuyer et ses gens prêtent mes chevaux à leurs amis pour deux mois, trois mois, six mois, qu'on les remette ruinés dans mes écuries où ils étaient tenus présents, et qu'on m'écrase par des réformes dont on met le produit dans sa poche. Cela ne me convient pas, quoi qu'en disent le vieux M. de Beringhen et la belle Mme la comtesse de Brionne. Je coucherai avec elle, si elle veut, mais je n'aurai ni grande ni petite écurie.

3° Je réduirai ma maison et celle de mes enfants à la pure et simple décence ; je ne serai, ni eux ni moi, accablé d'une foule d'officiers de toutes couleurs, et si j'ai envie de manger une omelette, elle ne me coûtera pas cent écus. Je ne dédaignerai pas d'entrer sur ce point dans des détails minutieux de garde-robe, de fournitures de toutes les choses, parce que je sais que c'est la source d'une déprédation qui ne se conçoit pas. D'ailleurs, c'est qu'il n'y a rien de bas quand on doit, et qu'après tout on ne paye pourtant jamais que de l'argent de ses sujets. C'est leur bourse et non la mienne que j'épargne.

4° Je me fais apporter la liste énorme de ces pensions et je m'en fais rendre compte. Je raye toutes celles qui sont sans motif, cela va sans dire, toutes celles de cinquante, de soixante mille livres par an accordées à des ministres disgraciés qui n'ont d'autre coup d'œil devant moi que de m'avoir mal servi. Je n'épargne que celles qui sont nécessaires à la subsistance et acquises par des services réels. Toutes les exorbitantes, je les réduis.

5° Je détruis les trois quarts de mes maisons. J'en chasse les gouverneurs qui s'enrichissent, à moins que les seigneurs de ma cour et les riches particuliers de mon royaume ne veuillent les habiter et les entretenir. Je ne relève que celles qui font l'admiration de l'étranger et du régnicole, et le nombre en est petit.

6° Je ne fais plus de voyages, parce que je ne saurais me déplacer qu'il n'en coûte plus de deux cent mille francs, ou, si je voyage, je voyagerai comme Henri IV, qui me valait bien.

7° Je n'aime point la chasse et, quand je l'aimerais, je sais qu'avec un très petit équipage, mon ami M. Le Roy a et m'a donné cet amusement beaucoup plus qu'il ne l'est pour son souverain.

8° Et l'on croit que j'aurais des ambassadeurs dans toutes les cours? Oh! pour cela non, parce que cela est inutile ou ruineux, parce que je ne voudrais guère me mêler de leurs affaires, et que ce que j'aurais de plus à cœur, roi d'un Etat redoutable quand il aura toute sa force, c'est qu'elles ne se mêlassent point des miennes. Je me contenterais pour longtemps, ou peut-être pour toujours, d'habiles chargés d'affaires que je trouverais plus aisément que d'habiles ambassadeurs.

9° Lorsque les moines me sollicitaient pour être sécularisés, est-ce que j'aurais fait la sottise de les refuser? Je n'aurais plus de moines et je serais l'héritier de leurs biens à mesure qu'ils décéderaient. Et toutes ces moineries sont bien riches.

10° La dépense des affaires étrangères se réduirait beaucoup. Les dépenses de la marine et de la guerre ne sont pas si compliquées qu'en m'en occupant très sérieusement, je ne parvinsse à les évaluer à peu près au juste. Il est vrai que je travaillerais et que j'aurais aussi quelquefois les doigts tachés d'encre; que je ne me lèverais pas tard, que je ne me coucherais pas toujours de bonne heure, et que celui qui m'aurait volé s'en trouverait fort mal. Après tout, quand on y regarde de près, un souverain n'est qu'un administrateur du bien d'autrui, et je crois qu'on peut sans honte en être économe.

11° Et ces prêtres? En bonne foi, peut-on s'attendre qu'un monarque un peu sensé laisse à l'un cinq cent cinquante mille livres de rente, à un autre trois cent mille, à un troisième deux cent cinquante mille? Je ne crois pas me tromper, quand j'avancerai que j'en trouverais de plus honnêtes, de plus miséricordieux et de plus éclairés à meilleur marché. Je ne dépouillerais personne de son vivant, mais à mesure qu'un évêque décéderait, je réduirais son évêché à une très juste mesure. Quant à ces prieurés, abbayes et autres bénéfices qui ne servent qu'à nourrir les vices d'un certain nombre de jeunes et de vieux fainéants, je les supprimerais. Vous me direz qu'on me tuera. Peut-être. Premièrement, parce qu'on ne tue guère que ceux qui en ont peur; secondement, c'est qu'on ne fait guère de bien quand on a peur de mourir; troisièmement, que, puisqu'il faut mourir une fois par un petit gravier engagé dans l'urètre, une goutte remontée ou quelque autre plate manière, il vaut autant mourir pour quelque chose de grand.

12° Oh! pour cela, il y a assez et trop longtemps que je serais le tributaire de la cour de Rome pour cesser de l'être. Ou Sa Sainteté me donnerait ses dispenses et autres fadaises pour rien, ou je m'en passerais, ou je m'en pourvoirais chez moi.

13° « Quand on doit, il faut payer ses dettes, n'est-il pas vrai? » dirais-je à mon clergé. Il ne pourrait pas se dispenser d'en convenir. « Eh bien! ajouterais-je, payez donc les vôtres. — Mais, sire, c'est que nous n'avons pas d'argent. — Vendez. — Nous sommes des mineurs, nous ne pouvons pas vendre. — Comment! Vous êtes majeurs pour emprunter et mineurs pour vendre! Vous vous moquez! » Et ils vendraient.

14° Je ne serais peut-être pas encore en état de réduire l'impôt aux justes besoins de l'Etat; je continuerais d'être un fripon sur les traces de mon prédécesseur, mais il n'y a rien au monde que je ne fisse pour que sa répartition fût en raison des fortunes. Ce point est très difficile, mais on vient à bout de tout quand on veut bien; mais un autre qui ne l'est pas, c'est celui de la perception simplifiée.

Comme je vous rayerais tous ces officiers entre les mains desquels passent et se fondent mes revenus, et qui en retiennent une si bonne portion que le reste en entrant dans mes coffres se réduit aux trois ou quatre cinquièmes et à moins! Je vous jure que je n'aurais pas huit jours cette nuée de receveurs du vingtième, des tailles, de la capitation, de receveurs généraux et de cent mille autres receveurs sous toutes sortes de noms. Je sais qu'ils ont tous acquis à prix d'argent le droit de me voler. Je leur ferais l'intérêt de leur finance, en attendant que je puisse les rembourser.

15° Je serais le plus injuste et le plus imbécile des souverains si je laissais subsister toutes ces exemptions de militaire, de noblesse et de magistrature. J'acquitterais bien les services de ces hommes utiles; mais parbleu! ils rentreraient tous dans la classe générale des citoyens. Comment! il y aura dix-sept cents ans que ceux qui jouissent le plus des prérogatives et de la protection de la société, seront ceux qui fournissent le moins à ses dépenses; et je les souffrirais plus longtemps! Et l'agricole qui n'a rien, et le citoyen qui a peu, et le manufacturier qui n'a que ses bras, seront toujours écrasés? Oh! cela ne se peut. Tous mes prédécesseurs l'ont entendu ainsi. Ç'a été leur bon plaisir, mais ce ne serait pas le mien.

17° Je n'aurais point d'ouvriers suivant la cour, parce que ce sont tous des fripons suivant la cour. Mon ami Doucet, architecte du roi, m'a fait ma leçon là-dessus. Il demandait à M. de Buffon quatre-vingt mille francs pour des ouvrages qui n'en valaient pas quarante mille, et il en donnait pour raison qu'il ne serait pas payé de sitôt, et que quand on le payerait demain, il n'en rabattrait pas un liard, parce qu'il ne faut pas être un faux frère, qu'il serait un fripon malgré lui pour ne pas se brouiller avec d'autres fripons qui parviendraient à lui ôter son état. Et notre Dauphin qui fait faire pour vingt-cinq louis par un ouvrier inconnu un secrétaire tout pareil à un autre que les Menus lui avaient fait payer deux mille écus! Et j'aurais des Menus? Non, non, je n'en aurais pas, et je saurais bien les remplacer. Je payerais comptant le peu que j'ordonnerais, je serais très bien servi et à trois fois meilleur marché. J'aurais la bêtise de compter avec moi-même ou plutôt de stipuler en toute occasion pour mon peuple.

18° Et la ferme générale? Je n'en dis rien parce que j'y ai toute ma pauvre petite fortune. J'aime encore mieux pourtant qu'on vole le roi que d'être ruiné. Mais je ne ruinerais pas mes enfants, et je crois que mes fermiers ne me voleraient guère, et cela sans leur ôter une récompense très honnête de leur gestion.

Votre Majesté me permettra-t-elle de supposer qu'avec ces moyens je ne tarderais pas à me liquider? Et il y en a mille autres que j'ignore et que j'apprendrais en régnant. Voyons ce qui arrivera de la même administration continuée après ma liquidation et rentrons dans la question du luxe.

Mais je m'aperçois que j'ai sauté du quinzième au dix-septième, et qu'il me manque là un article : remplissons-le.

Certes, je remédierais, et très promptement, au plus abominable luxe qu'on pût imaginer : je parle de celui des grandes routes. Ce luxe coûte peut-être cent, deux cents millions à la France en bonnes terres perdues, et je ne sais combien en entretien superflu. On parle de cette opération comme de la plus belle du règne présent; et peut-être a-t-on raison. Qu'on juge des autres! Des chemins de soixante pieds, où il ne passe pas dix voitures par semaine et cela par folie ou par bassesse pour un ministre ou un intendant!

Que doit-il arriver sous mon règne, si, après avoir relevé et enrichi ma nation, je prends quelque précaution pour que l'or ne soit pas le dieu de mon pays, et que, *par le concours* aux places, j'assure quelque récompense au mérite et à la vertu? Ne puis-je pas me flatter, ainsi qu'Henri IV, que mes paysans de la Brie auront le dimanche une poule dans leur pot?

Mais quand le paysan de la Brie a une poule dans son pot, quelle est et quelle doit être l'aisance des autres conditions de la société? J'ose le demander à Votre Majesté. Surtout si j'avais l'attention de ne me plus mêler de rien, et de croire que chacun de mes sujets entend mieux que moi ses intérêts dans son état; si les opinions religieuses n'entraient pour rien dans mes préférences; si je ne me mêlais du commerce que pour l'aider et soutenir les grandes maisons de commerce défaillantes; si je ne voulais donner aucun règlement aux manufactures, si je récompensais parfois les inventeurs non par des privilèges exclusifs, mais par de l'argent et des honneurs, si j'empêchais la justice d'être ruineuse, si je rendais à la presse toute sa liberté, etc.

Mais lorsque le talent et la vertu mèneront à quelque chose, lorsque la nation entière aura toute l'aisance que chaque condition comporte, lorsqu'il n'y aura d'inégalité entre les fortunes que celle que l'industrie et le bonheur doivent y mettre, lorsque j'aurai anéanti toutes ces corporations où l'on ne peut entrer sans argent, et qu'on doit regarder comme autant de privilèges exclusifs qui condamnent des milliers de citoyens industrieux à mourir de faim ou à entrer dans une prison; lorsque j'aurai encouragé l'agriculture, la mère nourrice de tout un empire; lorsque j'aurai des citoyens riches, que feront ces citoyens de leur or? L'or ne se mange pas. Ils l'emploieront à multiplier leurs jouissances. Et quelles sont ces jouissances? Celles de tous les sens. J'aurais donc des poètes, des philosophes, des peintres, des statuaires, des magots de la Chine, en un mot tout le produit d'un autre luxe,

tous ces vices charmants qui font le bonheur de l'homme en ce monde-ci et sa damnation éternelle dans l'autre.
Mais ce luxe ne sera plus l'enfant de la maison, il sera l'enfant de la prospérité. Quelle sera son influence sur les mœurs ? Plus de crimes, mais beaucoup de ce que la théologie appelle des vices ou des péchés mortels. Beaucoup de voluptés de toutes espèces, beaucoup d'orgueil, beaucoup d'envie, beaucoup de luxure, beaucoup de paresseux. Je dirais en moi-même au docteur de Sorbonne : « Prêche, prêche tant que tu voudras. Pour moi, je te promets que je travaillerai de toute ma force à ce qu'ils soient tous bien gais, bien joyeux, bien libertins et que les voisins et les voisines se damnent plutôt deux fois par jour qu'une. »
— Vous aurez donc des courtisanes ?
— Assurément.
— Des filles entretenues ?
— Pourquoi non ?
— Des filles séduites ?
— Je m'y attends.
— Des maris et des femmes non fidèles ?
— J'en ai peur. Mais je m'épargnerai, du moins, tous ceux d'entre ces vices que la misère, le goût du faste et l'indigence produisent. Cela deviendra ce que cela pourra. Je ne me mêlerais que de faire durer l'aisance et le bonheur, quelles qu'en puissent être les suites.
Je veillerais seulement à ce qu'on n'ait pas avec de l'or et de l'or toutes les prérogatives du mérite et de la vertu. Le seul contrepoids à celui de l'or, c'est le mérite et la vertu ; et quand on est riche, si l'on a tout, quel intérêt à avoir du mérite et de la vertu ?
Ce que deviendront tous les beaux-arts ? Il n'est pas possible que, suivis par goût et chez un peuple nécessairement délicat, ils ne fassent pas de grands progrès.
Conduisons une femme du peuple chez le peintre Roslin ; elle veut avoir son portrait, et voici ce qu'elle dira : « Monsieur, je ne suis pas une duchesse, mais je veux être peinte comme une duchesse, parce que j'ai de quoi payer comme une duchesse. » Et Roslin fera un bon portrait. Conduisons-la chez l'horloger et, si nous l'écoutons, nous l'entendrons dire : « Monsieur, je veux une bonne montre, une boîte bien forte et au titre de Paris ; point de Genève, s'il vous plaît, j'aimerais mieux m'en passer. » Genève gardera ses montres.
Et que dira-t-elle à la marchande qui lui déploiera ses étoffes : « Fi donc ! madame, c'est de la guenille que cela ; montrez-moi quelque chose de mieux ou je vais ailleurs » ; en un mot, ce que dit aujourd'hui le petit nombre de nos

bourgeoises aisées; et la manufacture de Lyon fleurira.
Et puis, quand Denis passe dans les rues de la capitale, c'est un tumulte, un bruit, des acclamations, des *Vive Denis!* qui ne finissent point; et puis Denis, qui a l'âme tendre, s'élance de son carrosse, on l'embrasse; il est embrassé sur le Pont-Neuf comme Catherine seconde l'est dans son couvent et le sera un jour dans les rues, et puis il meurt doucement, pleuré, regretté, honoré; ou bien on le tue et il meurt violemment. Et qu'est-ce que cela fait? Il n'en est ni plus ni moins mort.

J'oubliais de dire à Votre Majesté Impériale que la plupart de mes opérations faites, lorsque mon caractère serait bien établi, et que la nation, dont le défaut est de prendre une confiance trop facile en son souverain, m'aurait accordé la bonne opinion que je m'efforcerais de mériter, j'aurais bien le courage de présenter mon bilan à ma nation, et que je ne doute point que le reste de la dette nationale ne se répartît entre les provinces, et que chaque province ne se chargeât d'en acquitter une portion proportionnée à ses ressources.

Partout où le souverain sera honnête, après une guerre et d'autres dépenses publiques surérogatoires, ce compte rendu produira le même effet sur une nation flattée de cette condescendance, et qui a quelque sentiment de justice et d'honneur.

On fait avec de la bonté et de l'équité tout ce qu'on veut des peuples. Votre Majesté Impériale le sait bien et plus son règne durera, plus elle en sera convaincue. On envoie dans les provinces des intendants; si ces intendants, tels que M. Dodart, intendant de Bourges, aiment et font le bien de la province, sont des hommes de bien, et par conséquent peu favorables aux vues de la cour, ils n'arrivent à rien. Voilà ce qu'on appelle un excellent moyen de faire des scélérats. Je vous promets bien que cela n'arrivera pas ainsi sous le roi Denis, et que l'intendance serait le séminaire de mes ministres, l'épreuve à laquelle je discernerais ceux que je dois appeler dans mes conseils. En vérité, c'est le roi qui, par son exemple, fait tout le bien et tout le mal d'un empire.

J'ai pensé quelquefois que si les méchants avaient essayé de la douceur et de la bonté, ils ne voudraient plus être méchants; et pareillement que si un souverain avait essayé du bonheur d'un bon souverain, il n'y pourrait jamais renoncer. Un père qui s'isole de ses enfants, un roi qui s'isole de ses sujets, sont deux êtres monstrueux pour moi. Il pourrait arriver au roi Denis de manquer de lumière, de se tromper, d'être égaré par de mauvais conseils, de s'engager dans une fausse opération, d'affliger un honnête homme, de faire du mal à son peuple sans s'en douter; mais je suis sûr qu'au moment où il reconnaîtrait sa faute, elle serait réparée, et que si elle était irréparable, il en pleurerait très souvent. Le Mazarin disait, je crois, à un ministre étranger : « Le roi ne doit jamais *recouler.* » L'ambassadeur répondit : « Et pourquoi faut-il qu'il ne *recoule* pas, s'il s'est avancé mal à propos? »

Il s'examine bien, et après s'être bien examiné, il croit qu'il ferait précipiter du Pont-Neuf dans la rivière, publiquement, le ministre qui lui en aurait imposé de propos délibéré; ce serait une expédition une fois faite pour le reste de son règne. Les punitions très sévères rendent quelquefois les crimes fort rares. A Constantinople on ne jette guère qu'une fois tous les cent ans un boulanger frauduleux dans son four.

« S'il l'ignore, tout est bien; s'il le découvre, il est bon, il me pardonnera, mais il l'ignorera », est le mot de tous ceux qui trompent les rois.

Encore un mot que j'ajouterai, parce qu'il contient une idée qui peut germer entre les mains de Votre Majesté. Nous avons un séminaire subsistant de grands hommes publics, ce sont nos intendants. Un homme de tête devient à l'intendance très promptement un habile homme. Un homme médiocre y met plus de temps. Ce n'est jamais un homme de génie, mais il s'instruit.

L'intendant est obligé d'envoyer à la cour des mémoires sur la population, le commerce, les manufactures, l'agriculture, les productions en tout genre, les travaux publics faits et à faire, les bois, les rivières, les canaux, toutes les parties de l'administration, l'imposition, la richesse des bourgs, des villages, des villes, des hameaux, etc.

Le malheur est que l'honnête homme périt à sa place et n'arrive presque jamais au ministère.

M. Turgot (je le prédis à Votre Majesté) est un des plus honnêtes hommes du royaume et, certes, peut-être le plus habile en tout genre. Il ne sortira jamais de Limoges, et s'il en sort, j'en pousserai un cri de joie, car il faut que l'esprit de notre ministère soit tout à fait changé, et que l'état des choses s'amende d'une manière presque miraculeuse. Il y a de petits phénomènes qui annoncent de grands événements; c'en est un.

Mais cet homme est-il connu du roi? Sans doute, mais pour une tête chaude qui brouillerait tout : ce qu'on dit aux rois, lorsqu'il faut écarter un homme de mérite.

JUGEMENTS SUR « L'ESPRIT DES LOIS »

XVIIIe SIÈCLE

C'est avant tout l'amour de l'humanité, le souci pratique d'assurer sa liberté et son bonheur, que les admirateurs de l'Esprit des lois *ont célébré :*

La plupart des autres écrivains en ce genre sont presque toujours ou de simples moralistes, ou de simples jurisconsultes, ou même quelquefois de simples théologiens; pour lui, l'homme de tous les pays et de toutes les nations, il s'occupe moins de ce que le devoir exige de nous que des moyens par lesquels on peut nous obliger de le remplir; de la perfection métaphysique des lois que de celle dont la nature humaine les rend susceptibles; des lois qu'on a faites que de celles qu'on a dû faire, des lois d'un peuple particulier que de celles de tous les peuples. [...]

Ce qui est à la portée de tout le monde dans *l'Esprit des lois,* ce qui doit rendre l'auteur cher à toutes les nations, ce qui servirait même à couvrir des fautes plus grandes que les siennes, c'est l'esprit de citoyen qui a dicté l'ouvrage. L'amour du bien public, le désir de voir les hommes heureux s'y montrent de toutes parts; et n'eût-il que ce mérite si rare et si précieux, il serait digne par cet endroit seul d'être la lecture des peuples et des rois.

D'Alembert,
Éloge de M. de Montesquieu.

Même thème chez Maupertuis, mais l'accent est mis aussi sur la nouveauté scientifique de l'ouvrage :

Depuis la première page du livre de M. de Montesquieu jusqu'à la dernière, on voit le caractère de son âme, l'amour de l'humanité, le désir de son bonheur, le sentiment de sa liberté. La seule peinture qu'il fait du despotisme asiatique, de cet affreux gouvernement où l'on ne voit qu'un maître, est peut-être le meilleur remède ou le meilleur préservatif contre un tel mal. On voit la même sagesse dans ses conseils pour préserver la démocratie de cette licence à laquelle tend une trop grande égalité. [...]

Comme le plan de M. de Montesquieu renfermait tout ce qui peut être utile au genre humain, il n'a pas oublié cette partie essentielle qui regarde le commerce, les finances, la population, science si nouvelle parmi nous qu'elle n'y a point encore de nom.

Maupertuis,
Éloge de Montesquieu.

Mais bien des critiques se mêlent à ces louanges. Parmi les ennemis de Montesquieu et des philosophes, citons par exemple l'abbé Fontaine de La Roche, qui rend compte du livre dans la gazette janséniste, les Nouvelles ecclésiastiques. *Le reproche essentiel est que le livre « est fondé sur le système de la religion naturelle, système impie » qui « rentre dans celui de Spinoza ». Une analyse très sévère du détail se termine par un véritable appel au bras séculier :*

L'ouvrage dont il s'agit n'est pas moins contraire aux saines maximes du gouvernement temporel qu'à la religion de Jésus-Christ et aux saintes règles de l'Évangile. On fera brûler par la main du bourreau les *Nouvelles ecclésiastiques*, dont le but unique et perpétuel est de confirmer les hommes dans la profession des vérités qui font également et le vrai chrétien et le fidèle sujet du roi. Et on laissera débiter impunément un malheureux écrit qui apprend aux hommes à regarder la vertu comme un mobile inutile dans la monarchie; et toutes les religions, même la véritable, comme une affaire de politique, une pure suite du climat, etc. ? Qu'il nous soit permis de le dire : l'un ne serait-il pas une punition de l'autre?

Nouvelles ecclésiastiques (octobre 1749).

Mais dans le clan philosophique même, des réticences se font sentir. C'est Helvétius qui, dans une lettre à Saurin, accuse Montesquieu d'avoir « conservé des préjugés d'homme de robe et de gentilhomme », et qui, du reste, le lui dit dans une lettre personnelle :

Vous composez avec les préjugés comme un jeune homme entrant dans le monde en use avec les vieilles femmes qui ont encore des prétentions et auprès desquelles il ne veut qu'être poli et paraître bien élevé. Mais aussi ne les flattez-vous pas trop? Passe pour les prêtres : en faisant leur part de gâteau à ces Cerbères de l'Église, vous les faites taire sur votre religion; sur le reste ils ne vous entendront pas. Nos robins ne sont en état ni de vous lire ni de vous juger. Quant aux aristocrates et à nos despotes de tout genre, s'ils vous entendent, ils ne doivent pas trop vous en vouloir. C'est le reproche que j'ai toujours fait à vos principes. Souvenez-vous qu'en les discutant, à La Brède, je convenais qu'ils s'appliquaient à l'état actuel, mais qu'un écrivain qui voulait être utile aux hommes devait plus s'occuper de maximes vraies dans un meilleur ordre de choses à venir que de consacrer celles qui sont dangereuses, du moment que le préjugé s'en empare pour s'en servir et les perpétuer. [...] Je vous l'ai dit, je vous le répète, mon cher ami, vos combinaisons de pouvoirs ne font que séparer et compliquer les intérêts individuels, au lieu de les unir. [...] Dans un pays gouverné par les fantaisies d'un chef, les intermédiaires qui l'assiègent cherchent encore à le tromper, à l'empêcher d'entendre les vœux et les plaintes du peuple sur les abus dont eux seuls profitent. Est-ce le peuple qui se plaint que l'on trouve dangereux? Non, c'est celui qu'on n'écoute pas. Dans ce cas les seules personnes à craindre dans une nation sont celles qui l'empêchent d'être écouté.

Helvétius,
Lettre à Montesquieu.

Quant à Voltaire, il lui arrive d'adresser des louanges à l'Esprit des lois :

Les ouvrages des Grotius et des Puffendorf n'étaient que des compilations; celui de Montesquieu parut être celui d'un homme d'État, d'un philosophe, d'un bel esprit, d'un citoyen. Presque tous ceux qui étaient les juges naturels d'un tel livre, gens de lettres, gens de loi de tous les pays, le regardèrent et le regardent encore comme le code de la raison et de la liberté.

Voltaire,
Avant-Propos du *Commentaire sur « l'Esprit des lois ».*

Mais dans l'A. B. C., *l'esprit critique de Voltaire s'en donne à cœur joie ; manque de méthode, accumulation de saillies, incertitude des sources... :*

Ce qui est encore révoltant pour un lecteur un peu instruit, c'est que presque partout les citations sont fausses; il prend presque toujours son imagination pour sa mémoire. [...]

Pourquoi perdre son temps à se tromper sur les prétendues flottes de Salomon envoyées d'Asiongaber en Afrique, et sur les chimériques voyages depuis la mer Rouge jusqu'à celle de Bayonne, et sur les richesses encore plus chimériques de Sofala? Quel rapport entre toutes ces digressions erronées et l'esprit des lois? [...]

Je cherchais un guide dans un chemin difficile : j'ai trouvé un compagnon de voyage qui n'était guère mieux instruit que moi; j'ai trouvé l'esprit de l'auteur, qui en a beaucoup, et rarement l'esprit des lois; il sautille plus qu'il ne marche; il brille plus qu'il n'éclaire; il satirise quelquefois plus qu'il ne juge; et il fait souhaiter qu'un si beau génie eût toujours plus cherché à instruire qu'à surprendre.

Voltaire,
L'A. B. C. (1768).

XIXe SIÈCLE

Le XIXe siècle revient souvent sur ce manque de méthode, mais souvent aussi il examine la leçon politique de Montesquieu. Sainte-Beuve paraît embarrassé devant l'Esprit des lois. *Sans doute il cite Horace Walpole, qui écrit de l'ouvrage : « Je le considère comme le meilleur livre qui ait jamais été écrit — au moins je n'ai jamais appris la moitié autant de tout ce que j'ai jamais lu. Il y a autant d'esprit que de connaissances pratiques »; mais, pour sa part, il lui reproche de mettre « la moyenne de l'humanité un peu plus haut qu'elle n'est » et lui préfère Machiavel, avec qui « on est toujours plus voisin de la corruption naturelle, de la cupidité première ». Il conclut :*

Prenons *l'Esprit des lois* pour ce qu'il est, pour une œuvre de pensée et de civilisation. Ce qu'il y a de beau chez Montesquieu, c'est l'homme derrière le livre. Il ne faut pas demander à ce livre plus de méthode, plus de suite, plus de précis et de positif dans le détail, plus de sobriété dans l'érudition et l'imagination, plus de conseils pratiques qu'il n'y en a en réalité; il faut y voir le caractère de modération, de patriotisme et d'humanité que l'auteur a porté dans toutes les belles parties, et qu'il a revêtu de mainte parole magnanime. [...] *L'Esprit des lois* est un livre qui n'a guère d'autre usage que ce noble usage perpétuel de porter l'esprit dans la haute sphère historique et de faire naître une foule de belles discussions.

Sainte-Beuve,
Causeries du lundi (1857-62).

Faguet montre plus d'admiration pour cet « ouvrage étonnant, né d'un esprit incroyablement propre à se transformer pour comprendre », pour ce « livre de critique divinatrice », mais il fait quelques réserves sur l'optimisme de Montesquieu :

Ce grand livre est moins un livre qu'une existence. [...] Ce livre s'appelle *l'Esprit des lois;* il devrait s'appeler tout simplement Montesquieu. Il est comme une vie, il n'a pas de plan; il est comme un esprit, il n'a pas de système, mais seulement une tendance constante. [...]

Je lui reprocherai de n'avoir pas faite assez grande la part de la démence. [...] Je serais tenté de dire que ses admirables qualités d'esprit et de caractère lui sont source d'erreur, en ce qu'à les voir en lui il se persuade qu'elles sont communes. Il est souverainement intelligent et merveilleusement à l'abri des passions; il est un peu porté à en conclure que les hommes sont assez intelligents et peu passionnés.

Émile Faguet,
Dix-Huitième Siècle (1890).

Albert Sorel, lui, est surtout sensible au classicisme de l'Esprit des lois *:*

Point de chronologie ni de perspective; tout est placé sur un même plan. C'est l'unité de temps, de lieu et d'action portée du théâtre dans la législation. Il a étudié et peint la monarchie ou la république, comme Molière l'Avare, le Misanthrope ou le Tartuffe, comme La Bruyère les Grands, les Politiques, les Esprits forts.

Albert Sorel,
Montesquieu (1887).

Cette généralisation classique, Brunetière la retrouve bien dans l'Esprit des lois, *mais à côté d'autres intentions, satiriques, scientifiques ou réformatrices; et c'est dans cette profusion qu'il voit l'échec du livre. Sa critique est cependant tempérée de vifs éloges :*

Sans doute on dira que toutes ces intentions non seulement se touchent, mais s'entre-tiennent; et je répondrai que c'est justement quand les matières se touchent qu'il est nécessaire de les bien distinguer, quand elles s'entre-tiennent qu'il importerait de nous en faire voir le lien. C'est ce lien que je ne vois pas dans *l'Esprit des lois,* et je crains qu'il n'y soit pas. Faute de cela, *l'Esprit des lois* n'est pas un grand livre, mais seulement l'idée, ou encore mieux les fragments d'un grand livre; il y fait constamment penser; il ne l'est pas lui-même, il ne l'a jamais été. [...]

[Il] accroissait le domaine de la littérature de toute une vaste province de celui de l'érudition. C'est ce que Descartes avec son *Discours de la méthode* avait fait pour la philosophie, Pascal pour la théologie, dans ses *Lettres Provinciales;* et c'est ce que faisaient, vers le même temps que Montesquieu, pour l'histoire, Voltaire, dans son *Essai sur les mœurs* et, pour la science, Buffon, avec son *Histoire naturelle.*

Ferdinand Brunetière,
Revue des Deux Mondes (1897).

Cette province de la science que Montesquieu a explorée, un philosophe au XIXe siècle va en faire son royaume et reconnaître, en dehors de toute considération de littérature, quelques mérites de précurseur à Montesquieu : il s'agit d' **Auguste Comte** *:*

Ce qui caractérise à mes yeux la principale force de ce mémorable ouvrage, de manière à témoigner irrécusablement de l'éminente supériorité de son illustre auteur sur tous les philosophes contemporains, c'est la tendance prépondérante qui s'y fait partout sentir à concevoir désormais les phénomènes politiques comme aussi nécessairement assujettis à d'invariables lois naturelles que tous les autres phénomènes quelconques.

Montesquieu, malheureusement, ne s'est pas tenu à son projet et est retombé dans des errements « métaphysiques »; la preuve en est qu'il aboutit à faire l'éloge du gouvernement anglais, tout à fait insuffisant aux yeux de Comte. « La seule portion considérable d'un tel travail qui paraisse présenter une certaine positivité effective » est celle qui est consacrée au climat, bien qu'elle manque de mesure et de nuances. Ces réserves amènent Comte à conclure :

En résumé ce grand philosophe a conçu, le premier, une entreprise capitale doublement prématurée, dans laquelle il devait radicalement échouer, soit en s'efforçant de soumettre à l'esprit positif l'étude générale des phénomènes sociaux avant qu'il eût même convenablement pénétré dans le système entier des connaissances biologiques, soit, sous le point de vue purement politique, en se proposant essentiellement de préparer la réorganisation sociale en un temps uniquement destiné à l'action révolutionnaire proprement dite. C'est là surtout ce qui explique pourquoi une aussi éminente intelligence, par suite même d'un avancement trop prononcé, a néanmoins exercé sur son siècle une action immédiate bien inférieure à celle d'un simple sophiste, tel que Rousseau, dont l'état intellectuel, beaucoup plus conforme à la disposition générale de ses contemporains, lui a permis de constituer spontanément, avec tant de succès, l'organe naturel du mouvement purement révolutionnaire qui devait caractériser cette époque.

Auguste Comte,
Cours de philosophie positive, 47e leçon :
« Appréciation sommaire
des principales tentatives philosophiques
entreprises jusqu'ici
pour constituer la science sociale » (1839-1842).

On trouve chez Paul Janet, dans une optique moins « partisane », des appréciations analogues :

On peut trouver que ses principes sont loin d'avoir la portée et l'étendue qu'il leur prête; lui-même les oublie souvent. Il n'en est pas moins le premier qui ait appliqué l'esprit scientifique, l'esprit moderne aux faits politiques et sociaux. Il est au moins le Descartes, s'il n'est pas le Newton de la politique.

Paul Janet,
Histoire de la science politique
dans ses rapports avec la morale (1886).

XXe SIÈCLE

Le XXᵉ siècle insiste encore plus fortement sur cet aspect scientifique de l'Esprit des lois, *et Raymond Aron reconnaît à Montesquieu le titre de sociologue à part entière :*

Montesquieu est en un sens le dernier des philosophes classiques et en un autre sens le premier des sociologues. Il est encore un philosophe classique dans la mesure où il considère qu'une société est essentiellement définie par son régime politique et où il aboutit à une conception de la liberté. Mais en un autre sens, il a réinterprété la pensée politique classique dans une conception globale de la société, et il a cherché à expliquer sociologiquement tous les aspects des collectivités.

Raymond Aron,
les Étapes de la pensée sociologique (1967).

Dans un autre domaine, l'économiste J. M. Keynes, présentant sa théorie du taux de l'intérêt, affirme qu'il rejoint sur ce point les économistes antérieurs au XIXᵉ siècle, et en particulier Montesquieu :

Cette vérité a été discernée très nettement par Montesquieu, le plus grand économiste français, celui qu'il est juste de comparer à Adam Smith, et qui dépasse les physiocrates de cent coudées par la perspicacité, par la clarté des idées et par le bon sens (qualités que tout économiste devrait posséder).

J. M. Keynes,
Théorie générale de l'emploi, de l'intérêt et de la monnaie, Préface à l'édition française (1942).

Parallèlement, sur le plan politique, les commentateurs soulignent le rayonnement des idées de Montesquieu... :

Nous vivons dans une société aménagée en grande partie selon les vœux de Montesquieu : l'exécutif, le législatif et le judiciaire y sont séparés; les peines y sont en principe proportionnées aux délits; le libéralisme économique y a été pratiqué pendant longtemps. Tout cela nous est si familier que nous y faisons à peine attention. Cela va de soi, comme l'air que nous respirons. Bien plus, nous avons eu tout loisir, à l'intérieur du monde instauré par la pensée politique de Montesquieu, de constater ce qui se corrompait et cédait à l'usage. Nous en sommes à voir se lézarder un édifice que Montesquieu n'avait entrevu que dans son image idéale, esquissée sur fond d'espoir, avant même que la règle et le compas en eussent tracé les plans exacts. Les conditions économiques de l'âge industriel sont venues fausser l'équilibre d'un calcul qui comptait sans elles.

Jean Starobinski,
Montesquieu par lui-même (1953).

... tout en les soumettant au feu d'une critique sans complaisance :

Cet opposant de droite a servi dans la suite du siècle tous les opposants de gauche, avant de donner des armes dans l'avenir de l'histoire à tous les réactionnaires. [...] Toute la période pré-révolutionnaire se joue en grande partie sur les thèmes de Montesquieu, et ce féodal ennemi du despotisme devint le héros de tous les adversaires de l'ordre établi. Par un singulier retour de l'histoire, celui qui regardait vers le passé parut ouvrir les portes de l'avenir. Je crois que ce paradoxe tient avant tout au caractère anachronique de la position de Montesquieu. C'est parce qu'il plaidait la cause d'un ordre dépassé qu'il se fit l'adversaire de l'ordre présent que d'autres devaient dépasser.

Louis Althusser,
Montesquieu, la politique et l'histoire (1959).

SUJETS DE DEVOIRS

DISSERTATIONS

● Vous discuterez ce jugement d'un contemporain de Montesquieu sur *l'Esprit des lois* :

« Montesquieu respecta toujours les opinions qui assurent le repos de la société et n'attaqua jamais que les préjugés funestes. Mais pour en purger la terre, il ne prit point le ton dogmatique d'un réformateur; il eut recours à cette satire délicate dont les atteintes, pour être moins violentes, n'en sont que plus sûres. C'est ainsi qu'il ébranla les auteurs de la superstition. »

● Expliquez cette phrase de R. Aron à propos de l'œuvre de Montesquieu :

« Il a réinterprété la pensée politique classique dans une conception globale de la société. »

● Au terme de son étude sur Montesquieu, Jean Starobinski écrit : « Montesquieu inaugure une manière d'écrire l'histoire qui se passera désormais des grands hommes et qui ne voudra connaître que les causes générales. » *(Montesquieu par lui-même.)*

Vous essaierez de déterminer en quelle mesure *l'Esprit des lois* est une œuvre originale par rapport aux ouvrages historiques qui l'ont précédée.

● Commentez et discutez ce jugement de Jacques Vier sur Montesquieu *(Histoire de la littérature française au XVIIIe siècle)* : « Sa vaste recherche institutionnelle ne sollicite pas que l'histoire de l'humanité, mais aussi la géographie, l'ethnographie, la sociologie. Il brûle du désir d'éclairer un terrain singulièrement mouvant et tourmenté et d'y planter de durables repères. De la différence soigneusement établie entre la nature et le principe du gouvernement résulte la nécessité d'instituer un rapport entre les lois et les passions, par conséquent de mener l'enquête en respectant tous les contrastes, sinon tout l'irrationnel de la civilisation et de l'histoire. »

● Comparant la démarche de Montesquieu et de Montaigne, G. Lanson conclut :

« *L'Esprit des lois* est pour Montesquieu ce que les *Essais* sont pour Montaigne : toute la différence est que l'étude de Montaigne c'est l'homme moral et les ressorts spirituels, celle de Montesquieu l'homme social et la mécanique législative. »

Vous discuterez cette affirmation.

EXPOSÉS

● Montesquieu et Rousseau :

Vous comparerez la démarche que suit Montesquieu dans *l'Esprit des lois* avec celle de Rousseau dans le *Contrat social*.

● Montesquieu et Voltaire :

Vous étudierez l'image de l'Angleterre telle que Montesquieu nous la présente au livre XI de *l'Esprit des lois* et telle qu'elle nous apparaît dans les *Lettres philosophiques* de Voltaire (lettres IX et X).

TABLE DES MATIÈRES

IMPRIMERIE HÉRISSEY. — 27000 - ÉVREUX.
Dépôt légal Juillet 1971. — N° 36893. — N° de série Éditeur 12683.
IMPRIMÉ EN FRANCE *(Printed in France)*. — 870 117 D-Mai 1985.